JN298551

特別支援教育ライブラリー

一人一人の教育的ニーズに応じた特色ある実践
―知的障害―

大南英明・石塚謙二 編

教育出版

編者・執筆者一覧
(所属は2011年3月時点)

■ 編　者

大　南　英　明　放送大学
石　塚　謙　二　文部科学省

■ 執筆者（執筆順）

大　南　英　明　上掲
石　塚　謙　二　上掲
庄　子　信　広　宮城県立光明支援学校
高　尾　早　苗　香川県立香川丸亀養護学校
近　藤　貴　好　石川県立いしかわ特別支援学校
石　本　直　巳　埼玉県立越谷西特別支援学校
加々美　行　男　埼玉県立越谷西特別支援学校
園　部　直　人　山形県立鶴岡養護学校
佐　藤　　　明　秋田県立能代養護学校
竹　原　有里子　富山県立高岡支援学校
森　本　悠加沙　山梨県立かえで支援学校
鈴　木　正　一　横浜国立大学教育人間科学部附属特別支援学校
平　川　尚　美　横浜国立大学教育人間科学部附属特別支援学校
辺　見　　　亘　新潟市立東特別支援学校
小　泉　　　勝　石川県立小松特別支援学校
大　鳥　　　瑞　高知県立山田養護学校
三　浦　秀　文　青森県立七戸養護学校
渡　辺　裕　二　福島市立福島養護学校
坂　田　志　帆　島根県立出雲養護学校
戸　井　寿美子　広島県立広島北特別支援学校
及　川　　　求　岩手県立花巻清風支援学校
前　崎　靖　彦　岡山県健康の森学園支援学校

多田 康一郎	千葉県立千葉特別支援学校
若尾 泰明	岐阜県立中濃特別支援学校
向 かおり	北海道星置養護学校
喜井 智章	北海道星置養護学校
山下 誠	鳥取県立白兎養護学校
三谷 正子	鳥取県立白兎養護学校
林 久仁行	東京都立青鳥特別支援学校
吉村 元照	奈良県立高等養護学校
望月 康子	東京都立永福学園
新嶋 隆雄	群馬県立高崎高等養護学校
上田 美穂子	滋賀県立長浜高等養護学校
遠江 規男	福岡県立特別支援学校 福岡高等学園
石上 智賀子	京都市立白河総合支援学校
海老原 玲子	千葉県立特別支援学校流山高等学園
武井 和志	茨城県立水戸高等養護学校
冨本 佳照	大阪府立たまがわ高等支援学校
渋谷 巳紀夫	秋田県立稲川養護学校
市瀬 一宏	長野県飯田養護学校
百合草 みどり	愛知県立安城養護学校
横田 一美	埼玉県立大宮北特別支援学校
坂本 利恵美	北九州市立八幡特別支援学校
阿部 正三	徳島県立国府支援学校

まえがき

　特別支援教育を推進する上で，特別支援学校の役割は，非常に重要である。それは，学校教育法第74条に規定されている二つの役割，すなわち，一つは，自校の幼児児童生徒に対する適切な指導及び必要な支援であり，二つは，小学校等の要請に応じて必要な援助及び助言を行うことである。

　前者については，特別支援学校幼稚部教育要領，小学部・中学部学習指導要領，高等部学習指導要領に基づいて教育課程を編成し，実施し，評価をすることである。そして，指導内容を具体化し，指導方法を工夫することに努め，個別の教育支援計画，個別の指導計画を作成し，指導の個別化を図り，個に応じた指導を徹底し，児童生徒の自立と社会参加を支援することである。

　本書は，知的障害特別支援学校の指導の一層の充実をめざすために，以下の構成により「特色ある実践」等を紹介してある。

　本書の構成は，「第1章　知的障害教育の基本的な考え方」「第2章　特色ある実践」であり，第2章では，「1　小学部」「2　中学部」「3　高等部」「4　学部を超えた取り組み」の実践事例をそれぞれ3～8例紹介してある。高等部については，「5　高等特別支援学校」「6　専門教科」の実践事例を5例ずつ紹介してある。そして，特別支援学校学習指導要領の特色である，「7　交流及び共同学習」「8　自立活動」の実践事例を2～3例紹介してある。

　高等部の実践事例を多く取り上げたのは，知的障害特別支援学校の児童生徒数の増加の要因の一つとして，高等部の生徒数の増加があるからである。高等部の生徒は，特別支援学校中学部の卒業者，中学校特別支援学級及び通常の学級の卒業者で，障害が多様化している。そこで，生徒の障害の多様化に対し，受け入れる高等部の教育課程が，いろいろと工夫されており，その一端を紹介することにした。

自立活動については，目標・内容が，大幅に改訂されている。内容の区分の一つである「人間関係の形成」は新たに加えられたものであり，自閉症のある児童生徒の指導に特に必要な内容であるとともに，すべての児童生徒にとっても必要な内容である。

　本書では，紙数の都合上，自閉症のある児童生徒に対する具体的な指導についての事例は限られているが，知的障害特別支援学校における自閉症の児童生徒の指導については，今後も継続して実践研究を行う必要がある今日的課題の一つである（「発達障害のある児童生徒への支援について（通知）」のなかに記されている「盲・聾・養護学校，小学校等の特殊学級及び通級による指導においては，自閉症の幼児児童生徒に対する適切な指導の推進を図ること」という内容については，通知の趣旨を十分に理解し，指導に生かす必要がある）。

　本書が，現在，特別支援学校で児童生徒の指導に当たられている方々はもちろん，特別支援学級を担当されている方々，小学校，中学校，高等学校の通常の学級を担当されている方々，さらには，障害のある児童生徒の教育に関心のある方々，これから教師をめざそうとしている学生諸君等，多くの方々にご一読いただけることを願っている。

　ご多用のなか，ご執筆くださった方々に心からお礼を申し上げるとともに，企画・編集で多大なご苦労をおかけした教育出版の阪口建吾氏に心から謝意を表する次第である。

　2011年4月

　　　　　　　　　　　　　　　　　　　　　　　　　　　　　　編　者

目　次

まえがき

第1章　知的障害教育の基本的な考え方 …………………………………… 1

1　特別支援学校学習指導要領と知的障害教育 ………………………… 2
① 特別支援学校として初めての学習指導要領 ………………………… 2
② 知的障害特別支援学校における
　　特別支援学校学習指導要領の読み方，使い方 …………………… 2

2　各教科等の指導内容の具体化　―個別の指導計画を踏まえて― ……… 7
① 各教科の指導内容の具体化 …………………………………………… 7
② 自立活動の内容の具体化 ……………………………………………… 10

3　知的障害特別支援学校の教育の現状と今後の実践への期待 ………… 17
① 知的障害特別支援学校における教育概況等 ………………………… 17
② 学習指導要領の改訂 …………………………………………………… 18
③ 学習評価について ……………………………………………………… 20
④ 自閉症教育について …………………………………………………… 21

第2章　特色ある実践 ……………………………………………………… 23

1　小　学　部 …………………………………………………………… 24

事例1-1　遊びの指導
　　　　　～見通しをもった活動への参加～ ……………………………… 26
　　　　　埼玉県立越谷西特別支援学校

事例1－2	日常生活の指導	
	～目標の明確化と「できる状況づくり」の支援～	31
	山形県立鶴岡養護学校	
事例1－3	個のニーズに応じて集団の高まりをめざした 生活単元学習の実践	37
	山形県立鶴岡養護学校	
事例1－4	国　語	
	～PECSを用いた聞く・話す指導～	42
	富山県立高岡支援学校	
事例1－5	国語・算数の基礎学習	
	～平仮名・数字の読み書きにつなげるために～	47
	山梨県立かえで支援学校	
事例1－6	図画工作「きんぎょすくいをつくろう」	52
	横浜国立大学教育人間科学部附属特別支援学校	

2　中学部 …………………………………………………………… 58

事例2－1	日常生活の指導	
	～「朝の会」の指導の工夫～	60
	新潟市立東特別支援学校	
事例2－2	キャリア発達を促す生活単元学習から	65
	石川県立小松特別支援学校	
事例2－3	作業学習	
	～一人一人が楽しく集中して取り組める作業活動のために～	72
	高知県立山田養護学校	
事例2－4	聞こう・話そう・伝えよう　（国語）	77
	青森県立七戸養護学校	
事例2－5	数　学	82
	福島市立福島養護学校	
事例2－6	一人一人のニーズを育てる音楽の実践	87
	島根県立出雲養護学校	

3　高等部 ……………………………………………………………………… 94

- 事例3−1　普通科におけるコース制を生かした職業教育 ……………… 96
  広島県立広島北特別支援学校
- 事例3−2　さわやかな挑戦者への成長を支援する
  日常生活の指導 ……………………………………………………… 102
  岩手県立花巻清風支援学校
- 事例3−3　生きた教材を活用した生活単元学習の取り組み …………… 107
  岡山県健康の森学園支援学校
- 事例3−4　作業学習 ……………………………………………………… 112
  千葉県立千葉特別支援学校
- 事例3−5　新しい時代の要請に応える作業学習のあり方と実践 ……… 118
  岐阜県立中濃特別支援学校
- 事例3−6　一人一人のコミュニケーションの力を育てる実践
  〜「個別目標設定シート」を活用した授業づくり〜 ……………… 123
  北海道星置養護学校
- 事例3−7　個別の教育支援計画作成の観点から ………………………… 128
  鳥取県立白兎養護学校
- 事例3−8　情　報
  〜年賀状を完成させる喜びを体験する〜 ……………………………… 133
  東京都立青鳥特別支援学校

4　学部を超えた取り組み ……………………………………………………… 138

- 事例4−1　個別の教育支援計画作成の観点から ………………………… 140
  宮城県立光明支援学校
- 事例4−2　キャリア教育の観点から ……………………………………… 147
  香川県立香川丸亀養護学校
- 事例4−3　知的障害教育部門と肢体不自由教育部門の
  交流行事・交流授業・共同学習 ……………………………………… 153
  石川県立いしかわ特別支援学校

5　高等特別支援学校 …………………………………………………… *160*

事例5−1　職　業
　〜働く意欲と基礎スキルを育てる〜 ……………………………… *162*
　　奈良県立高等養護学校

事例5−2　卒業後の生活を見通した家庭科の指導 ………………… *167*
　　東京都立永福学園高等部就業技術科

事例5−3　社　会
　〜卒業後の社会生活を見すえた指導の工夫〜 …………………… *172*
　　群馬県立高崎高等養護学校

事例5−4　英　語
　〜個別の教育支援計画作成の観点から〜 ………………………… *176*
　　滋賀県立長浜高等養護学校

事例5−5　企業への就職をめざす作業学習 ………………………… *182*
　　福岡県立特別支援学校　福岡高等学園

6　専門教科 ………………………………………………………………… *188*

事例6−1　家　政　〜食品加工〜 …………………………………… *190*
　　京都市立白河総合支援学校

事例6−2　農業コースの実践から …………………………………… *196*
　　千葉県立特別支援学校流山高等学園

事例6−3　工　業
　〜手作業にこだわった「ものづくり」の実践〜 ………………… *201*
　　茨城県立水戸高等養護学校

事例6−4　流通・サービスの実践　〜帳票の取扱い〜 …………… *206*
　　大阪府立たまがわ高等支援学校

事例6−5　専門教科（福祉） ………………………………………… *211*
　　秋田県立稲川養護学校

7　交流及び共同学習 …………………………………………………… *216*

事例7−1　交流及び共同学習 ………………………………………… *218*
　　長野県立飯田養護学校小学部

事例7-2　交流及び共同学習の計画的・継続的な実践 ………………… *223*
　　　　　　愛知県立安城養護学校

8　自立活動 ………………………………………………………………… *228*
　　事例8-1　知的障害の児童生徒への自立活動の充実のために ………… *230*
　　　　　　埼玉県立大宮北特別支援学校
　　事例8-2　自立活動部への取り組み ……………………………………… *235*
　　　　　　北九州市立八幡特別支援学校
　　事例8-3　自閉症児の在籍数の多い知的障害教育校における
　　　　　　自立活動の取り組み …………………………………………… *240*
　　　　　　徳島県立国府支援学校

コラム

- 小学部・中学部・高等部の一貫性について ……………………………… *57*
- キャリア教育 ………………………………………………………………… *93*
- インターンシップ …………………………………………………………… *159*
- ボランティア活動 …………………………………………………………… *181*
- 部活動 ………………………………………………………………………… *187*

第1章 知的障害教育の基本的な考え方

01 特別支援学校学習指導要領と知的障害教育

1　特別支援学校として初めての学習指導要領

　学習指導要領等は，これまで，盲学校，聾学校及び養護学校幼稚部教育要領，盲学校，聾学校及び養護学校小学部・中学部学習指導要領，盲学校，聾学校及び養護学校高等部学習指導要領として告示され，教育課程編成等の標準として活用されてきた。

　学校教育法の改正により，盲学校，聾学校，養護学校が，制度的に特別支援学校に変更されたことにより，学習指導要領も変更された（特別支援学校の目的は，第72条に，特別支援学校のセンター的機能は，第74条に規定されている）。

　特別支援学校として初めての学習指導要領等として，特別支援学校幼稚部教育要領，特別支援学校小学部・中学部学習指導要領，特別支援学校高等部学習指導要領が，平成21年3月に告示された。

　小学部は，小学校と同様に平成23年度より，中学部は，中学校と同様に平成24年度より完全実施となる。高等部は，高等学校と同様に平成25年度より学年進行で実施される。

　なお，新しい学習指導要領の内容の一部については，平成22年度より実施することとなっており，既に新しい学習指導要領に基づいて教育活動を展開している。

　例えば，特別支援学校については，自立活動の目標，内容等，新しい学習指導要領に基づいて指導が行われている。

2　知的障害特別支援学校における特別支援学校学習指導要領の読み方，使い方

　特別支援学校学習指導要領は，視覚障害，聴覚障害，知的障害，肢体不自由，

病弱の幼児児童生徒，重複障害の幼児児童生徒，発達障害の幼児児童生徒の教育を行うために内容が整えられている。

特別支援学校学習指導要領を知的障害特別支援学校においては，次のように読み，理解し，研究して使っていく必要がある。

(1) **すべての特別支援学校が，共通に読み，使わなければならない規定**

すべての特別支援学校が，幼稚部，小学部，中学部，高等部において，示されている内容を共通に読み，教育課程の編成，指導に使わなければならない部分である。

例えば，小学部，中学部学習指導要領では，第1章総則第1節教育目標，第2節教育課程の編成第1一般方針，第4章道徳，第5章総合的な学習の時間，第6章特別活動，第7章自立活動などである。

(2) **知的障害特別支援学校では，読まなくてよい規定，使わない規定**

① 小学部においては，第4章外国語活動，第5章総合的な学習の時間。

② 視覚障害者，聴覚障害者，肢体不自由者または病弱者である児童・生徒に対する教育を行う特別支援学校の小学部（中学部）と限定されている規定（部分）。

例えば，第1章総則第2節第2内容等の取扱いに関する共通的事項。

> 4 視覚障害者，聴覚障害者，肢体不自由者又は病弱者である児童に対する教育を行う特別支援学校の小学部において，学年の目標及び内容を2学年まとめて示した教科及び外国語活動の内容は，2学年間かけて指導する事項を示したものである。各学校においては，これらの事項を地域や学校及び児童の実態に応じ，2学年間を見通して計画的に指導することとし，特に示す場合を除き，いずれの学年に分けて，又はいずれの学年においても指導するものとする。

③ 高等部においては，総則第2節第2款視覚障害者，聴覚障害者，肢体不自由者または病弱者である生徒に対する教育を行う特別支援学校における各教科・科目の履修等，第7款専攻科　など。

(3) 知的障害特別支援学校において，読む必要がある規定，使わなければならない規定
① 「知的障害者である児童又は生徒に対する教育を行う特別支援学校においては」等と表記されている規定。

例えば，第１章第２節第２内容等の取扱いに関する共通的事項の２，６，７，８等であり，７の内容は，次のとおりである。

> ７　知的障害者である児童又は生徒に対する教育を行う特別支援学校において，各教科の指導に当たっては，各教科（小学部においては各教科の各段階。以下この項において同じ。）に示す内容を基に，児童又は生徒の知的障害の状態や経験等に応じて，具体的に指導内容を設定するものとする。また，各教科，道徳，特別活動及び自立活動の全部又は一部を合わせて指導を行う場合には，各教科，道徳，特別活動及び自立活動に示す内容を基に，児童又は生徒の知的障害の状態や経験等に応じて，具体的に指導内容を設定するものとする。

② 重複障害者等に関する教育課程の取扱い。

知的障害以外の障害を併せ有する児童生徒に対する教育課程の取扱いを理解するとともに，知的障害特別支援学校以外の特別支援学校において，知的障害を併せ有する児童生徒に対する教育課程の取扱いに注目する必要がある。

③ 道徳については，小学校学習指導要領及び同解説道徳編，中学校学習指導要領及び同解説道徳編を活用する。

道徳の目標，内容及び指導計画の作成と内容の取扱いについては，小学部は，小学校学習指導要領第３章に，中学部は，中学校学習指導要領第３章に示すものに準ずることとなっている。したがって，道徳の指導に当たっては，小学校，中学校の学習指導要領及び同解説道徳編は，必読ということになる。

小学部・中学部学習指導要領第３章道徳には，次の事柄が示されている。

> ３．知的障害者である児童又は生徒に対する教育を行う特別支援学校において，内容の指導に当たっては，個々の児童又は生徒の知的障害の状態や経験等に応じて，適切に指導の重点を定め，指導内容を具体化し，体験的な活動を取り入れるなどの工夫を行うこと。

小学部・中学部学習指導要領には，道徳の目標も内容も示されていないので，小学部は小学校学習指導要領を，中学部は中学校学習指導要領を必ず使わなければならないことになる。

　高等部では，道徳は，知的障害特別支援学校の教育課程のみに位置づけられている。高等部学習指導要領には，第3章道徳第1款目標及び内容で次のように示されている。

第1款　目標及び内容
　道徳の目標及び内容については，小学部及び中学部における目標及び内容を基盤とし，さらに，青年期の特性を考慮して，健全な社会生活を営む上に必要な道徳性を一層高めることに努めるものとする。

　高等部学習指導要領には，道徳の目標及び内容が具体的に示されていないので，各学校においては，小学校学習指導要領及び中学校学習指導要領に示されている道徳の目標及び内容を参考にして，目標及び内容を具体化し，指導に当たる必要がある。

④　総合的な学習の時間については，小学部は，教育課程に位置づけられていないので，総合的な学習の時間に関する規定は，読まなくてよい。

　中学部は，中学校学習指導要領第4章に示すものに準ずることとなっており，中学校学習指導要領及び同解説総合的な学習の時間編を活用する。

　高等部については，高等学校学習指導要領第4章に示すものに準ずることとなっており，生徒の障害の状態等に応じて，内容や授業の展開等に工夫が必要である。

⑤　特別活動については，小学校学習指導要領及び同解説特別活動編，中学校学習指導要領及び同解説特別活動編，高等学校学習指導要領及び同解説特別活動編を活用する。

　特別活動の目標，各活動・学校行事の目標及び内容並びに指導計画の作成と内容の取扱いについては，小学校学習指導要領第6章，中学校学習指導要領第5章，高等学校学習指導要領第5章に示すものに準ずると学習指導要領に示されている。したがって，特別活動の指導に当たっては，小学部は，小学校学習

指導要領及び同解説特別活動編,中学校学習指導要領及び同解説特別活動編,高等学校学習指導要領及び同解説特別活動編は,必読ということになる。

小学部・中学部学習指導要領第6章特別活動には,次の事項が示されている。高等部学習指導要領第5章特別活動にも,同様のことが示されている。

> 3．知的障害者である児童又は生徒に対する教育を行う特別支援学校において,内容の指導に当たっては,個々の児童又は生徒の知的障害の状態や経験等に応じて,適切に指導の重点を定め,具体的に指導する必要があること。

(大南英明)

02 各教科等の指導内容の具体化
―個別の指導計画を踏まえて―

1 各教科の指導内容の具体化

　各教科の内容は，学習指導要領では，概括的に示されている。例えば，国語の内容は，次のとおりである。

〔小学部〕
○1段階
　(1)　教師の話を聞いたり，絵本などを読んでもらったりする。
　(2)　教師などの話し掛けに応じ，表情，身振り，音声や簡単な言葉で表現する。
　(3)　教師と一緒に絵本などを楽しむ。
　(4)　いろいろな筆記用具を使って書くことに親しむ。
○2段階
　(1)　教師や友達などの話し言葉に慣れ，簡単な説明や話し掛けが分かる。
　(2)　見聞きしたことなどを簡単な言葉で話す。
　(3)　文字などに関心をもち，読もうとする。
　(4)　文字を書くことに興味をもつ。
○3段階
　(1)　身近な人の話を聞いて，内容のあらましが分かる。
　(2)　見聞きしたことなどのあらましや自分の気持ちなどを教師や友だちと話す。
　(3)　簡単な語句や短い文などを正しく読む。
　(4)　簡単な語句や短い文を平仮名などで書く。

〔中学部〕
　(1)　話のおよその内容を聞き取る。
　(2)　見聞きしたことや経験したこと，自分の意見などを相手に分かるように話す。
　(3)　簡単な語句，文及び文章などを正しく読む。
　(4)　簡単な手紙や日記などの内容を順序立てて書く。

〔高等部〕
○1段階
(1) 話の内容の要点を落とさないように聞き取る。
(2) 目的や場に応じて要点を落とさないように話す。
(3) いろいろな語句,文及び文章を正しく読み,内容を読み取る。
(4) 手紙や日記などを目的に応じて正しく書く。
○2段階
(1) 話し手の意図や気持ちを考えながら,話の内容を適切に聞き取る。
(2) 自分の立場や意図をはっきりさせながら,相手や目的,場に応じて適切に話す。
(3) 目的や意図などに応じて文章の概要や要点などを適切に読み取る。
(4) 相手や目的に応じていろいろな文章を適切に書く。

　国語の内容は,小学部,中学部,高等部について,上記のように示されているが,概括的であり,個別の指導計画を作成するには,指導内容をさらに具体化する必要がある。

　指導内容の具体化について,小学部・中学部学習指導要領では,次のように規定している。高等部についても同様の規定が示されている。

(第1章 第2節 第2 内容等の取扱いに関する共通的事項)

> 7　知的障害者である児童又は生徒に対する教育を行う特別支援学校において,各教科の指導に当たっては,各教科(小学部においては各教科の各段階。以下この項において同じ。)に示す内容を基に,児童又は生徒の知的障害の状態や経験等に応じて,具体的に指導内容を設定するものとする。また,各教科,道徳,特別活動及び自立活動の全部又は一部を合わせて指導を行う場合には,各教科,道徳,特別活動及び自立活動に示す内容を基に,児童又は生徒の知的障害の状態や経験等に応じて,具体的に指導内容を設定するものとする。
>
> （下線は筆者）

　例えば,(4)の書くことについて内容を具体化すると,次のようである。
　1段階は文部科学省著作教科書『こくご　☆』,2段階は『こくご　☆☆』,3段階は『こくご　☆☆☆』,中等部の内容を4段階とし『国語　☆☆☆☆』,高等部の内容を5段階,6段階とする。

国語の内容は，小学部から高等部までを1～6段階で示しているが，個別の指導計画の作成に当たっては，児童生徒の学習の習熟の状態に応じて，1～6段階の中から適切な内容を選択することとなる。例えば，小学部5年生のA君は3段階の内容を，中学部のBさんは2段階の内容を，高等部のC君は4段階の内容を，Dさんは6段階の内容を個別の指導計画で選択する。

	1	2	3	4	5	6
書くこと	22 図形や柄などの異同が分かる。 23 いろいろな用具を使って，なぐり書きをする。 ・自由に，指，手，腕を動かしなぐり書きをする。(指導書☆☆)	・絵の中から，部分の差異，色の違い，大小，方向の差異，部分の欠如などを見つけ，同じものをさがす。(指導書☆☆) 19 点線の上をなぞって書く。 20 簡単な図形をまねて書く。 21 文字を書くことに興味をもつ。 22 鉛筆などを正しく持ち，正しい姿勢で書く。 23 平仮名の簡単な語句を見て，書き写す。 24 自分の名前を平仮名で書く。 ・自分の名前を，縦書きや横書きで書く。〈指導書☆☆〉	22 進んで文字を書こうとする。 ・教師や友達の名前を平仮名で書く。(指導書☆☆) ・身近なものや興味あるものの名前を平仮名で書く。(指導書☆☆) 23 簡単な語句や短い文を平仮名で書く。 ・簡単な語句や短い文を，正しい筆順で適当な大きさで書く。(指導書☆☆) 24 簡単な絵日記を書く。 ・簡単な文を書く。(指導書☆☆) ・周囲の様子，動作，行動や気持ちなどを表す文を書くことに慣れる。(指導書☆☆) ・簡単な語句を片仮名で書く。(指導書☆☆)	20 見聞きしたことや経験したことなどについて，できるだけ順序立てて書く。 ・書いた文章を見直す。(指導書☆☆☆) 21 簡単な手紙文や日記を書く。 ・手紙文の種類や用語，形式を知る。(指導書☆☆☆) ・文字の大きさなどに気をつけ，相手に分かるように手紙を書く。(指導書☆☆☆) ・必要な連絡の文章を，書き写す。(指導書☆☆☆) ・案内状やプログラムを書いたり，簡単なポスターを作ったりする。(指導書☆☆☆☆)	19 経験した事柄を順序立てて要領よく書く。 20 手紙や電文を読んだり，書いたりする。 21 毎日，日記を書く。 ・身近な生活で経験したことについて，簡単な記録を書く。 22 要領よくメモをとる。 ・箇条書きで簡単なメモをとる。(指導書☆☆☆☆) ・記事を集めて，新聞を作る。(指導書☆☆☆☆) ・学校や学級の出来事などを取材して，簡単な記事を，読み手に分かりやすく書く。(指導書☆☆☆☆) ・作品を集めて，簡単な文集を編集する。(指導書☆☆☆☆)	25 経験した事柄を順序立て，自分の意見や感想を交えながら要領よく書く。 26 句読点，かぎかっこなどを正しく使って文章を書く。 27 漢字や片仮名を正しく使って文章を書く。 28 手紙の目的に応じて筆記用具を使い分けたり，工夫したりして書く。 ・手紙文の種類や用語，形式を必要に応じて実用に役立てる。(指導書☆☆☆☆) 29 生活の中で使われる伝票，領収書，諸届，申込書を正しく書いたり，ワードプロセッサを使って作成したりする。

『知的障害養護学校・知的障害特殊学級の　指導内容表─各教科の具体的内容─』(平成15年3月　帝京大学文学部教育学科大南研究室)より引用。

2 自立活動の内容の具体化

自立活動の内容は，学習指導要領では，次のように示されている。

1．健康の保持
 (1) 生活のリズムや生活習慣の形成に関すること。
 (2) 病気の状態の理解と生活管理に関すること。
 (3) 身体各部の状態の理解と養護に関すること。
 (4) 健康状態の維持・改善に関すること。
2．心理的な安定
 (1) 情緒の安定に関すること。
 (2) 状況の理解と変化への対応に関すること。
 (3) 障害による学習上又は生活上の困難を改善・克服する意欲に関すること。
3．人間関係の形成
 (1) 他者とのかかわりの基礎に関すること。
 (2) 他者の意図や感情の理解に関すること。
 (3) 自己の理解と行動の調整に関すること。
 (4) 集団への参加の基礎に関すること。
4．環境の把握
 (1) 保有する感覚の活用に関すること。
 (2) 感覚や認知の特性への対応に関すること。
 (3) 感覚の補助及び代行手段の活用に関すること。
 (4) 感覚を総合的に活用した周囲の状況の把握に関すること。
 (5) 認知や行動の手掛かりとなる概念の形成に関すること。
5．身体の動き
 (1) 姿勢と運動・動作の基本的技能に関すること。
 (2) 姿勢保持と運動・動作の補助的手段の活用に関すること。
 (3) 日常生活に必要な基本動作に関すること。
 (4) 身体の移動能力に関すること。
 (5) 作業に必要な動作と円滑な遂行に関すること。
6．コミュニケーション
 (1) コミュニケーションの基礎的能力に関すること。
 (2) 言語の受容と表出に関すること。
 (3) 言語の形成と活用に関すること。
 (4) コミュニケーション手段の選択と活用に関すること。
 (5) 状況に応じたコミュニケーションに関すること。

上記の内容をさらに具体化し，個別の指導計画の作成に活用する必要がある。具体化をした例として，次に掲げる内容を参考として，各学校，地域において自立活動の内容を具体化し，指導計画の作成，授業での活用ができるようにする必要がある。

自立活動の具体的な内容（二次試案）

　　　　　　　　　　　　　　　　　　　　　　　　　平成21年7月20日
　　　　　　　　　　　　　　　　　　　　　放送大学　客員教授　大南英明

㊟　この試案は，『知的障害養護学校における自立活動に関する研究　研究報告書　平成12年3月　埼玉県立南教育センター』に掲載されている『知的障害養護学校の自立活動の具体的な内容の試案』をもとに，新しい特別支援学校学習指導要領に示されている自立活動の内容に適合するように修正し，作成したものである。

1　健康の保持
(1) 生活のリズムや生活習慣に関すること
　① 睡眠と覚醒を分けて体験する指導により，睡眠と覚醒のリズムを形成すること
　② 疲労や休息を体験する指導により，健康状態の維持・改善に必要な生活のリズムを形成すること
　③ 暑さや寒さを感じとり，衣服の調節ができること
　④ 間食を控え，偏食を減らし，落ち着いて食事をする指導により，適切な食習慣を形成すること
　⑤ 定時排泄や尿意便意に注意を向ける指導により，適切な排泄の習慣を形成すること
　⑥ 口唇をはじめ，皮膚についた異物を洗う又はふき取るなどの指導により，清潔感を形成すること
　⑦ 空気や身の回りの汚れを嫌う習慣や適度な明るさや音や温度の環境を好む習慣を形成すること
　⑧ 感染予防のため異物を口に入れないなどの清潔の保持をこころがける態度や危険を避ける態度を学習し，健康的な生活環境を保持する習慣を形成すること
(2) 病気の状態の理解と生活管理に関すること
　① 自分の病気の簡単な知識と病気に伴い現れてくる頭痛や微熱や気分がすぐれない等の状態があることを知ること
　② 自分の病気に伴い現れてくる状態に対する必要な対応を知ること
　③ 自分の病気に伴い現れてくる状態に注意を向け，実際に状態を再確認し，それに応じた対応の仕方を体験として学習すること
　④ 自分の病気の状態に基づいて，より望ましい生活をする技能や態度を身につけること
　⑤ 医師などの専門家の意見を参考に，病気の状態への対応や生活の仕方を変えること

(3) 身体各部の状態の理解と養護に関すること
　① 自分の身体各部の状態を知り，その状態を受容する態度を養うこと
　② 自分の身体各部の状態に従って，安全を確保したり，休息したりすることを体験的に学習すること
　③ 自分の身体各部の状態による行動の制限を知り，現状での適切な過ごし方を自ら考えて実行すること
(4) 健康状態の維持・改善に関すること
　① 可能な運動や健康に役立つ生活の仕方を調べ，実行できる計画を立てること
　② 可能な運動や健康に役立つ生活の仕方を実行し，維持するための主体的な態度を養うこと
　③ 肥満の解消に役立つ生活の仕方を実行し，食生活の習慣を変えること
　④ 歯のみがき方を学習し，歯みがきをいやがらずに自らみがく態度を形成すること
　⑤ 精神的な健康に注意を向け，自ら考えて生活の仕方を変える努力をする態度や習慣を養うこと

2　心理的な安定
(1) 情緒の安定に関すること
　① 本人の意図（対人，好むものや場所及び物の位置，行動パターンなど）を受容する対応により気持ちを和らげること
　② 体を動かして緊張感を和らげ，今の自分の様子を知ることを通して平静な自分を取り戻すこと
　③ 人と一緒に歩いたり，何もせずに人と一緒に座ったりするなどのことを通して安心感を形成すること
　④ 情緒が安定した状態を知ることを通して，それを持続的に味わう学習をすること
　⑤ 刺激する物の少ない部屋や整理された部屋及び環境の中で，気持ちの落ち着け方を学習すること
　⑥ 気持ちを落ち着ける体験の過程を学習し，気持ちを調整する力を養うこと
　⑦ 不安に対して沈黙や小さい発声，小さい動きなどの代償の行動で対応できる構えを形成すること
　⑧ 情緒を安定させる方法を見つけ，生活の中で体験的に身につけること
　⑨ はじめと終わりの見通しをもてるようにして，情緒の安定を図ること
(2) 状況の理解と変化への対応に関すること
　① この後に起こる状況の変化をあらかじめ知らせてもらい，心構えを形成する学習をすること
　② 状況の変化による不安をため息や手つなぎやその場を一時離れるなどして，適度に自分で受け止める体験を重ねること
　③ 状況の変化に対して，少し我慢をしてあわてずにいることも一つの態度として身につける学習をすること
　④ 状況の変化への対応に失敗しても，動揺を最小限にする習慣を形成すること
(3) 障害による学習上又は生活上の困難を改善・克服する意欲に関すること
　① 安心して気持ちを集中して考える態度を身につける学習をすること
　② 障害による学習上又は生活上の困難の内容を，できるだけ具体的に，しかも正確

に分かる体験をすること
　　③　障害による学習上又は生活上の困難を解決する努力の仕方を具体的な体験として
　　　学習すること
　　④　障害による学習上又は生活上の困難を改善・克服する価値を知り，改善・克服を
　　　自ら評価する態度を養うこと

3　人間関係の形成
(1)　他者とのかかわりの基礎に関すること
　　①　抱いて揺さぶるなどのかかわりを繰り返し行い，かかわる者の存在に気付くこと
　　　ができるようにすること
　　②　音や動作の模倣を通して，人や物への興味・関心を養い意図的な動きを増やすこ
　　　と
　　③　自分の役に立つ人であると分かる体験を幾度もすること
　　④　自分の意志や希望が通じたと分かる体験を幾度もすること
　　⑤　手つなぎや物などを介して一緒に過ごし，他人と過ごす楽しさを体験的に感じる
　　　学習をすること
(2)　他者の意図や感情の理解に関すること
　　①　自分が保護者や周囲の人々に温かく見守られているという安心感から生まれる人
　　　に対する信頼感をもつようにすること
　　②　嬉しい，悔しい，悲しい，楽しいなどの多様な感情体験を数多くもてるようにす
　　　ること
　　③　身近な大人との関係の中で，自分の意思や欲求を身振りなどで伝えようとし，大
　　　人から自分に向けられた気持ちが分かるようになること
　　④　身近な人の気持ちを察し，少しずつ自分の気持ちを抑えたり，我慢ができるよう
　　　にしたりすることを様々な体験を通して学習すること
　　⑤　友達を思いやる気持ちを様々な体験を通して学習すること
(3)　自己の理解と行動の調整に関すること
　　①　自分の好きな物・人，嫌いな物・人が分かり，意思を表すこと
　　②　自分の得意なことや不得意なこと，自分の行動の特徴などを理解すること
　　③　自分の気に入らないことがあっても，我慢をすることができるようになること
　　④　自分の行動や行動の結果及び自分の体の動きや気持ちの状態を知ることを通して，
　　　自分を感じたり，自分に気付いたりすること
(4)　集団への参加の基礎に関すること
　　①　人が大勢いる中に少しの間いられること
　　②　集団の雰囲気に合わせたり，集団に参加するための手順やきまりを理解したりす
　　　ること
　　③　集団の中での態度や行動の仕方を明確に伝えてもらい，集団の中で安心していら
　　　れる体験を多くすること
　　④　ルールを少しずつ段階的に理解できるように活動したり，ロールプレイによって
　　　適切な行動を具体的に学習したりすること
　　⑤　ルールを守って，集団活動に参加する機会を多くし，集団に慣れること

4　環境の把握
(1) 保有する感覚の活用に関すること
　① 各種の感覚受容器（目，耳，関節など）を用いて，視覚・聴覚・嗅覚・味覚・皮膚感覚（触，圧，温，冷，痛）・運動感覚・平衡感覚・内臓感覚などを味わう体験を繰り返すこと
　② 保有する感覚について知り，その状態を受容する過程を学習すること
　③ 保有する優位な感覚（視覚，聴覚等）を用いて，周囲などの状況を把握するための上手な使い方を考え，効果的な使い方を学習すること
(2) 感覚や認知の特性への対応に関すること
　① 不快である音や感触などを自ら避けることを身に付けること
　② 不快である音や感触に具体的な活動を通して少しずつ慣れること
　③ 位置の関係を様々な体験を通して学習すること
　④ 不得意な課題を得意な方法で少しずつ解決できるように学習すること
(3) 感覚の補助及び代行手段の活用に関すること
　① 感覚の補助及び代行手段について助言を受け，自らも考え，効果的な代行手段を選択すること
　② 感覚の補助及び代行手段に慣れてある程度意図的に使い，役立てるための学習をすること
(4) 感覚を総合的に活用した周囲の状況の把握に関すること
　① 視覚・聴覚・触覚などの感覚を同時に合わせて使うことに慣れるように，意図的に学習すること
　② 視覚・聴覚・触覚などの感覚を用いて情報を収集し，環境の状況を把握することによって正しい選択や判断ができるように学習すること
(5) 認知や行動の手掛かりとなる概念の形成に関すること
　① 保有する感覚・知覚を総合的に用いて，大小，多少，上下，高低，前後，左右，遠近，深浅，広い狭い，厚い薄い，線と面，丸と三角と四角，凹凸と滑らか，水平と斜めなどの意味を具体的に学習すること
　② 保有する感覚・知覚を総合的に用いて，熱い・冷たい，痛い，速い（早い）・遅い，きれい・汚い，合う・合わない，良い・悪い，快・不快，危険と安全などの意味を理解し，日常生活の行動の具体的な手掛かりとして役立てるための学習をすること
　③ 保有する感覚・知覚を総合的に用いて，形の弁別，色の弁別，食べ物の弁別，物と物の一致，数と具体物の一致，空間の認知など日常生活の基礎となる概念を具体的に学習すること
　④ 他の領域・教科の学習においても種々の概念の形成を図り活用するよう，領域・教科の学習内容と関連付けて学習すること

5　身体の動き
(1) 姿勢と運動・動作の基本的技能に関すること
　① 姿勢と運動・動作の状態を知るために，座位や立位や歩行や走ることなどを特別にしてみること
　② 姿勢と運動・動作に表れる持続的な緊張を自らゆるめる学習をすること

③ 身体の各部位に少し力を入れ，意図するとおりにゆっくり動かす学習をすること
④ 自ら自分の体に触れたり，動かしたりして，自分の体のイメージを養うこと
⑤ 両足を伸ばして座る，膝を立てて座る，しゃがむ，中腰になる，腰を曲げる，背筋を伸ばす・反らせる，立ち上がる，両足で踏みしめて立つなどの体の動かし方を練習すること
⑥ 立位で重心を前後左右へ移動する動きを学習すること
⑦ 障害物の越え方や階段の昇り降り，ころんで手をつくなどの動作を習得すること
⑧ それぞれの体の動きのバランスができるだけうまくいくように学習すること
(2) 姿勢保持と運動・動作の補助的手段の活用に関すること
① 自らの状態に合った姿勢保持と運動・動作の補助的手段について助言を受け，自ら考えてみること
② 補助的手段を用いて，より良く姿勢保持や運動・動作ができるよう学習すること
(3) 日常生活に必要な基本動作に関すること
① 全身の力を緩めて膝を伸ばし，仰向けやうつぶせになれるように学習すること
② 気持ちを落ち着けて，咀嚼や飲み込むときの体の必要な部位の動かし方を学習すること
③ 食事に必要な目や手の動きや口の動き，及びそれらの協応する動作を学習すること
④ 排泄に必要な立位，中腰位，座位や呼吸の仕方などを体験として学習すること
⑤ 衣服の着脱，洗面，入浴などに必要な体の動きを部分的に練習し，その後一連の動きとして学習すること
⑥ 手の握り方や開き方，手指の一本ずつの動きと協応した動きを学習すること
(4) 身体の移動能力に関すること
① 保有する移動能力が効果的に発揮されるように助言を受け，自ら考えること
② 立位姿勢の安定，重心の移動，踏み出す動作及び自分に合った足の運び方の学習をすること
③ 歩くときや走るときの手や足の協応動作や調整力を養う練習をすること
④ 移動の補助的手段を利用するときの体の動かし方を学習すること
(5) 作業に必要な動作と円滑な遂行に関すること
① 大小や厚い薄いなど種々の状況に応じた物の持ち方や握り方や力の入れ方を学習すること
② 作業に必要な姿勢と身体の動かし方を特別に抽出して学習すること
③ 作業で疲労が蓄積しないような体の動き方を考えて，それに慣れるように学習すること
④ 作業に応じた全身の力のコントロールの仕方を考えて体験として，学習すること

6 コミュニケーション
(1) コミュニケーションの基礎的能力に関すること
① 人への興味・関心があり，信頼関係を持てる人がいること
② 視線，表情，身振り，発声，発語，シンボルマークなど，保有するコミュニケーション能力を活用すること
③ 心理的な安定を図り，人を見たり視線を合わせたり注意を向ける態度を形成する

こと
　　④　『いやだ』『もう一度』などの意思の表出が，相手に届いたと自ら分かる体験を多くすること
　　⑤　コミュニケーションすることが自分を落ち着かせ，自分の気持ちを満足させると分かる体験を多くすること
(2) 言語の受容と表出に関すること
　　①　言葉かけによって，安心感が得られる体験を何度もすること
　　②　相手からの働き掛けに注意を向け，考えて態度にあらわす体験を繰り返すこと
　　③　相手の示した文字やシンボルマークや発語の意味を理解し，対応する練習を繰り返すこと
　　④　相手の発語に対して，意図的に注意を向ける態度を形成すること
　　⑤　自分の発声・発語の模倣を聞き，自分の発声・発語に気付く体験を繰り返すこと
　　⑥　口唇や舌などの動かし方を改善して，正しい構音を学習すること
　　⑦　自分の発声・発語が他者の注意を自分に向け，特定の意味を示したことが自ら分かる体験を繰り返すこと
　　⑧　これまでに身に付けた非言語のコミュニケーションの手段や習慣を，音声や簡単な単語などを手段とするように変える学習をすること
(3) 言語の形成と活用に関すること
　　①　心理的な安定を図り，言語を使おうとする態度や習慣を形成すること
　　②　自分の発声・発語が意図したとおり相手に伝わり，自分の役に立つ経験を多くすること
　　③　日常生活で使う物の名称や使用頻度が高い言葉の使い方を学習すること
　　④　コミュニケーションに使える言語を獲得すること
　　⑤　言語とそれが意味する行動との一致を体験的に理解すること
　　⑥　日常生活で使うまとまりのある簡単な会話を練習すること
(4) コミュニケーション手段の選択と活用に関すること
　　①　障害の状態に合わせて，発声・発語，視線，表情，身振り，シンボルマーク，写真，電子機器などを利用したコミュニケーション手段を選択し，その手段に慣れるように学習すること
　　②　コミュニケーションの補助的手段を使えるようになる学習をすること
(5) 状況に応じたコミュニケーションに関すること
　　①　誰とでも最小限のコミュニケーションに応じる態度を形成すること
　　②　誰とでも，気持ちを落ち着けて話を聞く態度を形成すること
　　③　必要な時に必要なことをたずねる態度を形成すること
　　④　危機的状況を知らせる態度を形成すること

(大南英明)

03 知的障害特別支援学校の教育の現状と今後の実践への期待

① 知的障害特別支援学校における教育概況等

(1) 対象児童生徒の増加

　特別支援学校や特別支援学級に在籍する知的障害のある児童生徒数が急激に増加している。その要因は定かではないが，学齢期における療育手帳（主として軽度）の発給数も増加している。現在，義務教育段階における特別支援学校や特別支援学級，通級による指導の対象児童生徒数の割合は全児童生徒数の2％を超えている。平成元年ころに比較すると，その割合は2倍以上になっている。増加のほとんどは知的障害と自閉症・情緒障害，あるいはいわゆる発達障害が見られる児童生徒である。

(2) 教員の専門性（専門の教員免許保有状況）

　知的障害特別支援学校に勤務する教員の専門免許の保有割合は，近年では，約70％であり，徐々にその割合が高くなってきている。教職員免許法には，特別支援学校に勤務する教員は特別支援学校教員免許を保有することが規定されているが，同法附則に当分の間は保有しなくてもよいことになっている規定について見直しが必要との意見も聞かれる。

　小・中学校に設置される特別支援学級等の担当教員には，特別支援教育に関する教員免許の規定がないため，小学校等の教員免許で足りる。そのため，特別支援学級等の担当教員は特別支援学校教員免許を保有する必要はないが，同免許を保有する教員も多く，地域によっては，同免許を保有する教員を採用・配置することに努力している。現在は，その保有率は平均約32％であるが，地域によって約15％から約66％までの開きが見られる。同免許の保有が必ずしも指導の専門性を確実に保証するとは言えないにしても，この地域による格差や新たな免許状の創設などに係る検討が必要との意見も聞かれる。

(3) 教育課程の編成・実施の状況

　知的障害特別支援学校における教育課程については，地域によって相違が認められるが，おおむね小学部段階では，日常生活の指導を中心にすえながら，生活単元学習並びに音楽や図画工作，体育などの教科別の指導を取り入れている様子がうかがえる。中学部では，教科別の指導を取り入れつつも，作業学習を取り入れていることも多く見られる。高等部においては，比較的軽度の生徒のための高等部のみの学校においては，専門学科を設けるなどして，主として専門学科で開設される教科である「工業」や「流通・サービス」などを取り入れつつ，その他の教科とともに教科別に指導していることが多く見られる。それ以外の高等部においては，作業学習を中心にすえながら，場合によっては，国語や数学などを教科別に指導していることが見られる。

(4) 卒業後の進路状況

　知的障害特別支援学校高等部の卒業生の進路については，約27％が企業に就職しており，約65％が福祉施設等に入所または通所している状況である。近年では，毎年，就職率が約１％ずつ上がってきている。就職率の向上の理由については，関係する諸施策の実施の効果の現れもあるが，知的障害特別支援学校における職業教育の充実によることも大きいと考えられる。

　なお，近年，就職者のうち，事務や販売，サービス，福祉などの第３次産業に含まれる職種に進む生徒が増えてきていることから，現在の職業教育・就労支援を見直す必要性があるとの意見も聞かれる。

2 学習指導要領の改訂

(1) 学習指導要領総則における改訂

　今回の改訂では，学習指導要領総則において，各教科等を合わせて指導を行う場合においても，一人一人に指導内容を設定することが示された。これまでは，各教科の指導においてのみ，一人一人に指導内容を設定することが求められていた。

　また，これまでは，重複障害等の特例として示されていた部分が，より平易

な表現で述べられ，重複障害等の教育課程の取扱いとされている。

その改正点は，例えば，肢体不自由特別支援学校に在籍する知的障害を併せ有する中学部の生徒は，これまでは，外国語は必履修であったが，知的障害特別支援学校と同様に必要に応じて設定できるようにし，仮に肢体不自由があっても，視覚障害があっても，知的障害のある生徒と同じように対応できるようにしている。

さらに高等部では，例えば，肢体不自由特別支援学校においても，知的障害を併せ有する生徒については，知的障害特別支援学校と同様の教育課程を編成し，同様に卒業を認定することを可能としている。つまり，例えば，外国語科あるいは情報科を選択教科とし，かつ単位制を採用しなくてもよいことになっている。

そのほか，キャリア教育の充実や長期間のインターンシップの実施，すべての教科等における個別の指導計画の作成及び個別の教育支援計画の作成を義務づけている。

(2) 各教科の改訂

知的障害特別支援学校における各教科の改訂では，まずは，小学部の生活科について，自閉症のある児童の特性等を考慮して，見通しをもって，ないしは予定や日課にそって活動するなどの内容が示されている。また，社会福祉に関する職業に就く生徒も増えてきたこともあり，高等部に専門教科として福祉科が新設されている。福祉科の内容としては，社会福祉についての興味・関心を高める，基礎的・基本的な知識と技術を習得するなどである。

さらに，指導計画の作成と各教科全体にわたる内容の取扱いに関して，すべての教科等において，生活に結びついた効果的な指導を行うことを求めている。

(3) 自立活動の改訂

自立活動の内容の改善については，いくつかの研究開発校における自閉症のある児童生徒等に特化した指導内容に関する研究成果を踏まえ，他者との基礎的なかかわり，他者の意図や感情の理解，自己理解，行動調整，集団参加，感覚や認知の特性などへの対応に関する事柄を自立活動に付加することとなった。

しかし，例えば，他者の意図や感情の理解などについては，自閉症のある児童生徒だけに必要な内容ではなく，視覚障害や聴覚障害などのある児童生徒においても，背景要因が異なるにしても必要な内容であることに留意しなければならない。

　そうした観点から，今回新たに「人間関係の形成」という区分を設けるなどして，5区分21項目を6区分26項目に改訂している。

　なお，知的障害のある児童生徒には，全般的な知的発達の程度や適応行動の状態に比較して，言語，運動，情緒，行動等の特定の分野に，顕著な発達の遅れや特に配慮を必要とする様々な状態が知的障害に随伴して見られる。そこで，そのような障害の状態による困難の改善等を図るためには，自立活動の指導を効果的に行う必要がある。

【参考】自立活動の内容（抜粋）

> ○情緒の安定に関すること。
> ○状況の理解と変化への対応に関すること。
> ○障害による学習上又は生活上の困難を改善・克服する意欲に関すること。
> ○他者とのかかわりの基礎に関すること。
> ○他者の意図や感情の理解に関すること。
> ○自己の理解と行動の調整に関すること。
> ○集団への参加の基礎に関すること。
> ○感覚や認知の特性への対応に関すること。
> ○作業に必要な動作と円滑な遂行に関すること。
> ○コミュニケーションの基礎的能力に関すること。
> ○コミュニケーション手段の選択と活用に関すること。

③　学習評価について

　平成22（2010）年3月に，中央教育審議会が「児童生徒の学習評価の在り方について（報告）」をとりまとめた。

　同報告では，「知的障害及び重複障害のある児童生徒に対する指導や自立活動の指導を行う場合には，児童生徒一人一人の実態に即して，個別に指導目標や指導内容を設定し，個別に評価することになるが，設定した指導目標が高す

ぎたり，指導内容が具体性を欠いたりするなどにより，結果として，効果的な指導につながらないことも考えられる。このため，設定する指導目標や指導内容については，その妥当性の向上に十分配慮する必要がある」とされている。

また，同報告では，今後も評価に対する信頼性を高めることが必要としており，特別支援学校においては，個別の指導計画の作成が義務づけられていることから，これに基づいた評価を的確に行うことが大切である。

4 自閉症教育について

平成13（2001）年に，文部科学省に置かれた調査研究協力者会議が「21世紀の特殊教育の在り方について（報告）」をとりまとめている。

同報告では，「知的障害と自閉症を併せ有する児童生徒に対し，この二つの障害の違いを考慮しつつ，障害の特性に応じた対応について今後も研究が必要である。今後，国は，知的障害を伴う自閉症児への教育と知的障害を伴わない自閉症児への教育の違いを考慮しつつ，知的障害養護学校等におけるより効果的な指導の在り方について調査研究を行う必要がある」とされている。

現在，全国各地で自閉症のある児童生徒の特性に応じた指導内容や指導方法に関する実践研究が行われている。それらの研究は，自閉症のある児童生徒に特化した教育課程の実現をめざしているものと意味づけられる。

これまでは，自閉症のある児童生徒のための教育課程は，知的障害教育あるいは情緒障害教育の考え方で編成されてきたといえよう。しかし，例えば，自閉症があり，かつ知的障害が比較的軽度である児童生徒の存在も目立ってきており，今後は，そうした児童生徒への対応が現在の教育課程で十分であるかどうかの検討が必要との意見も聞かれる。

教育課程の違いは，指導内容やその指導時間などの違いとして認識されると考えられる。つまり，各教科の取扱いや自立活動の内容の取扱いが異なることをもって判断されるということである。そのため，研究手法としては，自閉症のある児童生徒の特性に応じた教育課程を編成し，指導内容の分析を行うことが求められよう。

（石塚謙二）

第2章 特色ある実践

1 小学部

　小学部の教育課程は，児童の障害の状況に応じて，教科別の指導，領域別の指導と各教科等を合わせて指導を行う領域・教科を合わせた指導とを適切に組み合わせるように工夫することが大切である。

　教科別の指導として取り上げられるのは，国語，算数，音楽，図画工作等であり，領域別の指導としては，自立活動等である。

　各教科等を合わせて指導を行う場合は，日常生活の指導，遊びの指導，生活単元学習等として行われている。

　教科別の指導，領域別の指導，領域・教科を合わせた指導を行うに際しては，次の点を十分理解し，指導内容・方法等に工夫や配慮が必要である。

① 教科等の内容を具体化する

　学習指導要領に示されている小学部の各教科の内容は，1～3段階になっているが，大綱を示しており，指導計画を作成するには，内容を具体化する必要がある。

② 個別の指導計画を作成する

　すべての授業は，個別の指導計画に基づいて展開する必要がある。個別の目標を明確にし，指導内容を選定し，分かりやすい授業を展開する工夫が必要である。

③ 教材・教具，学習（指導）の場，授業時間の長さを工夫する

　児童が，興味・関心を示し，意欲的に活動できる状況をつくることに努めることである。

　事例1−1　本事例は，「光遊び」の中から「シャボン玉遊び」を取り上げている。光に対して多くの児童は，興味・関心を示し，意欲的に活動するなかで，光が動く，光が点灯したり消えたりすることに注目できるようになっている。

光や暗い場所に慣れない児童の行動に十分注意する。

事例１－２　学校生活の一日の流れにそって，学習していく状況を設定し，持ち物の整理，朝の会，着替え，食事等について，順序を追って学習できるように工夫している。登校時の靴の履き替えについて，指導と支援のポイントを例示したり，食事（給食）の仕方についても食べやすい状況づくりを工夫したりしている例を紹介してある。

事例１－３　３・４年生の活動で「みんなでチャレンジ！こんにちは！ストア　パート２」を紹介している。カップ，のれん，チケット，ポスター，ケーキ，ポップコーンなどをみんなで作り，「お店を開く」準備を進め，開店，後片付けと36単位時間の活動をまとめている。「またお店を開こう」と児童の意欲を高めている。

事例１－４　広汎性発達障害の２年生のＡ児の事例を紹介してある。週１単位時間という限られた時間のなかで，「聞くこと，話すこと，読むこと，書くこと」について，教材を工夫しながら指導している。例えば，パソコンを使って「なに見える？」と聞くこと・話すことを，平仮名カルタを使って読むこと・書くことの学習を進めている。

事例１－５　２年生Ｋくんの事例を紹介してある。ものを並べる，ものを積む～順序・長さの学習～を紹介している。棒タイル，バラタイル，数字タイルを使って１～５までの数の操作，順番に並べる学習を進めている。Ｋくんの学習意欲を引き出したり，タイルの数を理解しやすくしたりするために，棒タイル，数字タイル，限定枠などを工夫している。

事例１－６　「きんぎょすくいをつくろう」という題材で，低学年の活動を紹介している。ティッシュペーパーを使い「まるめる」，キッチンペーパーで「つつむ，つまむ，モールをねじって止める」という手指を使った動きを重視している。また，初めて絵の具を使う経験をし，絵の具の色が紙ににじんでいく様子，重ねぬりの効果などを楽しめるようにしている。

（大南英明）

事例 1-1	遊びの指導　〜見通しをもった活動への参加〜
	埼玉県立越谷西特別支援学校

【指導のポイント】
- 興味・関心を引き出す教材教具を活用し，物に注目する力や向かう力を伸ばす。
- 自分の遊びたい物を選んで，相手に伝える，許可を得るなど，コミュニケーションの正しい手段を身に付け，集団の簡単なルールを学ぶ。

1　学校の概要

　本校は，昭和63年4月に開校し，埼玉県南東部の越谷市，松伏町の1市1町を学区とする，今年度で23年目の知的障害特別支援学校である。本年度の児童生徒数は，小学部93名，中学部64名，高等部90名の計247名が在籍し，全校で47クラスである。小学部・中学部・高等部以外に各部共通の自立活動部を設置し，専任を配置して抽出指導や授業支援を行い，中学部や高等部の各学年では，日課表に位置づけた指導を行うなど，自立活動の内容の指導を行っている。

2　児童生徒の特性

　全校児童生徒247名，障害の種類も多様である。小・中学部では，自閉症及び自閉的な傾向のある児童生徒が約6割在籍し，高等部には，精神障害者手帳を取得した生徒も在籍している。こうした実態から，多様な障害の特性に応じた支援が必要であり，大学教授を講師に定期的な事例検討会や専門機関との連携など専門性の向上を図っている。

3　地域の特色

　本校は，埼玉県の南東部に位置し，都心から約25kmの首都圏近郊整備地帯

にあり，都心への通勤者も多く居住している。近年，越谷市内に，ＪＲ新駅が誕生し，国内有数の規模を持つ商業施設と，駅周辺のニュータウンが整備されつつある。本校周辺には田園が広がり，豊かな自然に恵まれた地域である。

4 指導の基本的な考え方と教育課程への位置づけ

　本校の「合同遊び」は，小学部１年から６年までの週日課に位置付けられ，集団で活動する形態を基本としている。発達段階等に留意し，学年進行でより大きな集団での活動を経験することができるように，３年・４年と５年・６年は，２学年合同での授業を行い「集団で活動する楽しさや喜びを味わう」ことを目的としている。合わせて，自発的な人とのかかわりをもつことが難しい児童には，活動への意欲的な取り組みを促し，「人間関係や社会性の基礎を育てる」ことも重要なねらいである。社会性の基礎としては，対人関係に関するルールを理解することや自分の気持ちをコントロールすることも含まれる。そこで，一定の場や遊具で一定の課題にそって取り組みながら，児童の主体的な行動を促すことが大切である。そのためには，児童本人が自発的・能動的に遊びを楽しむことができるように教材や教具の工夫，環境づくり，指導や支援の方法を十分に工夫することが必要である。

5 指導法の工夫

　今回取り上げる単元「光遊びをしよう」では，普段の環境と異なるブラックライトや蛍光絵の具を使い，興味・関心を引き出すことをねらいとしている。学習活動においては，手元や指示した部分に注目する力を育てたり，また，手指の操作性や巧緻性を高めるとともに，作業に対する手順を理解したり，見通しをもったりすることもねらいとしている。

　授業の導入では，「これから何が始まるのかな」の期待感をもつようにし，一方でいつもとは違う環境に適応できるように，毎回，天井に写した映像を見ることにした。こうした導入により，スムーズに活動が展開することが可能になる。さらに，すべての児童が注目できるような支援が必要であり，「教師の

モデル提示」は重要である。モデルを提示する教師は「これからどんなことが始まるのかな」の期待感をもてるようにするとともに、「活動の流れや手順」を明確に示すことが大切である。授業で使用する教材は、集団での授業であることから、個々の児童の作業等に応じることができるように、同じ筆であっても持つ部分が太いタイプを準備したり、シャボン玉遊びでも、口で吹くだけでなく、振ったり、ハンドルを回したりして、シャボン玉を作る遊具を用意するなどの工夫をしている。

〔「授業振り返り用紙」の活用〕

毎回の授業終了後に「授業振り返り用紙」により、児童の様子や授業のよかった点、改善点を検討し、次の授業改善に生かしていく。その記録は、多くの教師がかかわる授業において、授業内容の修正や新しい内容を考案するのに効果的であった。児童一人一人の課題に応じた個別の指導計画との関連性を検証し、個々の目標に迫る指導内容や教材教具の開発、支援の手立てを導くことができた。

6 年間指導計画

学期	月	回数	中心的な活動	主な活動の内容	
1学期	4	3	校庭遊び	・段ボール滑り台 ・スカイバルーン ・砂遊び ・泥水遊び	
	5	1			
	6	3			
	7	1			
2学期	9	2	ロープ遊び ボール遊び	・ドラえもんとダンス ・カラーロープ遊び ・ボール遊び	
	10	3			
	11	1	電車遊び	・ビデオを見る ・電車ごっこ	
	12	3			
3学期	1	2	ひかり遊び	・影絵遊び ・ボールをころがして絵を描く ・風車作り、風車遊び ・蛍光シャボン玉遊び	
	2	2			
	3	2			

7　単元全体の指導計画

時間	導入	活動	まとめ
1	「おやすみホームシアター」を見よう	[影絵遊び] ・「月夜の晩に」で登場する動物を当てたり，動きを真似したりする。 ・「私は誰でしょう」クイズをする。	感想発表・次回の予告
2		[ボールをころがして絵を描く] ・大きな黒い模造紙を床にひろげ，蛍光絵の具がついたテニスボールを転がす。 ・床に的を置き，そこにめがけてボールを転がす。	
3		[風車作り，風車遊び] ・紙コップと紙皿・蛍光絵の具で模様を描く。 ・ストローなどで風車を作る。 ・扇風機で風車を回して遊ぶ。 ・作った風車をパネルに差し込み，風で回る風車を見る。	
4			
5		[蛍光シャボン玉遊び] ・蛍光絵の具を混ぜたシャボン玉液でシャボン玉遊びをする。 ・壁に黒の模造紙を置き，そこに目がけて吹き付ける。できた模様を見る。	
6			

8　単元の指導案（本時5／6）

時間	学習活動	指導上の留意点　教師の支援（☆）　評価の観点（◎）	備考
0	・教室に移動する。	※教室に移動したらシャボン玉液や蛍光絵の具を準備しておく。 ※準備が終わったら，教室に戻り，全員が戻ったら授業を始める。	
	1　「おやすみホームシアター」を見る 天井や壁に回転する映像とともに音楽を流すことができる装置を用いる。	・電気を消し，暗幕を引く。光が漏れている場合は，ガムテープでふさぐ。 ☆天井に視線が向くように，寝転がって見てもよいことを伝える。寝転がるように促す。 ☆床に寝ることができない場合は，セラピーマットを使用する。 ◎天井の「おやすみホームシアター」の映像を最後まで見続けることができたか。 ◎活動を見通して，自分で寝る姿勢になることができたか。 ◎床に仰向けに寝ることができたか。	
	2　はじめのあいさつ	・4年3組の日直があいさつをする。 ☆日直に注目できていない児童に対しては，見るように促す。	

時間	学習活動	指導上の留意点（☆は手立て）◎は評価	
12	3　お客さんの登場 ①お客さんをみんなで呼ぶ ②活動の説明を聞く シャボン玉を口で吹くことが苦手な児童には，「うちわの骨組み」，「ハンガーを加工して輪にする」など，振ってシャボン玉を出す遊具やハンドルを回して作る遊具を活用する。	☆MTは，「せーの」と言い，声を出すことを促す。 ・お客さん（教師）は，今日遊ぶシャボン玉を持って登場する。 ☆お客さんが実演するときには，電動シャボン玉機で大量のシャボン玉を出し，雰囲気を盛り上げる。 ・教室に「吹くコーナー」「振るコーナー」「回すコーナー」を作り，それぞれどんなシャボン玉の道具があるのかを説明する。 ☆実際に道具を見せたり，やり方を見せたりわかりやすい説明の仕方を工夫する。 ・好きなところに行き，遊ぶことを伝える。 ◎お客さんが示す方向や実演する物を見ることができたか。	
17	4　シャボン玉遊びをしよう ①シャボン玉遊びをしよう 市販のシャボン玉液に蛍光絵の具を混ぜるとブラックライトに光るシャボン玉ができる。蛍光絵の具は，調整しながら混ぜることが大切で，混ぜる量は多くする。	・黒板や壁に模造紙を貼り，そこを目がけてシャボン玉を吹くとよいことも伝える。 ☆どれで遊ぼうか迷っていたり，別のことをしたりしている児童に対しては，目の前に提示したり，教師が誘い，一緒に体験したりする。 ☆「貸して」と上手く伝えることができないときは，教師が仲介してやりとりを促す。 ☆上手くできている児童には，賞賛の声かけをする。 ◎シャボン玉の道具を選ぶことができたか。 ◎模造紙に向かってシャボン玉を吹き付けることができたか。 ◎友だちや先生に「やりたい」「貸して」と自分のもつ手段で伝えることができたか。	
	②模造紙を見てみよう	・終了の合図をMTが出し，電気をつける。 ・電気がつくと模造紙に何も色がついていないことを伝え，再度電気を消す。 ◎鑑賞では，光に注目することができたか。	
40	5　まとめ 6　終わりのあいさつ	・模造紙に吹きかけてシャボン玉を見ながら，今日の遊びを振り返る。 ・次回も同じにシャボン玉遊びをすること，3学期最後の活動であることを伝える。 ・4年3組の日直は，前に出てあいさつをする。	

（石本直巳・加々美行男）

事例 1-2　日常生活の指導　～目標の明確化と「できる状況づくり」の支援～

山形県立鶴岡養護学校

【指導のポイント】

- できることを大切に：児童の活動の様子や心身の状態を的確に把握するとともに，発達段階を理解し，指導と支援のポイントを明確にする。
- 「できる状況づくり」の支援：活動の流れを整える，集中できる学習環境にする，力が発揮できる補助具を用意するなど，主体的に活動できる状況をつくる。
- 一貫した指導と支援：教師間並びに家庭，寄宿舎等と連携して「個別の指導計画」に基づいた一貫性のある指導と支援を行う。

1 学校の概要

本校は，山形県庄内地区全域が学区の知的障害特別支援学校である（児童生徒数173名，小学部，中学部，高等部，訪問教育，県立鳥海学園分教室がある：平成22年4月現在）。本校には，肢体不自由や視覚障害，聴覚障害，病・虚弱など，重度・重複障害のある児童生徒も多数在籍している（聴覚・視覚障害9％，肢体不自由41％，病弱・身体虚弱48％，自閉症・自閉的傾向29％）。

表1　小学部高学年の週日課表

校時	時間	月	火	水	木	金
1	8:45～9:30	日常生活の指導（着替え，朝の会）			
2	9:35～10:05	国語・算数（単一障がい）／自立活動（重複障がい）				リズムの広場
業間	10:10～10:25	チャレンジタイム（からだづくり）				集会
3	10:35～12:00	生活単元学習				
4	12:10～12:55	日常生活の指導（給食）				
	12:55～13:25	昼休み				
5	13:25～14:10	生活単元学習（各学年）				
6	14:10～14:30	日常生活の指導（着替え，帰りの会）				

※第1，2学年は13:30～日常生活の指導，14:00下校
　第3，4学年は14:00～日常生活の指導，14:20下校

様々な状態の児童生徒が共に生活する本校では，児童生徒の自立と社会参加をめざし，障害の程度にかかわらず，どの子も仲間と共に活動し，自分の力を発揮して主体的に生活できるよう配慮して教育課程を編成している。

○帯状の週日課：日々の学校生活に見通しをもって自立的・主体的に学習活動に取り組むよう，全学部帯状の週日課としている。毎日，同じ流れの学校生活に整え，日々の学習活動の積み重ねを大切にしている（表１）。

○中心的活動の設定：実際の生活に結びつく学習活動の充実をめざし，生活単元学習及び作業学習を学校生活の中心的活動に位置づけている（３校時）。

○生活のテーマ：目当てをもって学校生活を送ることができるよう，全学部で中心的活動に基づいた生活のテーマを設定している。

2　指導の基本的な考え方

○自然な生活の流れで，繰り返し

　日常生活の指導では，着替えや排泄，食事，清潔やあいさつ，きまりを守ることなど，日常生活や社会生活で必要なことが扱われる。自然な生活の流れにそって，必然性のある状況下で，同じ手順で，日々繰り返し取り組むようにする。

○気持ちよく取り組む

　小学部には心身の発達が初期段階の児童が多いため，排泄や食事といった基本的生活習慣を指導する際は，安定した気持ちで，意欲的に取り組むことを大切にしている。

○自分の力で「できる状況」をつくる

　「障害のある子はできないことが多い」のではなく「取り巻く状況が子どもに合っていないために，できない状況におかれている子」ととらえる。活動の流れや学習

表２　「できる状況づくり」の視点

①活 動 の 流 れ	：学習活動をどのような流れにするのか
②場　の　設　定	：活動しやすいように，どのような活動の場にするのか
③道具・補助具	：どのような道具や補助具を準備するのか
④教師のかかわり	：子どもの様子に即してどのように対応するのか（言葉がけ，モデルを示す，姿勢の支持など）

環境など，児童を取り巻く様々な状況を児童の状態に即して改善することで，児童は自分から，自分の力を発揮して主体的に活動することが増える。

本校では「できる状況づくり」の視点を設定し，支援を講じている（表2）。

○適切な指導計画と支援

着替えや排泄，食事などの取り組み方は一人一人様々である。児童の障害の状態や発達段階，活動の様子などを把握したうえで，個別に指導目標を設定する。例えば，つかみ食べをする小学部2年生の児童に対して，年齢的には，スプーンや箸を使用しての食事が望ましいと考えるが，発達段階を踏まえると，この児童はつかみ食べの段階かも知れない。あるいは，身体の働きがうまくいかないために，スプーンや箸を使用することが今は難しいということも考えられる。様々な面から児童の状態を的確に把握したうえで，適切に指導計画を立て，自分の力を発揮してやり遂げられるように「できる状況づくり」の支援を講ずる。

③ 指導の際の工夫

○できるところから

食事や排泄といった基本的生活習慣は，できることをベースに，できるだけストレスなく，スムーズに取り組めるように配慮する。うまくできないことは教師が支援しながら活動を成し遂げられるようにする。

○指導と支援のポイントを明確に

様々な活動は，一つ一つの動作が連続したものである。その一つ一つの動作を確かめることで，
①自分の力でできることは何か
②つまずいているところはどこか
③つまずきに必要な支援は何か
といったポイントを確認することができる（表3）。

表3　指導と支援のポイント（例）

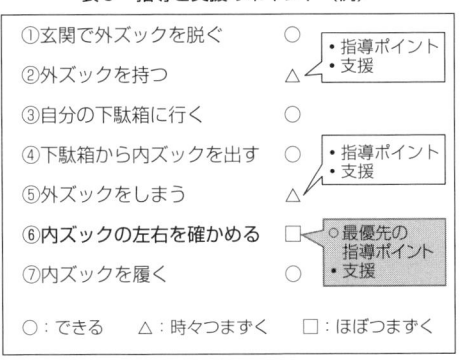

動作	状態	
①玄関で外ズックを脱ぐ	○	・指導ポイント ・支援
②外ズックを持つ	△	
③自分の下駄箱に行く	○	
④下駄箱から内ズックを出す	○	・指導ポイント ・支援
⑤外ズックをしまう	△	
⑥内ズックの左右を確かめる	□	○最優先の指導ポイント ・支援
⑦内ズックを履く	○	

○：できる　△：時々つまずく　□：ほぼつまずく

複数の動作を同時に指導すると，その都度教師の指示が必要となりやすく，児童は何をするのかわからなくなったり，活動への意欲が低下したり，指示待ちの姿勢になりやすいことが考えられる。ポイントを絞ってスモールステップで指導するよう十分に留意する。

○児童に即した「できる状況づくり」

　自分の力でやり遂げるよう，一人一人に即した「できる状況づくり」の支援を講ずる。活動の場を一定にする，順序よく取り組めるように専用の棚を用意するなどして，「いつ」「どこで」「何をするのか」「いつ終わるのか」が視覚的にわかるように工夫する。教師は，児童の手をとって衣服を一緒に確認しながらたたんだり，簡潔な言葉がけでやり方を伝えたりする。また，児童が自分でできることは様子を見守る。

4　個別の指導計画

　生活習慣の定着と広がりを願い，「個別の指導計画」に基づいて担当教師間を中心に検討し，共通理解しながら一貫性のある指導と支援に取り組む（表4）。

(1) 指導目標と支援（手立て）の設定

① 活動の様子を把握する

　"できていないこと"よりも"できていること"を重視し，児童が自分から，自分の手で取り組んでいる様子を肯定的に把握する。

② 指導目標を設定する

　今，自分の力でできていることから，次に自分の力を発揮してできそうなことを目標にする。

③ 支援（手立て）

　児童が取り組みやすいように，「できる状況づくり」の視点から必要な支援を講ずる。

表4 個別の指導計画（例）

【後期】　　　　　　　　　　　　　　　　　　　　　　　　　氏　名　○○○○

目標			
1　自分から，着替えやトイレなどの身のまわりのことに取り組む。			
2　欲しいものや好きなことを身振りで伝える場面が広がる。			
領域 教科	単元名 題材名	目　標	手だてと学習の様子
日常生活の指導	1　着替え	・衣服の前後を確かめて正しく着る。	・着替えの手順を一定にし，襟やタグなど衣服の特徴を教師と一緒に確認しながら着替えました。自分で衣服の前後を確認して着替えることが定着しました。裏返しになっている衣服も自分で直してたたみました。
	2　食事	・スプーンやフォークを使って食事する。	・食べやすいように食べ物を一口大に切り分けて用意しました。食事の様子に合わせて教師が手を添え，スプーンやフォークの使い方を確かめました。自分でスプーンやフォークを使って食事をすることが定着しました。
	3　排泄	・トイレで排尿することが増える。	・成功経験が積み重ねられるよう，定時にトイレに行くよう声がけしました。便座に座っての排尿が確実に定着した後に男子便器での排尿に取り組んだところ，抵抗なく排尿することができ，学校での排尿が自立しました。

(2)　評　価

　評価には2つあると考える。一つは"児童の評価"，もう一つは"指導内容と支援の評価"である。

① 児童の評価

　"どのように取り組み，どのようなことができたのか"児童の活動の様子を肯定的に評価する。活動への取り組み方は一人一人違うため"できた，できなかった"や"○△×"のような到達度的な評価はしない。また，教師の主観的な評価とならないように，日々の記録をもとに，教師間で児童の取り組む様子を確認しながら客観的に評価することが大切である。

② 指導内容と支援の評価

　児童の評価から，指導計画や支援が適切であったか，成果と課題を振り返る。課題点がある場合，原因はどこか，前述した"指導と支援のポイント"などか

ら児童の活動状況を再度確認して，指導計画や支援内容を随時改善していく。そのことで，その後の適切な指導と支援の最適化につながる。

5 指導の実際の一例

○朝の活動

　荷物整理や着替え，係活動などに自分の力でスムーズに取り組むよう「できる状況づくり」をする(図)。児童が朝の活動にスムーズに取り組むことは，一日の学校生活を気持ちよくスタートすることにつながる。

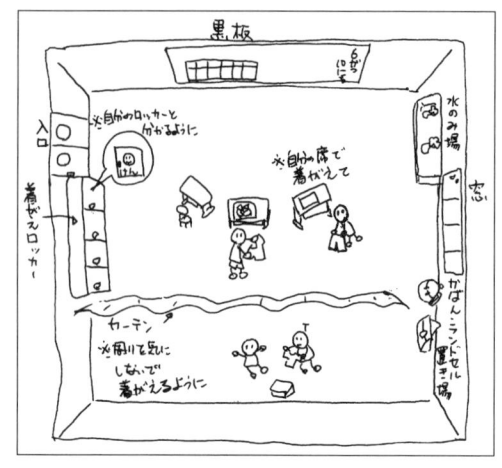

教室内の場の設定

〈できる状況づくり〉
- 活動の流れ，活動場所を一定にする。
- 集中できるよう，カーテンで仕切る，鏡や窓際を避けるようにする。
- どこに何を置くのかが見えるように，写真や絵などの手がかりを用意する。

○食　事

　安定した気持ちで食事ができるよう，食べやすい状況をつくる。偏食指導では，食事へのストレス増加や意欲の低下とならないよう十分に配慮する。

〈できる状況づくり〉
- 食べ物の大きさ：食べやすい大きさにして用意する。
- 食器：扱いやすい食器を用意する（すべらない皿，握りやすいフォークなど）。
- 苦手な物：味覚等の特異さから食べられない場合もあるため，無理せず，少しずつ食べるなど配慮する。

（園部直人）

〈文献〉
- 名古屋恒彦（2004）『子ども主体の特別支援教育をつくる生活中心教育入門』大揚社
- 佐々木正美（2006）『0歳からはじまる子育てノート』日本評論社

事例 1-3	個のニーズに応じて集団の高まりをめざした生活単元学習の実践

秋田県立能代養護学校

【指導のポイント】
- 個別教育的ニーズの把握と授業実践へのつながり。
- 個々の課題や特性等に合わせた活動の組み合わせと取り組める環境づくり。
- かかわりを引き出す場面設定の工夫。

1 学校の概要

　本校は，秋田県能代市にある開校17年目の知的障害特別支援学校である。小学部から高等部まで児童生徒102名が在籍している(平成22年5月1日現在)。教育目標は「拓く(時代を拓く，教育を開く，子どもの心をひらく)」とし，近隣の学校との交流や高等部ミュージカル公演，ホームヘルパー養成講座など，地域に根ざした学校づくりを推進している。周辺地域においては唯一の特別支援学校であり，近年は肢体不自由や難聴，病弱，発達障害など様々な障害を併せ有する児童生徒が在籍するようになってきている。学年による学習グループを基礎学級として編制しているが，国語，算数・数学，自立活動，作業学習などは実態に合わせたグループ編制をし，個別の教育的ニーズに対応している。

2 児童の特性

　本校小学部は，知的障害に，自閉症や，肢体不自由などを併せ有する児童も3割程度在籍している。本稿で紹介する実践に取り組んだのは，小学部の3・4年生2学級8名の集団である。自閉症，ダウン症候群，脳性まひ，ADHD等を併せ有しており，身体の動きやコミュニケーションのほか，刺激への配慮や活動の見通しの促し方など，個に応じて環境を整えることが必要な児童もおり，身体面や認知面，情緒面などあらゆる要素で多様な集団である。

3 指導の基本的な考え方と単元の構成

(1) 教育的ニーズの把握と授業実践のつながり

多様な実態のある集団に応じた生活単元学習の授業づくりをするにあたって，個々の教育的ニーズ（本人の願い，保護者の願い，学校として育てたいこと）につながる課題設定や授業構成を行った。その方法として，保護者面談において「日常生活に必要な力」「人とかかわる力」「豊かな生活につながる力」「働くことにつながる力」の4項目からなる聞き取り表を活用し，個々の教育的ニーズを把握した。そこから生活単元学習にかかわる中心的ニーズを抽出し，年間目標，年間活動計画，単元目標，毎時の目標設定へとつなげた。

(2) 個々のニーズに応じ，集団の高まりをめざした単元づくり

個々の教育的ニーズは多様だが，共通するニーズや特性等も考慮し，「個に応じながら集団活動を高めていく」ことを念頭に，単元設定をした。本学習グループの生活単元学習にかかわる中心的ニーズを，身体の動きや道具操作技能の向上のほか，コミュニケーション能力を身に付け，周囲との直接的・自発的なかかわりが向上することととらえた。また，遊び的要素による活動自体の楽しさを動機づけとする段階から，テーマを設定して30単位時間程度の長いスパンで目的や意欲をもって取り組む段階へと移行していくこともねらいとした。

(3) 単元「みんなでチャレンジ！ こんにちは！ストア」の構成

本単元は，お店を開くことをテーマとし，製作活動を中心とした準備の活動と人とのかかわりを含む「お店を開く」活動，振り返りと次単元につなげるまとめの活動で構成した。年間3回の単元を設定し，導入的単元，深め定着を図っていく単元，新たな課題等を含めて発展させていく単元と段階的に位置づけた。製作活動では，繰り返しによる技能の向上と道具や素材を扱う経験の拡大をねらいとする活動を配置した。開店の活動では，品物やチケットのやりとり，注文などを通して多くの人とかかわる機会をもつことができるようにした。必然的にかかわり合う経験を積み重ねることで，個々のコミュニケーション能力に合わせたかかわり方が身に付くほか，児童同士または教師との自発的なかか

わりを引き出せると考えた。一単元の指導計画を次に示す。

表1 「みんなでチャレンジ！ こんにちは！ストア パート2」指導計画

小単元名	主な活動	時数
「こんにちは！ストア」をひらこう	○前回の活動の振り返り　○新しいお店を考える ○ケーキとポップコーン作りの体験	4
おみせのじゅんび①〜カップづくり	○ケーキとポップコーンを入れるカップの製作 　（紙の折り染めと切り取り，カップの組み立て）	8
おみせのじゅんび②〜のれんづくり	○店名ののれんの製作 　（布へのフェルトの貼り付け）	4
おみせのじゅんび③〜チケットづくり	○お店のチケットの製作 　（マーブリング，ラミネート加工，シール貼り）	4
おみせのじゅんび④ 　〜ざいりょうのかいもの	○ケーキとポップコーンの材料の買い物 　（公共施設の利用の仕方の確認，買い物）	3
おみせのじゅんび⑤〜ポスターづくり	○ポスターの製作と掲示 　（文字の記入や写真，イラスト等の貼り付け）	4
おみせのじゅんび⑥〜かんばんづくり	○「こんにちは！ストア」の看板の製作 　（釘打ちによる立体物の貼り付け）	4
おみせのじゅんび⑦ 　〜かいてんのじゅんびをしよう	○ケーキとポップコーン作り ○お店の体験と練習	2
「こんにちは！ストア」かいてん！	○「こんにちは！ストア」の開店	1
「こんにちは！ストア」だいせいこう！	○振り返りと打ち上げパーティー	2

4　指導法の工夫

(1)　個々の実態や課題に合わせた活動の組み合わせ

　身体の動きや活動への集中など多様な実態の集団であるが，共同の意識やかかわりの必然という観点から役割分担による製作とした。一人一人の興味でできる活動，課題等を踏まえて個々の活動を設定し，製作の工程として組み合わせた（表2）。技能的な実態の差はありながらも，一人一人が集団の中で必要な部分を担っていることから，関心をもって友だちの様子を見たり，頑張りを見て声をかけたりする姿も見られた。

表2　個々の実態や課題に合わせた活動の組み合わせの例

児童	活動		製作にかかわる主なねらい
A	折り染めした紙を扇型に切る	はさみで直線部分を切り取る。	はさみの扱いに慣れる。 教師と一緒に継続して取り組む。
BCD		ペーパーカッターで直線部分(65mm)を切り取る。	限られた動きや少ない動きでも「できた」と感じることを繰り返し味わう。
EF		はさみで曲線部分（約20cm）を切り取る。	はさみを扱う技能を高める。 最後まで慎重さ，丁寧さを持続する。
GH	カップを組み立てる	扇型の紙を巻いて透明なカップ2個ではさみ，ふたをつけ，シールを貼る。	いくつかの工程のある活動の手順ややり方がわかり，所定の量が出来上がるまで取り組む。

(2) 自分の力で進めることのできる環境づくり

製作活動では使用する道具や補助具の工夫をし，できるだけ自分で製作を進め，「できた」「やれた」と感じることができるように環境を整えた（写真）。また，切り取り線の始点と終点を目立つように

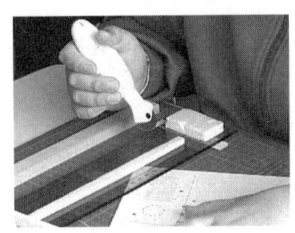

【チケットのミシン目入れ】
ロータリーカッターを使用。用紙の位置が定まるストッパーや刃先のガイド（切断誘導補助具）を設置。正確な位置にミシン目を入れることができた。

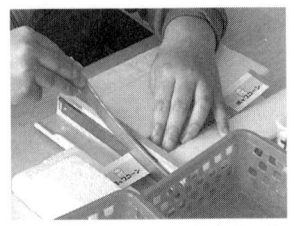

【商品に張るシールの切り取り】
ペーパーカッターにガイド（切断誘導補助具）を設置。上肢の動きに困難のある児童も手元を見て安全に両手を使い，線に合わせて切ることができた。

して切り始めや切り終わりの集中を促したり，切る順番を示す数字を示したりした。それにより，所定の分量を終えるまで，自ら進んで素材や道具を手にして製作を進める様子が見られた。

(3) かかわりを引き出す活動の流れと場の設定

製作は流れ作業とし，材料の受け渡しをかかわる機会とした。あらかじめ渡し方（名前を呼ぶ，触れる，手渡す，相手を見る，待つなど）を具体的に確認してから渡す行動へと促し，受け手の児童に対しても同様に支援した。自力移動が困難な児童は相手を呼んで物を渡せるようにしたり，言葉でのやりとりができる児童を流れ作業の中心に配置したりと，児童の組み合わせを考慮して製作の工程を設定した。開店の場面では，チケットや商品の受け渡し，注文伺いなど役割分担をし，実態に応じたかかわりがもてるようにした。

やりとりをパターン化したことで，回を重ねて支援が少なくなり，相手とのやりとりを繰り返し経験できた。さらに「お願いします」や「ありがとう」「待って」などと児童同士が自然に言葉を交わしたり，友だちを呼んだりする姿が多く見られ，自発性の高まりやかかわりの広がりが見られた。

5 実践を振り返って

3段階の単元を実践するなかで，これまでの児童の学習経験からの新しいお

店（かき氷屋）や準備したい物（ポスター，看板等）など様々な提案によって，当初の計画以上の活動の広がりが生まれた。児童のアイディアを多く取り入れたことが，長いスパンの単元にも意欲をもって取り組む姿につながった。友だちを励ましたり，認め合ったりする姿も確認できた。次の開店を期待する声も聞かれ，「みんなでやると楽しい」との声も聞かれた。

個々の実態やニーズの把握から授業実践まで一貫性のある単元設定は，個々への支援や課題を焦点化し主体的な姿を引き出すうえで不可欠である。長期的視点も大切にして個や集団の課題や教育的ニーズをとらえ，学年をまたいで連続性・発展性のある単元設定により，学びをつなげていくことが重要と考える。

6 年間指導計画（小学部3・4年生　生活単元学習）

年間目標	(1) 活動への見通しをもち，自分で活動を進めようとしたり，最後まで成し遂げようとしたりする。 (2) 製作活動や調理など様々な活動に興味や関心をもって取り組み，道具などの扱い方や製作技法に慣れる。 (3) 友だちや教師とのやりとりを楽しみ，ともにかかわり合いながら活動を進める。

月	単元及び主な活動	月	単元及び主な活動
4〜5	3・4ねんせいスタート！ 〜みんなのきょうしつづくり　《14h》 ・学習予定ボード作り　・学級目標作り	1〜2	みんなでチャレンジ！　こんにちは！ストア　パート3 （メモ帳・ペン立て）　《36h》 ・開店の計画　・製作活動　・材料の購入 ・調理活動　・販売活動　・まとめ
5	うんどうかいをがんばろう！　《8h》 ・ポスター，万国旗作り	2〜3	もうすぐ4・5ねんせい　《10h》 ・進級製作 ・進級おめでとうパーティー
6〜7	しゅくはくがくしゅうにゴー！　《31h》 ・フィールドワーク　・キャンプファイヤー ・グループ活動　・きまりの確認 ・振り返り	年間を通して	○月もみんなでがんばろう　《20h》 ・毎月の主な学習の見通し ・カレンダー製作
7〜8	たのしいなつやすみ　《8h》 ・夏休みの生活の確認　・夏休みの思い出の振り返り		みんなできせつをたのしもう　《10h》 ・屋外の散策 ・季節にちなんだ製作（壁面装飾） ・季節にちなんだ遊び（水・雪遊び）
8〜9	みんなでチャレンジ！　こんにちは！ストア　パート1 （かき氷・ポップコーン）　《22h》 ・製作活動　・材料の購入，調理活動 ・販売活動　・振り返り		すくすくそだて　みんなのはたけ　《10h》 ・畑，花壇の活動 　（ジャガイモ，枝豆，ポップコーン） 　種植え，水やり，草取り，収穫等
10	がんばろう　のうようさい ・学部展示の作品作り　《10h》 ・ステージ発表練習　・振り返り　《35h》		みんななかよし　《20h》 ・交流活動（地域の小学校） ・招待状，お礼状作り
11〜12	みんなでチャレンジ！　こんにちは！ストア　パート2 （ポップコーン・ホットケーキ）　《36h》 ・開店の計画　・製作活動　・材料の購入 ・調理活動　・販売活動　・まとめ		おたんじょうびおめでとう　《10h》 ・調理活動　・誕生会
12〜1	たのしいふゆやすみ　《8h》 ・冬休みの生活の確認 ・冬休みの思い出の振り返り		みんなのおもいでアルバム　《6h》 ・学習の振り返りとアルバム整理

（佐藤　明）

事例 1-4　国　語　～PECSを用いた聞く・話すの指導～

富山県立高岡支援学校

【指導のポイント】
- 興味をもち意欲的に学習に取り組むよう視聴覚教材を用いる。
- 児童の興味・関心を生かし，段階的・系統的な学習指導を行う。

1 学校の概要

本校は，知的障害のある児童生徒の教育を目的として，県下で最も早く設置された学校である。小学部・中学部・高等部の3つの学部で構成され，寄宿舎が併設されている。訪問教育も開設されているが，本年度対象者はいない。

児童生徒が本への興味や関心を広げたり，読書習慣を身に付けたりすることを願い，小学部と中・高等部に分かれて，教師が大型絵本の読み聞かせを行う，「本となかよしの会」を毎月1回行っている。

2 児童生徒の特性等

在籍数は年々増加傾向にあり，障害の重度・重複化に加え，多様化が一層進んでいる。特に，基本的生活習慣の定着や社会性の伸長，学習に対する興味・関心や意欲の面で個人差があり，教師は一人一人に応じた教材・教具の開発に創意工夫して取り組み，障害の状態等に対応した指導を行っている。

3 地域の特色

本校は，高岡市，射水市，氷見市を通学範囲（3市で人口約32万人）としている。この地区には小学校56校，中学校25校があり，小学校には特別支援学級80学級，通級指導教室14教室が設置されている。また中学校には特別支援学級34学級，通級指導教室が4教室設置されている。

4 指導の基本的な考え方

　本校小学部の国語の年間授業時数は，1学年34時間，2学年35時間，3学年から6学年までは70時間である。
　小学部国語科の年間学習指導計画として，「聞く・話す」「読む」「書く」の3つの観点から，主に学習内容を以下のように設定している。

> 自分の名前，あいさつや返事，身近な人や物の名前，絵本を通して聞く・読む・話す，平仮名・片仮名・漢字の読み書き，文を書く　など

　以上の内容をそれぞれ学習指導要領の1段階から3段階に当てはまるように，児童の実態に合わせて学習内容を選定し，段階的・系統的な学習ができるように内容を工夫して指導を行っている。

5 指導法の工夫

　小学部2学年，広汎性発達障害のA君の事例である。国語の学習は週1時間であり，この1単位時間で「聞く・話す」「読む」「書く」の内容を指導している。

(1) 1学年時の実態と指導の経過
○「聞く・話す」ことについて

　自分の意思のまま衝動的に行動する場面が多く見られ，日常生活を送るうえでのコミュニケーションの基礎となる「要求を相手に伝える力」を育てることが必要と考えた。このため，まず週2時間の自立活動でPECS(Picture Exchange Communication System)を用いたコミュニケーションの指導を重点的に行った。PECSとは，絵カードを用いた〈絵カード交換式コミュニケーション・システム〉であり，自閉症スペクトラムをはじめとするコミュニケーション障害のある人に，自発的コミュニケーションのスキルを習得できるようにするための技法である。
　A君のしたい遊びや活動を絵カードで教師に要求する指導を実践したところ，

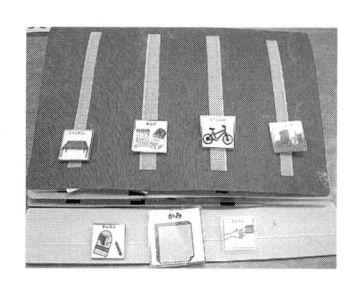

自発的に絵カードで文を作って教師に手渡し，絵カードを指さしながら「クレヨンと紙をください」のように言葉で要求を伝えることができるようになった。発語も増え，自分から相手にかかわって要求を伝える意欲や態度がみられるようになった。また，併せて国語の時間では，教師の話に耳を傾ける態度を育てられるように，いろいろな絵本の読み聞かせを行った。

○「読む」「書く」ことについて

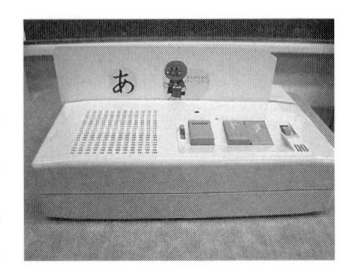

　1学年当初，文字を習得していなかったことから，国語の授業で好きなキャラクターを用いたトーキングカードの学習を行った。好きなキャラクターの絵と名前の頭文字の平仮名を付したカードにあらかじめ教師が「あ，アンパンマンの，あ」という声を録音しておき，それを装置に通して繰り返し聞いた。興味のあるキャラクターを用いたことで集中して活動に取り組むことができ，音声と文字をキャラクターに結びつけて，清音の平仮名の文字と音をマッチングして覚えることができた。同時に文字のなぞり書きに取り組んだ。もともと絵を描くのが得意であったことから，運筆のレディネスが身に付いていたことと，平仮名を読めるようになったことで学習意欲が高まり，文字を書くことに意欲的に取り組むことができた。

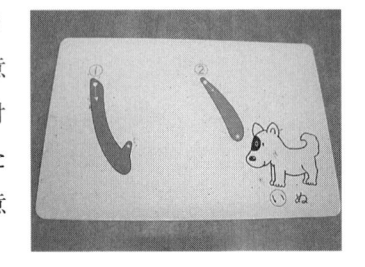

(2)　2学年時の指導目標

　以上の経過から国語では段階を上げ，自立活動や日常の場面で要求を伝えるために使ってきたPECSを用いて「見たことについて教師の簡単な問いを聞いて答える」「いくつかの平仮名を言葉のまとまりとして読み書きする」ためのスキルの向上を図ることをねらいに指導を行うことにした。

6 年間指導計画（案）

指導計画を前期・後期で立案し指導を行っている。

1年後期	単元名「よく聞いてみよう　平仮名に親しもう」 小単元名・絵本のおはなしを聞く（「だれかしら」「ねこねこなあに」他） ・トーキングカードを聞く ・平仮名をなぞる
2年前期	単元名「見て聞いて答えよう　平仮名の言葉を読もう書こう」 小単元名・「なに　見える？」「だれ　見える？」（身近な物や人） ・平仮名かるたを取る（生き物・果物・自然の言葉） ・平仮名の言葉を書く（生き物・果物・自然の言葉）

7 単元の指導計画

○ 2学年前期

単元名「見て聞いて答えよう　平仮名の言葉を読もう書こう」の学習内容

	1 2 3 4 5 6 7 8 9 10 11 12 13 14 15 16 17 18時
聞く話す	小単元名「なに　見える？」「だれ　見える？」――――――――――――→ (1) パソコン画面の身近な物や身近な人の映像を見る。 (2) 教師の問いを聞く。 (3) PECSで「○○みえる」の文を作って答える。
読む	小単元名　平仮名かるたを取る (1) かるたの文字を声に出して読む。――――――――――――→ (2) 清音3文字まで（例「き」「うみ」「いるか」）のかるたを取る。 (3) 濁音を含む2, 3文字（例「かぜ」「りんご」「もぐら」）のかるたを取る。――→
書く	小単元名　平仮名の言葉（かるたで学習した言葉）を書く (1) 清音3文字までの言葉を手本を見て視写する。――――――→ (2) 濁点を含む言葉を手本を見て視写する。――――――→ (3) 清音3文字までの言葉を手本なしで書く。

8 個別の指導計画～2学年前期の実践　A君について～

○ 主な実態（2学年4月）

聞く話す	・教師の話や絵本の読み聞かせを聞いたりすることができる。 ・とっさの要求では単語のみを言うことが多いが，PECSを使うことで欲しい物や行きたい場所などの要求を，3～5語程度の言葉で身近な大人に伝えることができる。
読む	・平仮名の清音を一文字ずつ見て，考えながらゆっくり読むことができる。
書く	・平仮名を視写することができる。
学習状況	・離席せずに一定時間座って学習することができる。 ・家庭の協力があり，家庭でも平仮名の読み書きの学習を行っている。

〈指導の実際〉

○「なに 見える？」「だれ 見える？」		
目標	・「なに見える？」「だれ見える？」の教師の問いに，PECS を用いながら「○○見える」と言葉で伝えることができる。	
A君の学習活動	配慮事項・留意点	準備物
1　パソコンの映像を見る。	・A君の興味・関心のある身近な物や人の映像を使用する。 ・映像が出てくる様子により注目できるように，パワーポイントのアニメーション効果を工夫して提示する。	パソコン PECS
2　「なに見える？」という教師の問いにPECS を用いて「○○見える」と答える。 「トランポリン 見える」	・A君が PECS で文を作ってシートを教師に手渡すのを待ち，自発的に「トランポリン 見える」というように，言葉で答えたところで「トランポリン見えるね」と応じ，A君の好きなハイタッチで賞賛して達成感をもてるようにする。	
評価の視点：教師の問いに対して，PECS を用いながら自発的に言葉で答えることができたか。		

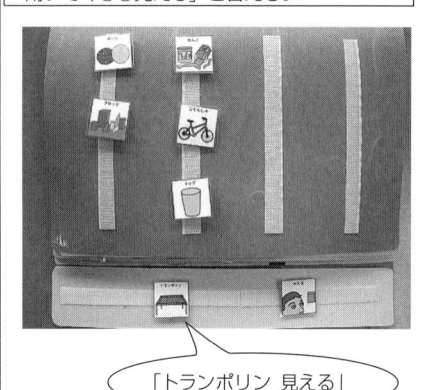

（竹原有里子）

事例 1-5

国語・算数の基礎学習
～平仮名・数字の読み書きにつなげるために～

山梨県立かえで支援学校

【指導のポイント】

- ものを並べる，ものを積む～順序・長さの学習～
- 文字の構成～位置・方向の学習～

　形を見分ける，長さを比べる，物を並べる・積み上げるなど，数の概念の土台にあたる部分から学習を始めていき，B君の実態に合った教材を作成し，系統的な指導を重ねることで数の概念を育てることに取り組んだ。

1 学校の概要

　本校は，知的障害を主障害とする児童生徒のための学校として平成13年度に開校した。小学部・中学部・高等部の3つの学部を設置している。本年度の児童生徒数は236人(単一障害36学級，重複障害10学級)であり，県下最大の特別支援学校である。近年，児童生徒数の増加が続き，教室数が足りないなど，児童生徒の学習環境や学習体制にかかわる課題も多い。

　小学部では，1・2年生を低ブロック，3・4年生を中ブロック，5・6年生を高ブロックとしている。学習グループについては，生活単元学習や日常生活の指導は学年別，遊びの指導は学年別またはブロックごとの障害に応じたグループ，図画工作や音楽などの各教科の授業も，ブロックごとの障害に応じたグループとなっている。国語・算数の授業は，1～2年生は週4時間，3～6年生は週5時間設定され，教師1人が2名程度の児童を担当している。児童の障害の状態等は多様であり，個別の指導計画により，個々の目標に従って学習内容を設定し，指導体制等を工夫しながら授業を行っている。

2 児童の特性

B君は，小学部2年生男児，医学的な診断名は結節性硬化症。簡単な指示や問いかけには行動や言葉で応じることができる。物の名前をよく知っていて，言葉で表現できるものも多いが，発音が曖昧なため，聞き取りにくいことがある。平仮名の一部を読むことはできるが，「は」を「はさみ」と言うなど単語で覚えてしまっているものが多いので，1文字1音を確実にしていくことが課題である。

数字には強い興味関心があり，カレンダーや衣服など自分で見た数字を指して「これはなに？」と確認してきたり，自分でも読んだりするが，「2」を「サン」，「3」を「ニ」と読むなど数字と数唱の一致が十分ではない。算数では数字を正確に読むこと，数字・実物（量，順序）を一致させること（例えば，「イチ」＝「1」＝「◆（具体物が1個）」ということ）が課題である。

3 個別の指導計画（算数）

年間の ねらい	・形や長さなどを見分けたり，構成したりする力を育てる。 ・5までの数概念を理解する。	
活動	ねらい	指導内容（◎）　　学習の様子（※）
〈前期〉 点結び なぞり書 き 模写	①点を見て線で結ぶことができる。 ②「○」や「＋」などの形が見分けられる。	◎「○」や「＋」などを模写したり点を意識して線で結んだりする。 ※2点の点結びでは，声かけがなくても線分を終点からはみ出さないようにしっかり止めることができるようになり，「○」や「十」の記号の模写もできるようになってきた。迷路学習では途中の点をとばしてゴールしてしまうことも多いが，指で点を追ってから書くことで徐々にできるようになってきている。
分類 見本合わせ	①写真などの印の形，色などを見分けることができる。 ②平仮名の構成ができる。	◎平仮名タイル，図形，顔写真などの見本合わせ・分類 ◎透明プラカードを使った記号や平仮名の構成学習 ※透明プラカードは，記号（P，Cなど）から始め，平仮名50音まで学習した。まずは「し」などの一画の文字，次に「い」などの二画の文字といったように文字の画数を増やしていった。「え」や「う」といった点の入った文字がやや苦手である。
〈後期〉 数系列の 構成	①数字を正確に読む。 ②数字・実物（量，順序）を一致させる。	◎棒タイルを限定枠に入れる　◎棒タイルを1から5まで順番に並べる　◎限定枠，数字タイルを1から5まで順番に並べる　◎バラタイルを限定枠に入れる　◎棒タイルを限定枠から自由枠へ移し替える　◎棒タイルを自由枠に並べる　◎バラタイルを限定枠から自由枠へ移し替える　◎バラタイルを自由枠に並べる

4 指導法の工夫

棒タイルやバラタイル，数字タイルを1～5まで順番に並べる学習

① 棒タイルを限定枠に入れる学習（図1）

　B君の棒タイルを限定枠に入れるときの順番はバラバラだったが，型はめの要領でできるようになっていたのですぐにできた。このことから，どれがどれと同じ形かをきちんと理解し，形の見分けができていることが理解できた。

図1　限定枠（自由に外すことが可能なもの）と棒タイル

② 棒タイルを1から5まで順番に並べる学習

　棒タイルを入れた5つの限定枠を1から5まで順番に並べることが難しかったことから，『長さ』としての順序づけがまだできていないことが判明した。そこで，『長さ』を見比べさせるために，限定枠に数字シールを貼り，手がかりを示したが（図2），それでも順番に並べることは難しかった。

③ 限定枠・数字タイルを1から5まで順番に並べる学習

　②の様子から，棒タイルを並べること以前に，数字を1～5まで順番に並べる学習が必要ではないかと考え，まずは5つの限定枠を順番に並べたり（図2），数字タイルを枠の中に並べたりする学習（図3）から取り組んだ。「3」を「サン」と読むなど，数字を正確に読むことができるようになってくると，数字タイルを順番に並べることが徐々にできるようになってきた。また，限定枠を並べる学習においても，以前は「サン」と言いな

図2　限定枠（上）と限定枠を入れる枠にシールを貼ったもの（下）

図3　数字タイルと数字シールを貼った枠

がら「2」の限定枠を手にしてしまうことが多かったが,「1, 2, 3, 4, 5」と自分で数字を声にだして読みながら正しい枠を手に取り,正確に並べることができるようになった。

　このような学習を経て,再度②の学習に取り組んだ。以前は「2」の棒タイルを「ヨン」と言って手に取ることが多かったが,「この棒タイルはここにはめられるのかな?」とはめる場所を予測している姿が少しずつ見られるようになった。ただ無造作にはめていくのではなく,限定枠の枠の『長さ』と棒タイルの『長さ』を見比べて,棒タイルを手に取るようになった。

　また,『長さ』を見比べやすくするために,「書見台」の傾斜面を使っての学習を試みた。すると,正確に並べられる回数が増え,「滑り台みたい」と言って棒タイルを書見台の上部から滑らせて枠の中に入れたり,並べ終わったときに「階段みたい」と言って限定枠の上の部分を順に触ったりするなど,B君の行動や発言に変化がみられるようになった。数字シールを見て毎回数字を口に出して読むようになったこと,書見台により見る角度が変化し,B君自身のなかで新たな見方が発見されたこと,それらが『長さ』の順序づけの理解を徐々に促していったと考えることができる。

④　バラタイルを限定枠に入れる学習

　この学習は枠に入るタイルの数が限定されているので,形の構成をする学習に近いものである。B君も枠の中を埋めていく方法でどんどんタイルを並べていった。繰り返し取り組むにつれ,タイルの入れ方に変化が見られるようになった。始めは横に一個ずつタイルを並べていったり,縦に入れたり横に入れたりと目についた所に無造作にタイルを埋め込んでいたのだが,徐々に一つの数ごとに限定枠を完成させるようになった。すなわち,「3」は「1」のタイルが3個集まったもの,「4」は「1」のタイルが4個集まったものというように,数をまとまりとしてとらえ始めたことがうかがえた。

⑤　棒タイルを限定枠から自由枠へ移し替える学習（図4）

　①の学習で限定枠に入れた棒タイルを,自由枠に移し替える学習に取り組んだ。始めは限定枠の横方向に自由枠を置いて移し替えたが,「3」を入れる場

所に「2」を入れるなど間違えることが多かった。そこで，限定枠の下方向に自由枠を置いて再度学習に取り組んだ。すると，B君にとっては横方向への移し替えよりも上から下への方がわかりやすかったようである。これは，「3 個別の指導計画（算数）」中の「〈前期〉透明プラカードを使った記号や平仮名の構成学習」において，上から下へカードを持っていき見本と重ねる課題がスムーズにできたことと同様である。

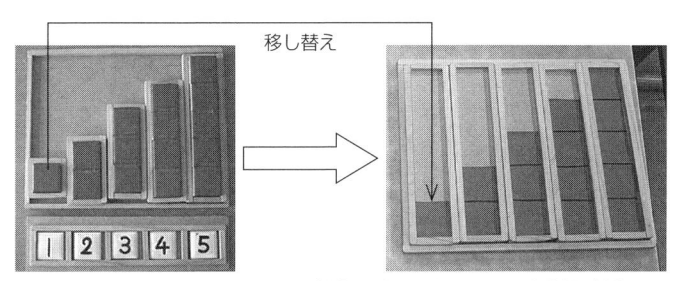

図4　限定枠に入った棒タイル（左）と色画用紙の入った自由枠（右）

⑥　棒タイルを自由枠に並べる学習

　この学習では『長さ』を見分け，順序立てることをB君に伝えるために，自由枠のなかにマス目の入った色画用紙を置き，手がかりを示して取り組んだ。

5 まとめ

　B君はこのような経過を経て棒タイルを順番に並べられるようになった。同じ教材でも，少しずつ提示の仕方を変えたり，新たな学習内容を加えていったりしたことで，B君が自分で考える機会が増え，数を理解しやすくなっていったのではないかと考える。

（森本悠加沙）

事例 1-6 図画工作「きんぎょすくいをつくろう」

横浜国立大学教育人間科学部附属特別支援学校

【指導のポイント】
- 絵の具の使い方に慣れる。
- にじみや重ね塗りを楽しむ。
- 丸めたティッシュを包み，モールで止める。

1 学校の概要

　昭和54年開校の知的障害教育特別支援学校。一人一人の発達や障害の状態，特性等に応じた教育を行い，心身の調和的発達(心・からだ・頭の伸長)を図るとともに，その可能性を最大限に伸ばし，QOLの充実を図るための手段として，社会参加・自立に必要な知識，技能及び態度を養うことを目標としている。教科学習を中心とした教育課程を編成し，またアセスメントにもとづく個別教育計画(IEP)を作成し，集団の力を高めながら個の伸長を図る指導・実践に取り組んでいる。

2 児童生徒の特性

　知的発達の遅れはあるが，他者との意思疎通は可能で，身辺処理もおおむね自立している。

3 地域の特色

　児童生徒の多くは横浜市内から地下鉄で通学している。最寄り駅は弘明寺駅。古くから弘明寺観音の門前町として栄え，駅付近にはにぎやかな商店街もある。しかし学校の周辺は閑静な住宅地で，かつ敷地内には多くの木々が植えられ，隣接する附属中学校とともに豊かな自然環境に恵まれた立地となっている。

4 教育課程への位置づけ

　本校では，教科別指導を中心とした教育課程を編成している。教科群を，各教科のもつ特性を考慮し，「基礎教科」「伸展教科」「活用教科」という「教科クラスタ」構造でとらえ，小学部においては「基礎教科」として「国語」「算数」「体育」，「伸展教科」として「図画工作」「音楽」「生活」と分類している（「活用教科」は中学部・高等部で設定する）。

- 「基礎教科」＝自分を取り巻く環境を理解するために基礎となる知的発達と，身体の動きの発達を系統的に支援する教科群。
- 「伸展教科」＝基礎教科で獲得した力を，各教科で生かして学習できるようにすると同時に，各教科の内容を学び，知識と技能を広げることをねらいとした教科群。
- 「活用教科」＝日常生活をもとにした内容や，興味・関心に基づく題材，将来の生活を想定した場面を設定し，問題解決的な課題に取り組む教科群。

　また，教科の目標と学習内容を核としながらも，ねらいや題材を柔軟につなげて拡張した教科の枠組み（「教科スキーマ」）による指導を行っている。

　これは，児童生徒一人一人の実態から発想し，個々の発達と自立を促すために，各教科のもつねらいと内容の枠を意図的・機能的・有機的に広げ，子どもを中心に授業を組み立てていくという考え方である。

　このような教育課程編成とその活用とともに，児童生徒一人一人について「認知・言語」「感覚・運動」「情緒・社会性」の面からアセスメントし，結果を総合して作成した個別教育計画（IEP）に基づいて授業を計画立案し，実行している。

〈参考文献〉
- 横浜国立大学教育人間科学部附属特別支援学校編著（2009）『ふようの実践ハンドブック』
- 横浜国立大学教育人間科学部附属特別支援学校編著（2010）『ふようの支援ハンドブック』

5　年間指導計画（小学部の教育課程）

(1)　指導の重点
① 基本的生活習慣の定着を図る。
② ムーブメント活動を通して，あたま・からだを育て，こころを豊かにする。
③ 学習態勢を形成するとともに，知覚・認知機能の発達を促す。
④ コミュニケーション手段の育成を図るとともに，社会性・自主性を育てる。
⑤ 知識や技能を生活に活用する力を育てる。
⑥ 集団での活動を通して認知力・社会性を高める。
⑦ 家庭との協力・連携を深めながら指導を進める。

(2)　図画工作科の指導内容

教科及び領域	ねらい	主な活動
図画工作	・造形活動を通して，造形表現についての興味や関心を促し，表現の喜びを味わえるようにする。 ・表現の意図に応じた技能や造形感覚を作品に生かす力を育てる。 ・造形作品に親しみ，作品の美しさ等を感じ取ったり，味わったりする態度を育てる。	・種々の素材（粘土・砂・紙・木・石・布など）を利用した造形活動。 ・道具（はさみ・カッター・筆・絵の具・カラーペン・クレヨン・糊・セロハンテープなど）の用途や機能の理解とその利用。 ・見たこと，感じたこと，考えたことの作品への表現とその工夫。 ・自分や友だちの作品への関心・鑑賞。

6　単元・題材設定の理由

　本校の小学部は，低学年・中学年・高学年の3学級で構成している。本実践の対象となる低学年の図画工作では，4月以降，アセスメントもかねて，はさみや糊の使い方に慣れる工作的な授業と，カラーペンやクレヨン，色鉛筆などを使った絵画的な授業を行ってきた。

　5月下旬には個別教育計画（IEP）を作成し，児童の実態に基づく授業計画を立案した。6月下

旬から7月上旬については，絵の具の使い方に慣れ，にじみや重ね塗りを楽しむことをねらいとして，この単元を設定した。また，夏という季節感を感じさせるものとして，子どもたちに身近な「きんぎょすくい」を題材として取り上げた。

1年生にとっては，初めて絵の具を使う機会となる。そこで素材として，色ぬりもしやすく，包むなどの作業にも扱いやすいものをと考え，やわらかで吸湿性に優れたキッチンペーパーを使用することとした。

また，筆と綿棒という，異なる大きさ・形状・触感をもつ道具を用意し，色ぬりに取り組みやすくするとともに，にじみや重ねぬりの効果を楽しめるようにした。

「きんぎょ」を形づくる際には，ティッシュを丸め，キッチンペーパーで包み，つまみ，モールをねじって止めるという手指を使った活動が一連の動きの中に含まれるようにした。

7 指導法の工夫

見本と手順表の活用により，授業の内容・流れを理解できるようにし，一人一人が見通しをもって意欲的・主体的に取り組めるようにした。

5色の絵の具を，あらかじめパレットに搾り出しておくことで，好きな色を選択しやすくし，色ぬりを楽しめるようにした。

8 授業案

ねらい	学習活動及び手続き	支援の手立て
○本時の学習の見通しをもつ。	・あいさつ。 ・学習内容を知る。 ・手順を知る。	・指導者にも注目させるようにする。 ・見本を提示し興味を喚起する。 ・手順表（絵・文字）を活用する。

○絵の具の使い方に慣れる。	・キッチンペーパーを広げ，筆・綿棒で色をつける。	・5色の絵の具（「赤」「黄」「青」「緑」「黄緑」）をパレットに出し，好きな色が選択できるようにする。
○糊とホチキスの使い方に慣れる。	・用意したパーツ（網部分と取っ手部分）を糊とホチキスを使って貼り合わせる。	・手本を示す。 ・ホチキスの位置を決め，教師が手でささえる。
○丸める・包む・つまむ・ねじるなど，手のひらや指を使う。	・ティッシュを丸める。 ・色をつけたキッチンペーパーでティッシュを包む。 ・モールを巻き，ねじって止める。	・手本を示す。 ・自力で難しい場合は，一人一人の技能に合わせて教師が手を添える。
○自他の作品に親しむ。 ○本時の学習を振り返る。	・完成した作品を一人ずつ発表する。 ・友だちの発表に注目する。	・達成感が感じられるようにコメントする。 ・終わりを意識できるようにする。

（鈴木正一・平川尚美）

コラム

小学部・中学部・高等部の一貫性について

　小学部・中学部・高等部の一貫性（以下「小・中・高等部の一貫性」と記す）については，小学部，中学部・高等部を設置する養護学校の共通の目標，課題として昭和40年代から研究課題，学校経営の目標等として掲げ，検討し，実践してきている。

　制度が，特別支援学校に変わった今でも，継続して研究課題，学校経営等の重要な事項として検討し，実践研究を推進する必要がある。特に，幼児児童生徒の教育的ニーズに応じた適切な指導及び必要な支援を行うためには，全教職員が改めて，小・中・高等部の一貫性について共通理解を早急に図ることである。

　小学校，中学校等においては，幼稚園と小学校，小学校と中学校，中学校と高等学校との教育内容等の接続性，一貫性が重要な課題となっている。

　そして，中教審教員の資質能力向上特別部会においては，これまで学校種別の教員免許状であったものを幼稚園と小学校を併せて「義務教育免許状」に，中学校と高等学校を併せて「中等教育免許状」とすることを検討課題としている。

　このように，学校教育全体で，幼稚園から高等学校までの接続性，一貫性が大きく取り上げられる情勢にある。この時期に，特別支援学校においては，小・中・高等部の一貫性をより具体化して，実践研究を徹底し，日々の授業に生かす必要がある。教育課程の編成，キャリア教育・進路指導，学校行事のあり方等，小・中・高等部の一貫性への取り組みを明確にしている都道府県，学校がある。

　特別支援学校においては，既に，個別の教育支援計画を作成しており，これを活用することにより，小・中・高等部の一貫性は，大きく踏み出すことになる。個別の教育支援計画は，「作ればよい」のではなく，「活用しなければ」意味がなく，単なる印刷物・資料で終わらせてはならないものである。

　A君の国語の個別の指導計画が，A君の個別の教育支援計画に基づいて適切に作成され，小学部・中学部・高等部へと引き継がれていくことにより，生活に必要な国語の力が，段階的に身に付いていくことを再認識する必要がある。

（大南）

2 中学部

特別支援学校小学部・中学部学習指導要領解説の総則等編において，中学部の各教科の内容等について，「中学部は，小学部3段階の内容の程度を踏まえ，生活年齢に応じながら，主として経験の積み重ねを重視するとともに，他人との意思疎通や日常生活への適応に困難が大きい生徒にも配慮しつつ，生徒の社会生活や将来の職業生活の基礎を育てることをねらいとする内容を示している」と述べている。

このことは，各教科における配慮事項ではあるが，中学部段階における教育全体でも同様に重視すべきものと考えたい。

中学部においては，教科別の指導，領域別の指導，領域・教科を合わせた指導のほか，総合的な時間における指導を教育課程に位置付けて指導が展開される。

各教科においては，「職業・家庭」が示されており，現場実習の実施等も求めていることに留意したい。学習指導要領においては，知的障害特別支援学校の各教科は，すべての生徒に扱わなければならないが，その内容のすべてを履修することまでを求めてはいない。

よって，すべての生徒が現場実習をしなければならないわけではないが，学校として中学部において現場実習を行っていない場合には，どの生徒もそれができないのか，その機会を用意すべきかなどの検討が必要であろう。

なお，外国語科については，必要に応じて設けられる教科である。この外国語科を設ける場合には，同一学年内に履修する生徒と履修しない生徒がいても問題はない。一人一人の生徒の知的障害の状態等に即して設定することが重要である。

事例2－1　日常生活の指導における「朝の会」の指導の工夫が述べられている。一人一係の役割分担や日程を視覚的に分かり易くすることなどが生徒の活動を主体的にしてい

る。また，関連する教科等の内容を明らかにしており，すべての指導において一貫した取組がなされている。

事例2-2　キャリア教育の充実を目指し，きめ細かな指導内容表を作成し，この例では，生活単元学習において「人間関係形成能力」に視点を当てた取組が述べられているが，主として自立活動の内容の指導における指導目標が具体的に設定されており，的確な評価につながる。

事例2-3　作業学習において，高等部の作業学習につなげることを意図し，作業班構成（生徒の障害の状態等によるグループ編成）や工程の工夫がされており，また，作業性を強めた「校内実習」（1コマ（3時間）×7回）によって，事例の生徒などへの指導の成果が見られる。

事例2-4　国語科の指導において，聞く・話すなどに関する，多様な単元計画における指導目標や指導内容が具体的であることから単元等における評価がし易い。また，年間を通した個別の指導計画の作成・評価を通して生徒の課題を明らかにし，翌年度の指導に一貫性をもたせようとしている。

事例2-5　数学科の指導において，実生活に結び付いた指導が展開できるように指導計画を立案し，またパソコンを用いるなど生徒が分かり易い指導を提供している。また，個別に長期目標と短期目標を設定しており，教科別の学習における的確な評価につなげている。

事例2-6　音楽科の指導と生活単元学習を関連させ，ミュージカルの発表を目指した指導を展開している。一人一人の役割を明確にすること，刺激を制御すること，ミュージカルのストーリーをダイジェストで何回も見ること，本格的な衣装等を用意することなどの効果的な工夫が見られる。

(石塚謙二)

事例 2-1	日常生活の指導 ～「朝の会」の指導の工夫～
	新潟市立東特別支援学校

【指導のポイント】

- 生徒が自立し社会参加するための日常生活「朝の会」の指導の工夫
  朝の会に自分から参加できるようにし，一日の学校生活に見通しをもち，楽しみにしたり，友だちとかかわってコミュニケーション力を育てたりすることをめざす。

1 学校の概要

本校は，知的発達に障害のある児童生徒を対象とし，他の障害を併せ有する児童生徒を含め，116人が在籍している。昭和55年に開校し，平成21年度に創立30周年を迎え，平成22年度には同市内に西特別支援学校の開校にともない，校名が「新潟市立養護学校」から「新潟市立東特別支援学校」と変更になった。学校教育目標を「じょうぶな体にしよう」「自分のことは自分でしよう」「みんなとなかよくしよう」と掲げ，特に身辺処理の力やコミュニケーション力を高めること，見通しのもてる生活を確立することが学校としての課題である。

2 生徒の様子

平成21年度に行った実践における中学部の生徒の様子を以下に示す。
- 集団活動への参加は苦手であるが，係活動には自分から取り組む生徒が多い。
- 予定の説明では文字と絵を組み合わせた教材を使用することで見通しをもちやすくなるなど，言葉かけよりも視覚支援の方がわかりやすい生徒が多い。
- 物の受け渡しなどの際に「どうぞ」や「ありがとう」の日常会話のやり取りが難しい生徒が多い。また，自分の気持ちを発表する機会が少なく，表現も苦手だが，教師との間では言葉やサインで伝えることができる生徒が多い。

- 教師からの学級全体への言葉かけを聞いて行動することは難しいが，個別の支援を得て行動することのできる生徒は多い。

③ 指導の基本的な考え方

「朝の会」の目標を，「朝の会に自分から参加できるようにし，一日の学校生活に見通しをもち，楽しみにしたり，友だちとかかわってコミュニケーションしたりできる」とした。そして，次の3点を指導の構えとして挙げた。

① 参加意識を高める役割分担と，もっている力を十分に発揮できる支援の追求
- 朝の会の学習活動を，生徒全員が役割分担して取り組む。
- 生徒に応じた役割を任せ，本人がもっている力を十分に発揮できる教師の支援を追求する。

② 各教科等の力を高め，生活する力をはぐくむための活動
- 日程表における暦や時計は数学「実務」，気温や天気は理科「自然」，見通しのある生活は自立活動「心理的な安定」など，関連する各教科等の力を高め，家庭や社会のなかで役立つ力をはぐくむ。

③ 友だちとのかかわり，コミュニケーション力の育成
- 友だちとのかかわり合いや，適切なコミュニケーション方法を学習する。また，自分の気持ちを発表し，表現力を高める。

　①，②，③を踏まえ，本題材の指導する内容を，以下の表1のように，題材と関連する各教科等の内容を選定し，それに基づいて学習活動を計画した。

表1　各教科等の内容とそれに基づいた学習活動の関連表

題材と関連する各教科等の内容	各教科等の内容に基づいた学習活動
【国語】聞く・話す	あいさつ，発表
【社会】集団生活ときまり	学級でのきまり，朝の会のきまり
【数学】実務	時計，暦
【理科】自然	気温，天気
【保健体育】保健	健康観察
【外国語】英語での表現	あいさつ，天気　など
【自立活動】心理的な安定，コミュニケーションを中心に	※個に応じた内容を設定する。 ※日程の学習，発表などにおいて指導

4 指導法の工夫

① 参加意識を高めるために「一人1係」の役割分担
- 役割分担の設定：当番，健康観察係，予定係，天気係，給食係など

② 学校生活に見通しをもちやすくするための視覚化
- 日程表のサインは，文字（平仮名，片仮名，漢字など）を基本としながら，生徒の様子に応じて絵や写真などによって視覚化を図る。

③ 適切にかかわり，コミュニケーションするための「せりふカード」の活用
- 生徒同士の「名札カード」の受け渡しの場面を設定し，その際に生徒同士が適切な言葉でのやり取りができる「せりふカード」を使用する。
- 生徒全員が日程表のなかから，頑張りたい活動を選び，自分の気持ちを発表したり，友だちの発表を聞いたりする活動を取り入れる。

④ 複数担任制の適切な支援の追求
- MTとSTの支援を明確にし，MTは個別支援とともに学級全体への支援を行い，STは個別の配慮が特に必要な生徒への支援を行うことにする。

⑤ 関連する各教科の内容に応じた教材の工夫

使用教材	
a	日程表（全体用，個人用），「学習カード」「暦カード」「天気カード」
b	給食係がホワイトボードに給食の献立を書き写す給食献立表
c	生徒と教師の「名札カード」（漢字のみ）
d	適切な言葉の遣い方を促す等の「せりふカード」
e	生徒が自分の健康状態を選ぶ「健康カード」

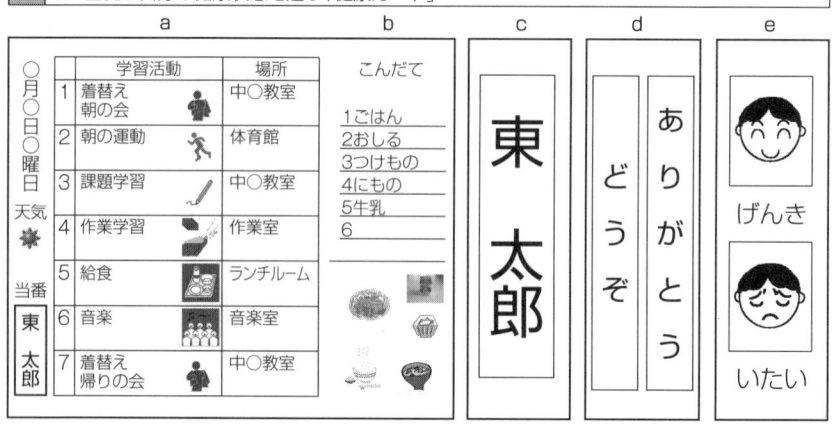

図1　支援に使われる各種教材

5 日常生活の指導「朝の会」授業計画（全70時間） ※授業時間は20分(0.4h)

主な学習活動（担当生徒）	MTの主な支援
①当番（生徒C）が朝のあいさつを行う。	①朝のあいさつをするように言葉かけとサインを行う。
②当番（生徒C）が友だちの名前を呼び，出欠確認する。	②「名札カード」のやり取りで，当番が「どうぞ」，友だちが「ありがとう」と言えるように「せりふカード」を提示する。
③健康観察係（生徒D・F）が2種類の「健康カード」を持って，友だちの健康観察を行う。	③係が「～さん元気ですか」と言えるように「せりふカード」を提示し，友だちが自分の健康状態を選べるように「健康カード」を提示する。
④天気係（生徒E・G）が4種類の「天気カード」を持って友だちに天気の確認に回る。	④係が「今日の天気はどれですか」と言えるように言葉かけ，友だちに「天気カード」（晴，雨，曇，雪）を提示する。
⑤予定係（生徒B）が予定を説明し，給食係（生徒A・H）が献立を読み，全員で確認する。	⑤係が予定を言葉やサインで説明できるように日程表を準備する。説明を聞く生徒に言葉やサインを繰り返すように促す。係が献立表を読めるように献立名を指さししたり，「献立カード」を貼るように促したりする。
⑥頑張りたいことを発表する。	⑥頑張りたい学習活動を選べるように日程表の「学習カード」を指さしする。発表では「～をがんばります」と言えるように「せりふカード」を提示する。
⑦当番（生徒C）が終わりのあいさつを行う。	⑦終わりの言葉をするように言葉かけとサインを行う。

〈複数担任制の適切な支援について〉

　MTは生徒全員の把握や注目を促す言葉かけをしながら，授業の進行を行う。また，不安定な行動が目立ち，個別支援の必要な生徒E・F・Gへの支援も行う。ST_1は重複障害で個別の配慮が必要な生徒Hの支援を行う。ST_2は個々の生徒の活動を見守ることにし，不安定な行動が見られる生徒への支援を行う（図2参照）。

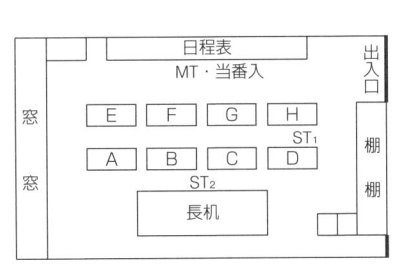

図2　教室環境

6　個別の指導計画　※長期目標を年間目標，短期目標を2学期目標とした。

生徒Aの主な様子	
文字や絵，写真による日程表とサインによって学習活動を理解し，見通しをもつことができる。しかし，慣れない活動では落ち着きがなくなり不安定な行動をする。また，人間関係では自分から友だちにかかわろうとすることはあまりなく，簡単な会話や自分の気持ちを教師に伝えることはできるが，教師からの言葉かけをそのまま返したり，発表内容が限られたりする。	
年間目標	2学期目標
・学習活動に見通しをもって，頑張りたい学習活動を選んで，「ぼくは〜をがんばります」と発表できる。 ・「名札カード」のやり取りでは，適切な言葉の遣い方ができる。	・日程表から，頑張りたい学習活動を選び，せりふカード「がんばります」を見て，「ぼくは〜をがんばります」と発表できる。 ・「名札カード」のやり取りでは，「どうぞ」の「せりふカード」を見て，「どうぞ」と適切な言葉の遣い方ができる。
評価の観点	主な手立て
・文字や絵，写真の日程表とサインによって落ち着いて行動できる。 ・発表では「ぼくは〜をがんばります」と発表することができる。 ・当番では，「名札カード」を友だちに渡すときに「せりふカード」を見て「どうぞ」と言うことができる。	・見通しのある生活ができるように日程表に絵や写真を活用する。 ・発表では内容を固定化し，「がんばります」の「せりふカード」を使う。 ・「名札カード」のやり取りでは，立場に応じた言葉の遣い方ができるように「どうぞ」の「せりふカード」を使う。
2学期評価	
・予定の説明のときに体育で野球をすることを知り，野球の活動に期待をもったことから，発表では，体育のカードを選び，教師が示した「せりふカード」を見ながら，「ぼくは体育で野球をがんばります」と発表することができた。 ・「名札カード」のやり取りでは，教師が指さした「せりふカード」を見ながら，「どうぞ」と言って友だちに「名札カード」を渡すことができた。	

（辺見　亘）

事例 2-2　キャリア発達を促す生活単元学習から

石川県立小松特別支援学校

【指導のポイント】
- 仲間とのかかわりに必要な具体的なコミュニケーション手段を身に付ける。
- 仲間の思いや考えに気付き，気持ちの折り合いをつける。

1　学校の概要

　本校は，小学部・中学部・高等部の3学部の児童生徒合わせて92名の中規模の学校である。小松市東部の山里に位置し，周辺の田畑や山林などよい自然環境に囲まれているが，商業施設や公共交通機関を十分に利用できない面もある。

　平成20・21年度の2年間，「一人一人が豊かに生きるには　─自立，社会参加につながるキャリア教育を目指して─」をテーマとして，文部科学省の研究協力校の指定を受け，キャリア教育の研究に取り組んできた。「キャリア教育全体計画」を作成し，学校全体で実施している。

2　生徒の様子

　中学部は，1学年10名，2学年7名，3学年4名で，男子16名，女子5名である。単一障害5学級と重複障害2学級から成っている。自閉症の診断をうけ，人とかかわることが得意ではない生徒がいる一方，かかわりすぎてしまいがちな生徒もいるなど，仲間とかかわり合うことは上手ではないながらも，学級や学年単位の集団でなんとかまとまりのある活動を続けられるようになった。

3　キャリア発達を促す授業

　キャリア教育推進にあたり，「キャリア教育発達段階・内容表の全体構造（試

【資料1】 キャリア発達段階・内容表の全体構造 (小松特別支援学校版)

キャリア発達 の段階と関係	基礎的スキル獲得のステージ 【全人的発達：～目的が明確な活動：身近から地域、要支援から自主的・自立的】				基礎的スキルを土台に、それらを統合・応用するステージ 【例外や変化に対応】	実際に働いて生活を想定し、具体的に遭遇の ためのスキルがある段階のステージ 【生活する／働き続けるために】
領域	低学年	小学部 中学年		高学年	中学部	高等部
	I	II		III	IV	V
	各段階において育てたい力					

人間関係形成能力

- 集団活動
  - 大人・年長者とのかかわり
    ※相手があわせることによって、かかわりが成り立つ
  - 子どもどうしのかかわり
    ※自分も相手に合わせる（相互に）折り合いをつけることによって、かかわりが成り立つ
  - 集団活動への参加
  - 集団活動における役割理解と協力
  - 集団における役割としての役割遂行
- 意思表現
  - 要求・拒否
  - 許可
  - 説明／思いの表現
  - 日常生活に必要な意思の表現
  - 社会生活に必要な意思の表現
    ※不特定の相手／非日常的な話題に関して
  - 必要な支援を適切に求めたり、相談したりできる表現力
- あいさつ
  - あいさつへの反応
  - 自分からあいさつ／清潔・身だしなみ
  - あいさつ／清潔・身だしなみ
  - あいさつ、身だしなみ
  - 場に応じたあいさつ、振る舞い
  - TPOに応じた言動

情報活用能力

- 社会のきまり
  - してはいけないこと
  - 教室／学校のルール
  - 地域社会資源の活用
  - 様々な情報への関心
    - 仕事、働く人への関心
    - 進路に関する情報の収集
    - 職業生活に必要な事柄の情報収集と活用
  - 情報収集と活用
    - 社会の仕組み／ルールの理解
    - 法令制度などの理解
- 手伝い
  - 目的のある行動
  - 役割の分担
  - 金銭の扱い
    - お金（硬貨／紙幣）の使用
    - 生活における金銭の大切さの理解
    - 金銭の管理
    - 消費生活に関する基本的な事柄の理解
    - 消費生活の理解
    - 消費生活に関する理解と計画的な消費
  - 役割の理解と分担
    - 係の活動の実行
    - ※当番や役割の理解と実行
    - 様々な仕事に役割があることに関する体験的理解
    - 労働と報酬の関係の理解と、それに応じた計画的な消費
  - 役割の理解と実行
    - 繰り返し活動の実行
    - 学校生活／実習生活において自分が果たすべき役割の理解と実行
    - 職業及び働くことの意義の理解

将来設計能力

- 習慣形成
  - 規則正しい生活のリズム
  - 家庭／学校生活に必要な習慣づくり
  - 職業生活に必要な習慣形成
- 夢や希望
  - 希望
    - 係や活動／役割に関する希望
    - 職業や将来のモデル像への関心
    - 生きがい、やりがい
    - 働くことを中心にした新しい生活への指向
- 進路計画
  - 将来の夢や職業への憧れ
  - 学習活動への自発的な取組み
  - 目標を実現するための主体的な行動計画
  - 職業の意義の実感と将来設計をめざした目標の設定と、その実現に向けた努力
  - 将来設計に結びつく進路計画

意思決定能力

- 目的に向かって
  - 目の前にある目的に向けた行動
  - 選択
    - 示されたものの選択の機会
    - 目の前に提示される具体物の選択
    - 遊び／活動の選択
    - 目標設定
    - 目的・目標への気づき
    - 目標の意義、意欲
    - 選択（決定・責任）
    - 自己の個性や興味・関心に基づいたよりよい選択
    - 将来設計と進路選択
    - 実習などの経験に基づく進路選択
  - 選択と交渉・折り合い
    - 肯定的な自己評価
    - 目標の設定、実現に関する主体的な選択
    - 自己調整
  - 振り返り
    - 活動の振り返り
    - 理解や学習などにおいて行った活動などの活用
    - 問題解決のための選択肢の活用

[資料2] キャリア教育指導内容表・生活単元学習（抜粋）

能力の領域	項目	段階 I	II	III	IV	V	関連する教科領域等
人間関係形成能力	集団活動・集団参加	教師と一緒に集団の活動に参加する	教師の見守りのなかで友だちと一緒に集団の活動	進んで活動に参加する	集団のなかでの自分の役割を果たす	活動の目的を理解し集団の一員として役割を果たす	学校生活全体
	人とのかかわり	教師の指示や声かけに注目する	友だちの活動の様子をよく見る		友だちの様子を見てよいところを取り入れる	友だちから教えてもらったり手助けしたりして協力する	
	協力・共同	□大人/年長者とのかかわり	□子ども同士のかかわり	□集団活動への参加 □友だちの長所	□集団における役割理解と協力	集団の一員として協同して活動に取り組む □集団（チーム）の一員として役割遂行	
	単元 題材例	全単元	全単元	全単元	全単元	全単元	
情報活用能力	社会のきまり法や制度の理解	してはいけないことをしなければならないことがわかる ex. ・痛いことをしない ・勝手に触らない/壊さない ・手をつないで移動する ・着席で静かに話を聞く	きまりがあることがわかる ex. ・教師や友だちと一緒に移動する ・学校生活の予定や約束に沿って行動する ・順番がわかり、自分の番をまで待つ	学校の目標や約束がわかる	学部や学級の目標やきまりについて話し合い、守る □行事で気をつけなければならないことを話し合い、守る	地域社会や国にきまりがあることを知る 公序良俗に反しない意識をもつ ex. ・校外での活動でトラブルを起こさない	学校生活全体
		□してはいけないこと	□教室/学校のルール	□教室/学校のルール □地域社会資源の活用	□教室・学校のルール □社会の仕組み、ルールの理解	□社会や様々な制度やサービスに関する理解と実生活での活用	
	単元 題材例	全単元	全単元	新しい生活・学級の仲間 行事の事前・事後指導	新しい生活・学級の仲間 行事の事前・事後指導	新しい生活・学級の仲間 行事の事前・事後指導 卒業後の生活	

2 中学部

案)」(p.66【資料1】)を活用し，生徒の実態に合わせて各段階の指導内容とそのつながりを把握した。また，「キャリア教育指導内容表(試案)」(p.67【資料2】)により小・中・高の3学部一貫した，より具体的な指導内容を共有し，生活単元学習などの各授業で取り組んでいる。今回は，「コミュニケーションの力を高める」ことや「気持ちの折り合いをつける」といった［人間関係形成能力］にかかわる〈意思表現〉や〈他者理解〉や〈場に応じた言動〉，［情報活用能力］にかかわる〈社会の仕組みやルールの理解〉について取り上げた。

4 キャリア発達を促す生活単元学習

　この単元では，仲間との直接的なかかわり合いを通して，生活に生かせるコミュニケーションの仕方を学べるように室内ゲームを取り上げた。T-Tで授業を行っている利点を生かし，T_2の教師が生徒の言いたいことのモデルを示したり，T_1の発問に対して生徒が理解しにくい場合にはT_2の教師が理解するための手助けをしたりしながら活動を進めていった。中学部の生活年齢を考え，生徒が行うゲームは，"ルールや約束があるもの""覚えたゲームがこれからの生活のなかでも余暇活動として生かせるもの"といった観点から"トランプ"や"オセロ"を取り上げた。ゲームの勝ち負けや個々の生徒に合わせたルールを考えるなど，仲間の思いや考えに気付き，気持ちの折り合いをつける場面を提供した。授業例として「中学部○学年○組生活単元学習指導案より，授業の展開」(p.69【資料3】)を示した。

　この単元では，キャリア発達との関連で取り上げたもの以外に，［人間関係形成能力］のなかの〈集団活動〉や〈集団参加〉，［情報活用能力］のなかの〈教室／学校のルール〉といったことも含まれる。

　授業のなかで起こるやりとりは，場面や状況や出来事によって予想しきれない部分が多い。そこで，状況に応じて一人の生徒のつぶやきを生徒集団に広げていくという支援を考えた。さらに，「生徒が伝え切れなかった部分を補っていく」といった，キャリア発達でいう〈意思表現〉を促すために必要な支援も行った。

【資料３】 中学部○学年○組生活単元学習指導案より，授業の展開

時間		学習活動	指導上の留意点・支援	評価規準【観点】(評価方法)
3	1	はじめのあいさつをする。	・用具を見せながらトランプや"オセロ"をすることを伝える。 ・机を移動しトランプが始められるよう声かけする。	教室座席配置① D　T₁　A C　T₂　B
	2	本時の予定を知る。		
20	3	「７ならべ」をする。	・「７ならべ」のルールを生徒と確認する。 ・次に出すカードを考えているのを見守る。…C ・次に出すカードに気付くきっかけを提示する。…A，D ・次に出すカードや置く場所がわかるよう指さす。…B	コミュニケーションを取りながら活動している。【技能・表現】(行動観察)
15	4	「ババぬき」をする。	・「ババぬき」のルールを生徒と確認する。 ・順番にカードをとっていけるよう声かけする。 ・カードがペアになったことに気付くよう指さしや声かけをする…A，B，D	教室座席配置② 　　T₁ D　　　A T₂　C　B
20	5	２人組のチームになって"オセロ"をする。	・机を移動し，"オセロ"が始められるよう声かけする。 ・チームのなかで順番にコマを置いていくようコマを交互に持つように促す。…C，D	仲間にコマを置く場所を知らせるための工夫している。…A【思考・判断】(行動観察)
7	6	教師が読むのを聞く。	・生徒の反応を確かめながら絵本を読み進める。 ・生徒のつぶやきなどをT₁とT₂で拾い上げる。	仲間と一緒に活動している【関心・意欲・態度】(行動観察)
5	7	本時の活動を振り返る。	・本時の活動を振り返りやすいよう，活動に使った用具を見せながら話す。	
8	8	終わりのあいさつをする。		

【資料４】 授業改善シート（授業日　平成○○年○月○○日）

学部・学年	中学部○年○組	場所	中・○年○組教室	本時の目標	・コミュニケーションをとりながら活動する。（「意思表現」「場に応じた言動」） ・状況をつかんで落ち着いて活動する。（「社会の仕組み／ルール」） ・相手の思いや考えに気付く。（「他者理解」）
領域・教科等	生活単元学習	指導者	○○教諭 ○○講師		
単元・題材名	仲間とともに				

児童・生徒の個別の目標等	A…相手にわかるように伝える。「意思表現（社会生活に必要な意思の表現）」「場に応じた言動（状況に応じた振る舞い）」 相手の思いや考えに気付く。「他者理解（相手の気持ちや考え，立場の理解）」 B…かかわりに必要なコミュニケーションの仕方を知る。「意思表現（社会生活に必要な意思の表現）」「場に応じた言動（状況に応じた振る舞い）」 C…かかわりに必要な音声言語による発信・受信の仕方を知る。「意思表現（社会生活に必要な意思の表現）」「場に応じた言動（状況に応じた振る舞い）」 D…仲間と一緒に落ち着いてゲームをする。「社会のきまり（社会の仕組み／ルール）」 かかわりに必要な音声言語による発信・受信の仕方を知る「意思表現（社会生活に必要な意思の表現）」「場に応じた言動（状況に応じた振る舞い）」

学習内容	児童・生徒の様子	気付き
1　はじめのあいさつをする。		◎次時の授業改善への反映 ○教育課程への反映 ●家庭生活・地域生活全体への反映
2　本時の予定を知る。	トランプで順番を決めるジャンケンの時に，Cが「勝った」とつぶやく。	
3　「7ならべ」をする。		◎待ち時間を十分にとり，生徒からの発話を授業の展開に生かすようにする。 ex. ジャンケンをした時
4　「ババぬき」をする。		◎Ｔ－Ｔの連携のための生徒理解を深める。 ex. ビデオ分析を行う
5　2人組のチームになって"オセロ"をする。	Aが前に出てBにコマを置く場所を指さしして伝える。 AはBがコマを置く場所を2つ示し，Bが"選ぶ"機会があった。	◎トランプや"オセロ"を置く場所を示す時に2ヵ所から選ぶような場面もつくる。
6　教師が読むのを聞く。		
7　本時の活動を振り返る。		◎Aには活動の振り返りを自分の言葉で言う機会をもつ。
8　おわりのあいさつをする。		

なお，この単元の指導のポイントは以下のとおりである。
 a 具体的なコミュニケーション手段を身に付ける
　　言語表出以外のコミュニケーション手段としては，指さしや相手の体を触るなどのサインや物を手にするなどの行動であり，ゲームの活動の流れのなかで，自分の思いのやり取りがその場で行えることが必要である。
 b 仲間の思いや考えに気付き，気持ちの折り合いをつける
　　自分のやりたいゲームや自分の順番だけを主張するのではなく，相手の気持ちを考え，"相手に譲る""自分の主張を取り下げる"ことができるようになることをめざし，気持ちの折り合いをつける機会を自然な形でもつことができた。

5 終わりに

　本文や資料は，平成20・21年度文部科学省委託事業「特別支援教育研究協力校」の本校の研究成果報告書から抜粋し，まとめたものである。
　今年度の学校研究では，この2年間の研究の成果と課題を受け，教科学習と作業学習と生活単元学習の3つの授業実践グループを編制して，引き続きキャリア教育についての研究を進めている。
　　　　　　　　　　　　　　　　　　　　　　　　　（小泉　勝）

事例 2-3	作業学習
	～一人一人が楽しく集中して取り組める作業活動のために～
	高知県立山田養護学校

【指導のポイント】
- 生徒の実態に配慮した作業種・内容の選択。
- 高等部の作業学習の充実，さらには卒業後の就労につなげる力を培う。
- 各作業種の目標達成のため，年2回の校内実習の実施。

1 学校の概要

　本校は，東西に長い高知県の中東部に位置し，「学校の主人公は子どもたち。子どもの生命と人としての尊厳を守る」を基本理念として，昭和30年に創設され，約50年あまりの歴史がある。本年度は小学部36名，中学部53名，高等部82名で，合計171名の児童生徒が在籍している。県東部地域には，知的障害特別支援学校はなく，高知市近辺から徳島県境近くの東洋町までの広域に居住する児童生徒が本校には在籍している。

2 生徒の特性

　本校中学部は1学年20名，2学年15名，3学年18名の合計53名で自閉症スペクトラムの生徒が約50％を占めている。病弱と肢体不自由を併せ有する重度の生徒も多く在籍している。

3 地域の特色

　本校は高知県香美市土佐山田町の中央部に位置している。町内には授産施設や福祉施設も多くあり，特別支援学校への理解が深い町である。養護学校義務化の頃より，地域との関係が深くなり，毎年7月に行われる学校行事の七夕祭りや学習発表会には，多くの地域の方々が訪れてくれている。前述した授産施

設や福祉施設は，本校の高等部生徒の職場実習など多くの生徒を受け入れてくれており，中学部も毎年，2年生が福祉施設で職場体験学習を行っている。

4 指導の基本的な考え方と教育課程への位置づけ

本校中学部の作業学習は，学習指導要領解説に示された ①生徒の実態に応じた段階的指導 ②障害の実態が多様な生徒が取り組める作業活動内容の選択と指導 を配慮事項とし，高等部の作業学習へつなげる力と，将来の社会生活に必要な内容の指導や，社会で適応し，自立することをめざして取り組んでいる。作業班の編成などについては，週2時間の農耕作業(学年別)，週3時間の紙工作業【レター班，コースター班】，陶工作業【陶工A(魚の置物，小鉢作り)，陶工B(タイル作り)】を，生徒の希望と実態を考慮して決定している。

5 指導法の工夫

陶工Bのタイル作りでは，粘土を平らにして型を抜き，素焼き，ろうつけ，釉薬つけ，本焼きなどの工程を経てタイルを作り，マグネットやクリップをつけて製品化している。生徒の実態に応じて2グループに分け，それぞれのねらいで取り組んでいる。

Ⅰグループ	作業に臨む姿勢（指示理解，見通し）を育て，主体的に取り組む力を培う。
	時間いっぱい作業に取り組む。
	粘土を丸めたり，叩いたりできるようになる。
Ⅱグループ	作業時間内は，立位姿勢で臨める体力と精神力を養う。
	自分で製品のでき具合いを判断できるようになる。
	製品作りを通して，将来の職場実習などにつながる力を培う。

陶工Bでは毎年個々の生徒の実態に合わせた教材，教具を用意している。

(1) 名前カード

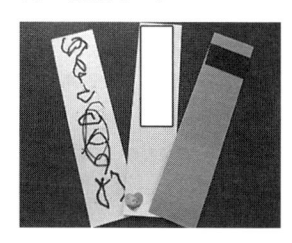

このカードを利用して，くじ引きで当日の日直を決める。生徒はドキドキしながらこの場面を楽しみにしている。さらに，2種類以上の作業がある場合，作業選びの希望調べでも用いる。
※裏面はマグネットを貼り，黒板に貼れるようにしてある。

(2) 準備物カード・手順表カード

一般的準備物，手順表カード

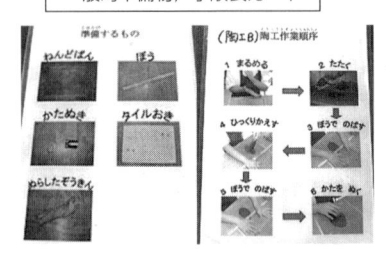

全体が視界に入ると準備物や手順がわからなくなる生徒に配慮した，「パラパラ準備物カード」と「パラパラ手順表カード」

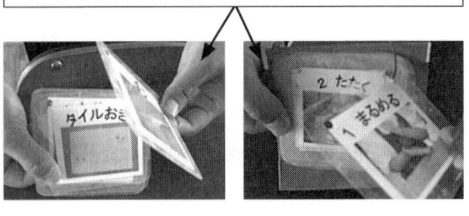

(3) さらに細かい手順表が必要な生徒の「手順表タワー」と粘土玉

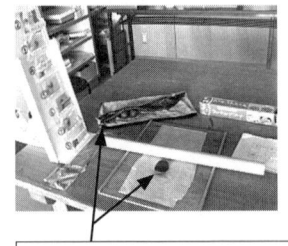

一回で作る分量だけの粘土玉
10個作ったら休憩する約束つき

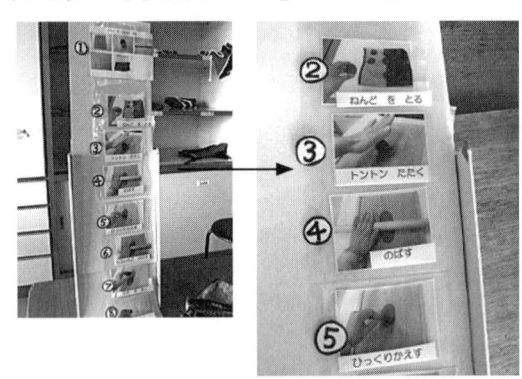

(4) 生徒の興味・関心のある絵柄にしたタイル置き

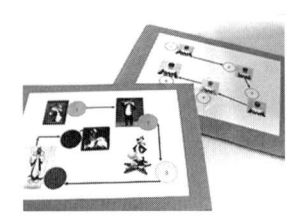

作業に対する意欲を引き出すために，生徒の興味のある絵柄を使ったタイル置き。タイルの数は生徒の仕事量に合わせて考える。

(5) 見た目にかわいい抜き型

　生徒の作ろうという意欲を高める。

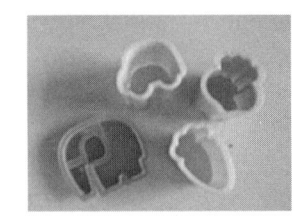

(6) 粘土のばしと型抜きが難しい生徒のための粘土板と型枠

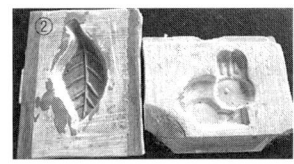

①粘土の厚さを均一にのばすために枠を四面につけた粘土板
②型を抜く作業が難しい生徒が粘土を詰めるだけで型が取れる型枠

(7) 作業工程

　個々の生徒の実態に応じて道具や抜き型を変えたり，ろうつけ，釉薬つけ，自由作品作りなどを取り入れ，授業に変化をつける。マグネットだけでなく，木製クリップにもタイルをつける新商品も開発し，多様な実態にさらに合わせられるようにした。

(8) 終わりの会の工夫

　日直が反省会の司会をする。全員の感想発表の後，教師から「がんばり賞」を発表し，その生徒の【できたよカード】にアニメキャラクターのシールを貼り，次回の作業への意欲づけとする。

　いずれにおいても，準備した道具や作り方などに生徒を合わせようとするのでなく，どのような支援があれば作業しやすくなるかを一人一人について考え，作業が「できる」環境作りや補助具の開発をしていくことが重要と考えている。

6 年間指導計画

	4月	5月	6月	7月	9月	10月	11月	12月	1月	2月	3月
陶工B	タイル作り ──────────────────────────────────────▶ ろうつけ（製品の仕上がり量により時期を問わず行う） 釉薬塗り（製品の仕上がり量により時期を問わず行う） 製品作り　　　　☆☆　　　　　　　　　☆☆ （タイルマグネット）（七夕祭り）　　　（作品展） （タイルクリップ） 自由作品作り ──────────────────────────────────────▶

　※　3年生は，3学期に自由作品作りで卒業記念品作りを行っている。
　※　☆印は製品化したものを販売する時期を意味する。

7　単元・題材全体の指導計画（全体計画と授業案）

単元名：校内実習をがんばろう。（全7時間　※1時間＝3コマ）

　1次　校内実習の目標を決めて発表しよう。（事前学習含む）（1時間）
　2次　校内実習をがんばろう。（4時間　本時1/4時間）
　3次　きれいに袋詰めをして値札をつけよう。（1時間）
　4次　販売をがんばろう！（1時間）

6月7日（水）　陶工B　　学習指導案（略案）	
単元	校内実習をがんばろう①　（ろうつけとタイル作りをしよう！）
目標	・手順を思い出しながら，タイル作り，ろうつけができる。 ・自分のやりたい仕事が選べる。
	学習内容	留意点
---	---	---
1	あいさつ	※あいさつ前に個人の荷物置き棚が乱雑な生徒には直すよう指示する（できるだけ各担任が座る前に支援する）。
2	今日の作業内容の説明を聞く	・写真を示しながらタイル作り，ろうつけの作業があることを理解させる。 ・ろうつけは順番で行うため，ろうつけを希望した生徒も初めはタイル作りをすることを告げる。
3	作業の選択	・黒板に掲示した作業から自分のやりたい作業を選び，「名前カード」を貼らせる（人数が重なった場合はなるべく話し合いで解決する）。
4	作業	・ろうつけの生徒は名前を呼ばれたら速やかにろうつけ場所に行く。
5	休憩	・生徒A，Bは「パラパラ準備物カード」を使用。
6	作業	・生徒Cは手順表を一緒に準備。 ・生徒Dは「手順表タワー」と粘土玉を用意。
7	片付け・掃除	・生徒Eは自分の好きなタイル置きを自由に選ばせる。 ・生徒Fは抜き型ととめ込み型の両方を用意し，興奮している時は，作業を強いない。
9	反省会	・「がんばり賞」の発表を静かに聞けるようにする。
10	あいさつ	・「おつかれさまでした」が言えるよう支援する。

8　個別の指導計画（2010年　2年男子D）

陶工B	実態	自閉症。言葉はなく，教室から突然飛び出すことがある。作業では長時間の集中が難しいが，「手順表タワー」を順番に見ながら取り組むことができるようになった。1回分の粘土玉を用意したことと，10までのタイル置きの使用，休憩時間の約束などにより，作業のめやすがわかり，落ち着いて集中できるようになってきている。
	目標	・必要な道具や手順がわかり，自分で準備，作業ができる。 ・集中できる時間を増やす。
	内容・手立て	（学習内容） タオル・エプロンの整理整頓，道具の準備・片付け，タイル作り，ろうつけ，釉薬つけ，販売準備，販売，陶工室の掃除など （指導の手立て） ・落ち着いて作業しやすい環境の整備（カードや表の利用，座席の精選） ・カードや手順表を見て，作業の手順を確認させる。 ・達成目標をわかりやすく示し，適度に休憩時間を個別に取りながら作業に向かわせる。
	評価	（1学期）…学期当初は落ち着かず，突然教室を飛び出すこともあったが，昨年来のカードや「手順表タワー」，粘土玉の利用で落ち着いて作業できる時間が増えてきた。型から外したタイルも力を抜いてタイル置きに置くことができ始めた。

（大鳥　瑞）

事例 2-4　聞こう・話そう・伝えよう　（国語）

青森県立七戸養護学校

【指導のポイント】
- 伝言ゲームでは，相手とのコミュニケーションの取り方に気付く。
- 電話を使った伝言で，受け答えする際の必要事項に気付く。
- 必要に応じてメモをとる。
- 友だちの受け答えをしている様子を観察し，感想を発表する。
- VTRで自分の活動を振り返り，検証する。

1　学校の概要

　本校は，平成22年12月に開業した東北新幹線「七戸十和田駅」から徒歩15分に位置している。上北地区といわれる2市7町村のなかに1校ある知的障害特別支援学校である。児童生徒は，小学部・中学部・高等部を合わせて152名在籍し，そのうち肢体不自由（身体障害者一種一級）を併せ有する児童生徒は13名で，平成23年度より知肢併置の特別支援学校になる予定である。
　地域の特産は，長いも，そば，にんにくなどの農産物や競走馬の産地としても知られ，自然豊かな環境に恵まれている。

2　児童生徒の特性

　小学部56名，中学部27名，高等部69名の児童生徒のなかで障害種は多岐にわたっており，知的障害に併せ有する主な障害として，自閉症等28％，ダウン症16％，てんかん17％，肢体不自由9％が在籍している。児童生徒は隣接する児童福祉施設「公立もみのき学園」や自宅から通学しており，自宅通学生は自家用車の送迎やスクールバス，路線バスを利用して通学している。

3 指導の基本的な考え方

　今年度は，平成24年度中学部の新学習指導要領全面実施をうけ，目標及び内容に示された小学部3段階，中学部1段階，高等部2段階の全6段階の内容を考慮するとともに，個別の指導計画からの言語やコミュニケーションの課題に焦点を当て，個々の実態をもとに学習集団の構成や指導内容を作成した。

　国語の指導グループは，教室数や教員数を考慮し，①状況に応じたコミュニケーション，②自分の考えを伝える（コミュニケーションの表出），③言語の形成と活用，④相手の意図を受け止める（コミュニケーションの受容）の4つのグループを編成した。

　指導にあたっては，発表力の向上のために，「言語活動の充実」「体験的な学習や問題解決的な学習」を重視しながら，より実際的・具体的な指導内容を設定した。また場面理解や話し方の指導なども加え，より一層生徒の生活に結びついた「使える国語」をめざすための共通理解を図った。

4 指導法の工夫

　「①状況に応じたコミュニケーション」を目的とした学習グループについて紹介する。

　単元名を「聞こう・話そう・伝えよう」では，題材として，言葉や話を耳打ちして伝えていく「伝言ゲーム」と模擬電話を使い，用件を伝える役と受け取る役に分かれて行う「電話で受け答え」の学習を実施した。

　指導にあたっては，電話で相手に物事を伝えたり相手から用件を受けたりすることは，「普段の生活で必要なことである」「高等部進学にともない通学時や現場実習の場面で行われる」「将来の社会生活においても必要な力である」ということをおさえて実施した。

　成果としては，生徒同士が活動を見合い，感想を発表し合うことで，伝えるときのお互いのよいところや頑張っているところを認め合うことができた。また友だちを見習ったり，自分の課題に気付いて直したりする場面も多く見られ，発表力の向上に大いに役立った。

5 年間指導計画

平成22年度計画と評価　　　　［国語（月組）］

中学部○組（○学年）	氏名	○○	指導者	○○　○○
集団構成と学習上の配慮	\multicolumn{4}{l|}{1年生から3年生の5名のグループである。「コミュニケーション」において，状況に応じたコミュニケーションがとれるようになることをねらいとしている。道徳的な内容も適宜取り入れるよう配慮をする。}			
全体目標	\multicolumn{4}{l|}{○相手や状況に応じて適切なコミュニケーションをとる。 ○友だちの発表や活動に注目し，必要な事柄に気付いたり見習ったりする。}			
個人目標	\multicolumn{4}{l|}{○筋道を立てていろいろな話をする。 ○内容を整理し，相手に伝わるような文章を書く。}			
基礎課題	\multicolumn{4}{l|}{②，③，⑤〈個別の指導計画より〉}			

指導計画

期	単元・題材名	指導内容	時数
1	○正しく聞こう，話そう，伝えよう。 「伝言ゲーム」「電話で受け答え」 （4月〜7月） ○物語を読もう，聞こう。 「音読」「寸劇」（8月〜9月） ○作文を書こう。 「夏休みの思い出」（8月〜9月）	・伝言の内容を相手に正しく伝えたり，聞き取り，わからないときは聞き返したりする。 ・要点を文章化する。（メモ） ・相手のことを考え適切に対応する。 ・音読の仕方を知る。（発声，テンポ） ・友だちや教師の音読を聞き感想を話す。 ・内容や情感を受け止め，自分なりの言葉や身体で表現する。 ・経験したことを順序立てて文章にする。 ・内容を項目ごとに整理し，組み合わせて文章を完成させる。 ・発表したり感想を話したりする。	予定 33 実施
	1学期　学習の記録（全体）	**1学期　学習の記録（個人）**	
	耳打ちをする伝言では，受け手のことを考えて声量や速さに気をつけて話すようになってきた。電話の伝言では，生徒それぞれが気をつけなければならない事柄に気付いて発表し，学習活動に生かしていた。友だちが活動する様子にも目を向け，自分なりの感想を話すなど意欲的に取り組むことができた。	「話す，聞く，伝える」の課題を伝言ゲームや電話の受け答えを通して学習した。用件を相手に伝えるためには，「ゆっくり話す」「相手が聞き取れないようなら言い直す」などを自分から気付いて発表することができた。また受け取る場面では，内容をよく聞き，正確にメモをとったり聞き逃したときには「もう一度お願いします」と相手に伝えることができるようになってきた。友だちが演習する様子をよく観察し，上手にできたと思うことを書き表したり発表したりすることができた。	
2	○感じたことを言葉で表現しよう。 「詩を作る」 （10月〜12月） ○物語を読もう，聞こう。 （1月〜3月）	・見たことを文章や言葉で表す。 ・様々な表現方法を知る。（擬音，擬態など） ・パターンを決めて詩を書く。 ・詩の朗読をする。（発声，テンポ） ・発表したり，感想を話したりする。 ・音読をする。（感情，発声，テンポ） ・友だちの発表を聞き，筋道を立てて感想を話す。	予定 37 実施
	2学期及び年間　学習の記録（全体）	**2学期及び年間　学習の記録（個人）**	合計
			予定 70 実施

6 単元指導計画

[「国語（月組）」単元指導計画]

単元名		期間	場所
「正しく聞こう，話そう，伝えよう」		平成22年度 4/19～7/16	中○組
対象		予定時数17時間	
A，B，C，D，E		実施時数17時間	

日時	時数	主な内容	配慮事項等
4/19	1	【伝言ゲーム】	・一方的ではなく，相手のことを考えた話し方やコミュニケーションのとり方について気がつくように促す。
4/21	1	・隣の友だちに簡単な伝言をする。	
4/26	1	声の大きさ，話す早さに留意する。	
5/6	1	聞き返したり確認したりする。	・メモの大切さを伝え，聞いて書くことに慣れるようにする。
5/10	1	コミュニケーションの大切さやおもしろさを体験する。	
5/12	1		・普段の生活に活用できるように，自信を持たせるために友だちからの感想や賞賛を重視する。
5/17	1	【電話で受け答え】	
6/9	1	・相手とやりとりするために必要な事柄に気付く。	
6/14	1		・友だちの学習場面を見て，自分なりの感想を話したり，友だちのすばらしいところを見つけて話したりする。
6/15	1	・応対の仕方を知る。（ていねいな話し方）	
6/21	1	・伝言を伝える。	
6/23	1	声の大きさや速さを工夫する。	・コミュニケーションの大切さやおもしろさに気付かせ，これからの生活をより充実したものにする。
6/28	1	相手がわかったか確認する。	
6/30	1	・伝言を受け取る。	
7/12	1	メモをとる。	
7/14	1	聞き返す，確認する。	
7/16	1	・友だちのやり方を観察し感想を発表する。	

生徒氏名	目標	記録
A	・自分の話し方に気付き自分なりに声量を工夫する。 ・よく聞いてメモをする。	伝言ゲームでは，相手が聞き取れる声量に調節して話すことができた。また聞き取れないときは再度お願いしていた。友だちが行う様子を見て，話し方についての感想を書き，自ら発表した。学習に慣れるにつれ，落ち着いて伝言や指示を聞くようになってきている。
B	・話し方に気付き自分なりに言葉の使い方や速さを工夫する。 ・要点をメモする。	将来にとって大切だということに対してとても緊張していたが，継続するうちに慣れ，落ち着いて取り組むようになった。友だちの話し方を見て，自分で話し方をまねたり工夫したりすることができた。メモは，要点よりもすべてを正確に書いていた。
C	・話し方に気付き自信をもって言葉の使い方や声量を工夫する。 ・手早くメモをする。	体調等により取り組みに波があったが，自分のやったVTRや友だちの意見を聞いて，自分なりに工夫したいことを書いたり発表したりすることができた。メモが間に合わないときは，再度お願いする旨を伝えるなどして書くことができた。
D	・自分の話し方に気付き自分なりに速さを工夫する。 ・落ち着いて正しくメモをする。	早口になりがちであったが，VTRで自分の様子を見たり友だちの感想を聞いたりして，気をつけることを自分なりの言葉で発表することができた。相手がわかるように話す速さを考えて話すようになってきている。
E	・自分の話し方に気付き自分なりに声量を工夫する。 ・落ち着いて正しくメモをする。	自分なりの声量で話す傾向であったが，自分の活動を振り返ったり友だちの感想を聞いたりして，徐々に修正していくことができた。メモは自分なりに簡条書きにして書くことができるようになってきている。通学での電話連絡のことをイメージしながら学習することができた。

7　個別の指導計画

［課題及び評価］

平成21年度	中学部○組（○学年）	氏名	C
発展課題 （3年後を見通して設定する課題）	◎円滑にコミュニケーションを図る。 ◎たくさんの生活経験を通し，自信を身に付け，積極的に行動する。 ◎自己理解を深め，就労への意識をもつ。		
中心課題 （今年度の主な課題）	○生活に必要な日常生活技能を確実に身に付ける。 ○時計等を確認し，時間に合わせて行動する。 ○自信をもってコミュニケーションをとる。		

基礎課題 （各授業で取り上げていく具体的課題）	各教科等
①身だしなみに気を使い，ズックを間違わずに履き，ひもを結ぶ。	日常生活の指導
②時計を見て，次の活動を準備する意識をもち，自分の動作・行動の時間から，おおよそ準備にかかる時間を予測し，余裕をもって準備に取りかかる。	日常生活の指導，生活単元学習，国語，数学，音楽，保健体育，美術，特別活動，自立活動，作業学習，総合的な学習の時間
③大きな声ではっきりと返事や挨拶，報告をする。	日常生活の指導，生活単元学習，国語，数学，音楽，保健体育，美術，特別活動，自立活動，作業学習，総合的な学習の時間
④選択肢から選んだ活動や自分の役割をていねいに，素早く，正確に行う。	日常生活の指導，美術，自立活動，作業学習，特別活動
⑤考えたことを自信をもって話す。	生活単元学習，国語，数学，音楽，保健体育，美術，特別活動，自立活動，作業学習，総合的な学習の時間

今年度の評価	次年度に向けて
【中心課題について】 ○日常生活技能は，ベルト通しや襟の直しなど，難しかったことが概ねできるようになった。今後は，正確さと時間短縮が課題となる。 ○時計を正確に読め，「あと○○分」等もわかり，時間の概念はしっかりしている。加えて，スケジュールを確認し，見通しをもって活動することができるようになった。活動に集中していると，時間をすっかり忘れてしまうことが多く見られる。言葉かけがあると時間を意識して準備することができるが，一人で時間を意識して準備することは多くない。 ○クラスのリーダー的存在になり，小集団ではコミュニケーションを図ることが上手である。 【基礎課題について】 ①年度当初に多く見られたズックを左右間違うことは大分減った。紐を結ぶことが難しく練習中である。引き続き継続して指導したい。身だしなみについては，ハンカチやティッシュの不携帯，鼻水を手でこする，シャツがはみ出ている，生理の処理の失敗に気づいても着替えをしない等があるため，今後も指導したい。 ②おおよそ準備にかかる時間を予測することはできたが，余裕をもって準備することは難しい場面が多かった。今後も時計を意識できるような言葉かけが必要である。 ③初めての活動の時や，不安な時，自信のない時に声が小さいことがあるが，概ね大きな声ではっきりと返事やあいさつ，報告をすることができる。話を聞く態度を身に付けることや，確実に相手に伝えることが課題である。 ④物事に一生懸命取り組む姿勢は高く評価できる。得意な活動はていねいに早く行うが，それ以外の活動には，苦手意識や不安があり，うまくいかないことがある。時間に関する意識を高めるとともに，すべての活動や作業をていねいに行うことが課題となる。 ⑤間違うことをひどく嫌がる様子が見られたが，教師に「○○ですか？」と確認することで自信をもつことができるようになってきた。今後は，自信がもてるように励ましながら，大まかな筋道を立てて話そうとする気持ちを育てていきたい。	【中心課題】 ○靴の紐結びや，シャツの裾を入れるなどの日常生活技能を確実に身に付ける。 ○話を聞く，相手に伝えるなどの適切なコミュニケーションを図る。 【基礎課題】 ①健康面に気をつけ，服薬や点眼などで，できるだけ自己管理を行う。 ②身だしなみや清潔に気をつけて直したり行ったりする。 ③時計を見て活動する習慣を身に付ける。 ④相手の顔を見て，受け答えをする。 ⑤必要な場面で，適切に，返事やあいさつ，報告をする。 ⑥自ら選んだ活動や自分の役割をていねいに，素早く，正確に行う。

（三浦秀文）

事例 2-5	数 学

福島市立福島養護学校

> **【指導のポイント】**
> - 対象生徒の実態と障害の特性を的確に把握し，生徒の興味・関心や本人と保護者の希望などを勘案しながら作成した「個別の指導計画」に基づいて指導する。
> - 学習指導要領に明記された知的障害特別支援学校の中学部数学科の目標・指導内容等に基づいて，教科書「数学☆☆☆☆」及び教科書解説を活用しながら指導にあたる。
> - 指導にあたっては，生活に根ざした数量的知識の理解と数量的経験の拡充を図り，それらを対象生徒自身が実生活のなかで役立てていける力を育てる。

1 学校の概要

本校は，福島市立の知的障害特別支援学校であり，昭和40年4月開校以来，現在に至るまで福島市の特別支援教育の中心的役割を果たしている。平成22年度の全児童生徒数は151名（小学部児童数42名，中学部生徒数31名，高等部生徒数78名）であり，全員が福島市内在住の通学生となっている。

2 児童生徒の特性

本校は，知的障害の特別支援学校であるが，全校生のうち約4割の児童生徒が自閉症であり（小学部21名，中学部17名，高等部23名），ほかにADHDや広汎性発達障害と併せ有する児童生徒も増えてきている。

本事例の対象となる生徒は，小学校（特別支援学級）を卒業し，今年度から本校に入学してきた中学部1年の女子生徒である。障害名は，知的障害，点頭

てんかんであり，療育手帳Bの交付を受けている。

　基本的な生活習慣は，ほぼ自立しており，移動面や運動面などについても特に問題は見られない。

　言語では音声言語で，簡単な質問に対して諾否を答えたり，自分の意思を2語文程度で相手に伝えたりすることができる。平仮名，片仮名，日常生活で目にする漢字などの読み書きはできる。

　数学については，1対1対応ができ，1位数同士の足し算や引き算が徐々にできるようになってきた。アナログ時計の読みや金銭の使用などについては，まだ難しい。

3　地域の特色

　本校は，福島盆地のほぼ中心にある信夫山の麓にあり，福島駅から路線バスで15分ほどの閑静な住宅街に位置している。中学部で総合的な学習の時間に地域のごみ収集活動を行ったり，高等部が目の前の河川敷への花植えを行ったりするなど，地域とのかかわりをもつ機会もあり，近隣の住民も児童生徒に温かく接してくれている。また，中学部では年2回，市内の中学校との交流学習も行っている。

4　指導の基本的な考え方と教育課程への位置づけ

　本校中学部の教育課程は，通常学級と重複学級で分かれており，通常学級は，日常生活の指導，生活単元学習，作業学習，総合的な学習の時間，国語，数学，音楽，体育，学級活動で編成されている。そのうち，数学と国語については，週1時間ずつを割り振り，学年縦割りのグループで学習を行っている。数学の指導目標は，学習指導要領に則って「日常生活に必要な数量や図形などに関する初歩的な事柄についての理解を深め，それらを扱う能力と態度を育てる」である。

　本生徒は，教科書「数学☆☆☆☆」を採択しているので，そのなかで取り上げられている指導内容（「数と計算」，「量と測定」，「図形・数量関係」，「実務」）の

なかから，本生徒の実態と障害の特性に応じつつ，実生活との結びつきを大事にした単元や題材を設定し，関心や意欲をもって取り組めるように配慮していくこととする。

5　指導法の工夫

　学習に意欲的に取り組めるように，教材は比較的安価で手に入れやい「おはじき」や「ビーズ」，本生徒の興味・関心の高い「パソコン」などを活用する。
　本生徒が所属する数学の学習グループは，3名で構成されており，その実態にも違いが見られるため，1単位時間の中で合同で行う学習のほかに個別の課題を一人で進める時間も設定する。

6　年間指導計画（数学：総時数37時間）

月	今年度取り上げる指導内容
4・5	○身近にある数　(17)
6	・足し算，引き算
7・8	・時計の読み取り
	・計算機の利用
9	○お金に慣れよう　(13)
10・11	・貨幣の種類と数え方
12	・買い物学習
1	○物の測定　(4)
2	・身の回りの物の測定
3	○いろいろな形や表　(3)
	・定規を使った直線書き
	※上記の内容を中心に生徒の実態や興味・関心，達成の度合いなどに応じて継続したり，適宜，取捨選択したりしながら指導する。

7　単元・題材の指導計画（授業案－主に指導過程部分の抜粋）

題材名	「身近にある数」		
目標	・おはじきやビーズなどの具体物を使い、20までの数を数えたり、数の加減を理解したりすることができる。 ・アナログ時計を使っての実生活にそった時刻の読み方を覚えることができる。		
学習活動・内容		時間	指導上の留意点
1　はじめのあいさつをし、今日の学習内容について確認する。		5	・文字や写真のカードを使って今日の学習について確認させる。
2　具体物を使って、数を数えたり、簡単な質問に答えたりする。 (1)おはじきを使って、20までの数を数えたり、数の加減を理解したりする。 (2)ビーズを使って、数や形、色などに着目しながら指定されたビーズ通しをする。		15	・身近にある具体物を実際に操作する活動を通して数量的感覚を豊かにしていくことができるようにする。 ・数唱しながら指定された数のおはじきを取ったり、おはじきの数を増やしたり、減らしたりするなかで数の増減をとらえることができるようにする。 ・数種類のビーズのなかから形や色の属性にも着目させて、指定された数のビーズを選ばせながらビーズ通しを行うようにする。
3　パソコンを使って、時刻の読みの練習をする。 ○家庭生活を送るうえで目安となる時刻 ・宿題　・ゲーム ・夕食　・風呂 ・就寝　・起床　等		10	・練習を行う時刻については、保護者に確認した家庭生活の上で活動の目安になる時刻を取り上げる。 ・アナログ時計の針の移動に合わせてデジタル表示が変わるパソコンソフトを使い、生活に即した時刻のアナログ時計の読みの学習を行う。
4　1位数同士の繰り上がりのある足し算の課題プリント（10問）を解く。		10	・本人が最後まで意欲的に取り組めるよう問題数は、10問程度とする。 ・数字の横に同数の○の書かれた課題プリントを用意し、手がかりとして○を数えることで一人でも解答を導き出せるようにする。
5　終わりのあいさつをする。		5	
準備物	・おはじき　・ビーズ　・パソコン　・課題プリント		

8 個別の指導計画

　本校は，二学期制をとっている。1年間を通してめざす目標を「長期目標」，長期目標達成のために半年の期間のなかで達成をめざす目標を「短期目標」としている。そして，時期を定めて個別懇談を実施して，目標とともに前・後期ごとに評価についても保護者に提示して，共通理解を図っている。また，本校では個別の指導計画として，実態把握表，長期・短期目標，評価（通知表を兼ねる），自立活動指導課題把握表，自立活動指導計画を作成するとともに，併せて児童生徒全員に対して個別の教育支援計画も作成して支援に当たっている。

対象生徒に関する数学科の長期目標と前期短期目標

長期目標	・1位数同士の繰り上がりのある足し算や繰り下がりのある引き算をすることができる。 ・アナログ時計の時刻を10分単位で間違えずに読むことができる。 ・硬貨を中心に同種類の金種ごとに数えて合計し，提示された金額にすることができる。
前期短期目標	・1位数同士の繰り上がりのある足し算や引き算を具体物を操作しながら計算できる。 ・買い物学習などを通して，いくつかの金種を数えて合計し，提示された金額にすることができる。

（渡辺裕二）

〈参考文献〉
- 『特別支援学校幼稚部教育要領　小学部・中学部学習指導要領　高等部学習指導要領』（2009）文部科学省
- 『特別支援学校学習指導要領解説　総則等編（幼稚部・小学部・中学部）』（2009）文部科学省
- 『数学☆☆☆☆』文部科学省
- 『数学☆☆☆☆　教科書解説』文部科学省

事 例 2-6	一人一人のニーズを育てる音楽の実践

島根県立出雲養護学校

【指導のポイント】
- 音楽科と生活単元学習との関連をもたせた学習発表会に向けての指導。
- 一人一人の生徒のニーズを引き出し,育て高めていくサイクル作り。
- 社会生活に必要な集団を意識する力。

1 学校の概要

本校は県中央部の唯一の特別支援学校である。児童生徒の出身地域は広範囲にわたり,大田(小・中学部),邇摩(高等部),みらい(小・中学部)分教室がある。小学部,中学部,高等部,訪問教育グループ,肢体不自由教育グループがあり,在籍する児童生徒の障害の種類は多岐にわたり

〈週時程の例〉

	月	火	水	木	金
1	日常生活の指導					
2	国語・数学				
3	作業学習		生活単元学習	
4	作業学習		生活単元学習	
5	保健体育	音楽	保健体育	音楽	総合
6	チャレンジタイム (自立活動,教科別の指導等)／日常生活の指導				

(知的障害,情緒障害,聴覚障害,視覚障害,肢体不自由,病弱等)児童生徒数は236名となっている。平成19年度より,重点目標「身体づくり」「人や物とのかかわりの拡充」「自ら考え行動する『人』の育成」を掲げ,保護者の願いを取り入れた子どものめざす姿(長期目標)と年間目標(短期目標)を設定し,個々に適した教育課程を編成するとともに,目標に向かって様々な支援を工夫している。

2 生徒の特性

中学部には38名の生徒が在籍している。行動面での課題や,障害の重複化・多様化に加え,生徒を取り巻く様々な環境にかかわる課題もみられる。

3 指導の基本的な考え方と教育課程への位置づけ

中学部では，生活に生きる力を育て将来につながる力の基盤づくりのために『作業学習』と『生活単元学習』を，個々のニーズに対応するために『課題別学習』（チャレンジタイム），『教科別の指導』や『自立活動』を設けている。

そのなかで音楽は週に2時間，発達段階や特性などを考慮した縦割りの3つの集団で指導を行ってきた。音楽の学習においても，一人一人の様々な課題（生活全般の課題）の大きさによって，なかなか音楽科の課題にに関する指導を十分に行えないという状況があった。

4 音楽科年間指導計画と単元・題材全体の指導計画

音楽を生涯にわたって楽しむという音楽科の目標と，それぞれのめざす姿（将来の生活で必要な社会性を身に付ける）を達成するために，音楽科と生活単元学習の関連をもたせて学習する必要があると考えた。そこで，学習発表会に向けた取り組みとしてミュージカル『ライオンキング』の発表をすることにし，音楽の課題だけでなく，個々のめざす姿にも取り組めるこの題材が，生徒たちを育てていくことになった。

〈題材の魅力〉
① 何度歌っても飽きることのない音楽
② 中学部の生徒たちのもつ課題に合う，自分を乗り越えていく物語（それができずに苦しんでいた生徒たち）
③ 生徒たちをひきつける視覚効果の大きい作品。飛んでいる鳥，本物そっくりの動物たちの姿（衣装とクラフトのお面）がまさにジャングルのなかにいるような現実感を生む。
④ どの生徒もずっとステージ上で参加（ストーリーに入り込むことができる）
⑤ 見ている人の気持ちを盛り上げ，同時に演じている生徒たちの気持ちも高揚させる，本物の拍手を得るために教員が作った衣装，映像，音楽（教員も一緒に演じた）
⑥ 生徒のキャラクターに合い，一人一人が生き生きと演じ，自己肯定感が得られる役の魅力。

Aグループ年間指導計画（3年生5名　2年生7名　1年生4名　教員6名）

	4月	5月	6月	7月	9月	10月	11月	12月	1月	2月	3月
ねらい	・音楽性（歌う力，表現する力，演奏する力）を培う。 ・様々な音楽活動に触れ，自分の音楽の楽しみ方を見つける。 ・集団で活動するときのルールを守る。										
歌唱	春の風，星に願いを，リクエスト曲				ミュージカル『ライオンキング』『サークルオブライフ』『早く王様になりたい』『～チャウダウン～』『覚悟しろ』『ヌーの大暴走』『ハクナマタタ』『ライオンは寝ている』『愛を感じて』					怪獣のバラード　エイサー『走楽』	
身体表現	和太鼓（創作）										
合奏											
鑑賞			バイオリン演奏				琴			バイオリンフルート演奏	
指導時数	6	6	8	5	6	8	6	8	6	7	6

Bグループ年間指導計画（3年生2名　2年生2名　1年生2名　教員4名）

	4月	5月	6月	7月	9月	10月	11月	12月	1月	2月	3月
ねらい	・学習の流れを一定にすることで，見通しをもつことができる。 ・わかりやすい楽譜などを利用することで楽器の演奏をすることができる。 ・発表の場を大切にすることで自分から歌うことができるようになる。											
歌唱	さくらさくら		ひらいたひらいた		ミュージカル『ライオンキング』						
身体表現	むすんでひらいて		あたまかたひざぽん(英語)		合奏　　『ライオンは寝ている』				ハンディングハンド	
器楽リズム	打楽器「大きな太鼓」		ベルハーモニー「きらきら星」		リズム楽器の演奏「ヌーの大暴走」「ハクナマタタ」 独唱　　　　　　　　　　「愛を感じて」				トーンチャイム「喜びの歌」	
鑑賞	クインテット，楽器演奏等									

Cグループ年間指導計画（3年生2名　2年生6名　1年生5名　教員8名）

	4月	5月	6月	7月	9月	10月	11月	12月	1月	2月	3月
ねらい	・学習の流れ・配置を一定にすることで見通しをもって取り組むことができる。 ・豊かな音楽経験（様々なジャンルの曲の演奏，楽器の音色の利用）ができる。 ・生活年齢に応じた音楽を楽しむことができる。											
リトミック	曲に会わせて歩く，走る，輪になって歩く，パラバルーンを組み合わせて									
リズム呼名	タンバリンのリズムに合わせて呼名の返事をする									
歌唱	「パレード」 「世界中の子どもたちが」			「がけの上のポニョ」 「幸せなら手をたたこう」		ミュージカル『ライオンキング』 ライオンキングダイジェスト版の視聴 歌とリズム楽器の演奏				卒業式の歌	
音楽劇	「じごくのそうべえ」			「3匹のやぎのがらがらどん」							「てぶくろ」	
鑑賞	ファンタジア，おどろんぱ									

題材全体の指導計画

10月から各音楽グループの成果を持ち寄り学部の生単として学習を行った。

教科等	学習グループ	9月	10月	11月	12月	1月(14日発表)
音楽	Aグループ	挿入曲すべての歌とダンス，合わせた動きの学習				
	Bグループ		合奏『ライオンは寝ている』		独唱『愛を感じて』	歌とリズム楽器の演奏
	Cグループ		ライオンキングダイジェスト版の視聴			歌とリズム楽器の演奏
生単	学部全体			ミュージカルの表現　（歌，ダンス，動き，台詞）		

5 指導法の工夫

① **音楽科Aグループでの指導**（歌唱や身体表現の力をもちながらも，課題に向かうことが難しく，椅子がないとじっとしていられない生徒たち）

目標がわからず，イライラしたり，気が散ったりと不安定な生徒たちだったが（図1），ひきつける教材を準備し，一人一人の活動を増やす環境を作ったことで，8曲もの歌やダンス，台詞も加えてのミュージカルに意欲的に取り組んでいった。この活

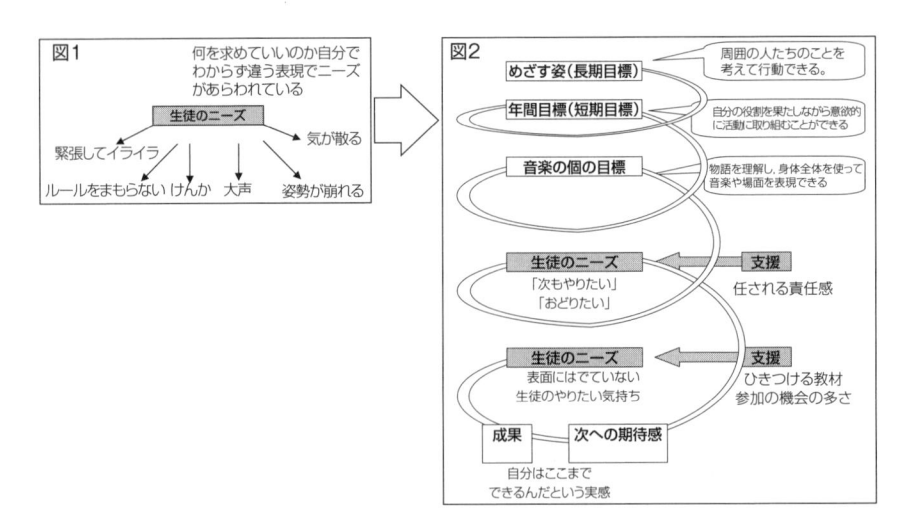

図1
生徒のニーズ
何を求めていいのか自分でわからず違う表現でニーズがあらわれている
- 緊張してイライラ
- ルールをまもらない
- けんか
- 大声
- 気が散る
- 姿勢が崩れる

図2
- めざす姿（長期目標）：周囲の人たちのことを考えて行動できる。
- 年間目標（短期目標）：自分の役割を果たしながら意欲的に活動に取り組むことができる
- 音楽の個の目標：物語を理解し、身体全体を使って音楽や場面を表現できる
- 生徒のニーズ「次もやりたい」「おどりたい」　←支援　任される責任感
- 生徒のニーズ　表面にはでていない生徒のやりたい気持ち　←支援　ひきつける教材　参加の機会の多さ
- 成果　次への期待感　自分はここまでできるんだという実感

動量は精一杯取り組むと成し遂げられる，生徒たちの課題に適した内容だった。また，一人一人に役割を用意することで「今日も〜（自分がメインになる場面）の練習する？」など，期待される嬉しさが伝わってくるようになった。昨年度は5分の発表に緊張してイライラしていた生徒が，40分を超える発表にほとんど参加し，本番には，それまでで最高の表現をする姿が見られた。生徒たちの要望は，成果を得るごとに高まっていき，音楽の目標，めざす姿にも近づいていくことができた（図2）。

② 音楽科Bグループでの指導（見通しがもちにくい，聴覚過敏等があり，大勢での音楽活動に参加しにくい生徒たち）

大勢がいる場での音や人が苦手で参加できなかったり，好きな音楽も楽しめないことがあった生徒たちだ

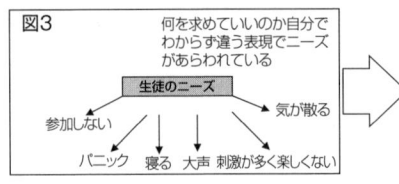

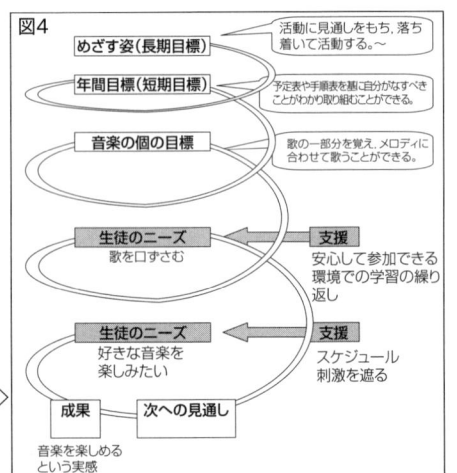

図3
生徒のニーズ
何を求めていいのか自分でわからず違う表現でニーズがあらわれている
- 参加しない
- パニック
- 寝る
- 大声
- 気が散る
- 刺激が多く楽しくない

図4
- めざす姿（長期目標）：活動に見通しをもち，落ち着いて活動する。〜
- 年間目標（短期目標）：予定表や手順表を基に自分がなすべきことがわかり取り組むことができる。
- 音楽の個の目標：歌の一部分を覚え，メロディに合わせて歌うことができる。
- 生徒のニーズ　歌を口ずさむ　←支援　安心して参加できる環境での学習の繰り返し
- 生徒のニーズ　好きな音楽を楽しみたい　←支援　スケジュール　刺激を遮る
- 成果　次への見通し　音楽を楽しめるという実感

が(図3),刺激が視界に入らないように座る位置を端にしたり,人が衝立の役割をしたりすることで参加できるようになった。刺激を減らした場で,スケジュール通りに繰り返すことで,見通しをもつことができ,安心して好きな歌を覚えて口ずさむ姿も見られるようになった。全体での音楽活動に参加することができるようになっていった(図4)。

③ 音楽科Cグループでの指導（生活年齢に合わせた曲での学習が難しく,音楽経験の幅が限られてしまう生徒たち）

　ふだん言葉で表現したり,理解したりすることの難しい生徒たちだが(図5),繰り返しダイジェスト版を見ることや教師が一緒に役を演じることで,場面に合った喜怒哀楽や話の流れを表現するようになった。死の場面では,本当に悲しそうな表情を見せたり,戦いのシーンで戦いの意志を動きで表現したりする姿が見られた。すべてに歌や楽器,動き等で参加することで楽しんで役を演じ,音楽経験の幅が拡がっていった(図6)。

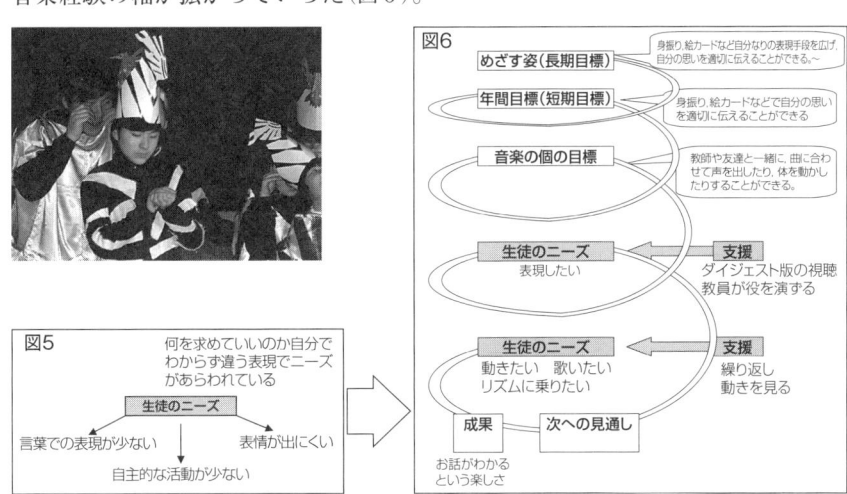

④ 学部全体での生活単元学習

　各音楽グループの取り組みを受けて,10月半ばから学部全体で生活単元学習として,ミュージカルの発表に向けての取り組みを始めた。A

グループのダイナミックなダンスや動き，Ｂグループの正確な楽器演奏，Ｃグループの豊かな喜怒哀楽の表現に，お互いに「すごい」とあこがれたり「上手だね」と感心したりする様子が見られるようになった。また，教員全員が生徒と一緒に役を演じ，音楽，背景の映像，衣装，動物のお面等を，本物に近いものを生徒たちにという強い思いで制作していった。

　教員の取り組みへの姿勢は，生徒たちのミュージカルに向かう姿勢に大きく影響した。そして，劇中，どの生徒もステージ上のどこかにいて常に参加する状態を作り，誰もが劇の進行に集中することができた。こうして一人一人のニーズ（求めるもの）が目標に向かって育っていく力になっていった。

6　個別の指導計画　〜個々のめざす姿〜

　１学期に活動に向かえなかった生徒たちが，ミュージカルを終えてまっすぐ立ち，声を前に出して歌うようになった。活動に取り組めない迷いや辛さから生徒たちのニーズを汲み取り，向かってほしい方向へ教材を提示，支援していくことで，課題に正面から向き合い，目標に向かって育っていく。生徒たちは，発表会で思わずわく拍手に自分達がしたことへの評価を実感し，次に何をしたいのかを自分で表現するようになってきた。成果を評価することが，さらに期待に応える気持ちを育てていくと感じた。

　音楽，生活単元学習の一人一人の目標を立てるとき，個別の指導計画の年間目標と各教科等の特性を考慮して設定する。このサイクルの中で，一つ一つ力を積み上げていくことが，目標の達成につながっていくのではないかと思う。そして，一つの目標をめざし全員が一緒に進んでいくことが，将来につながる集団づくりにつながっていくのではないかと考える。

（坂田志帆）

コラム

キャリア教育

　中央教育審議会の「今後の学校におけるキャリア教育・職業教育の在り方について（答申）」においては，「キャリア」などについて次のように述べている。生涯のなかで様々な役割を果たす過程で，自らの役割の価値や自分と役割との関係を見出していく連なりや積み重ねが，「キャリア」の意味するところである。「キャリア教育」とは，「一人一人の社会的・職業的自立に向け，必要な基盤となる能力や態度を育てることを通して，キャリア発達を促す教育」であり，「キャリア教育」は，様々な教育活動を通して実践されるものであり，一人一人の発達や社会人・職業人としての自立を促す視点から，学校教育を構成していくための理念と方向性を示すものとしている。また，「キャリア教育」の基本的方向性について，幼児教育から高等教育まで体系的にキャリア教育を進めること，その中心として，基礎的・汎用的能力を確実に育成するとともに，社会・職業との関連汎用を重視し，実践的・体験的な活動を充実することとしている。

（大南）

3 高等部

　高等部普通科における教育課程は，生徒の障害の状態，中学校時代の教育の内容・方法等を十分把握し，教科別の指導，領域別の指導と領域・教科を合わせた指導を適切に組み合わせる必要がある。特に，領域・教科を合わせた指導では，作業学習を重視することである。作業学習イコール就労と考えるのではなく，働く活動を通して教科の内容，ルール，人間関係等を学習し，自立し，社会参加をめざしていくために必要な事柄を身に付けるようにすることである。教科等を合わせた指導である作業学習を週当たり4時間以下の場合，作業学習といえるかどうか疑問である。なぜならば，作業学習は教科等を合わせた指導であるから，職業2，家庭2，道徳1，自立活動1と仮に合わせても6時間になり，国語，数学，社会，理科等を合わせると少なくとも週10単位時間にはなるはずである。

　普通科で，高等養護学校等を除いた学校で，コース制を取り入れている学校がある。例えば，長崎・虹の原養護学校，神戸・青陽須磨支援学校，東京・足立特別支援学校，茨城・結城養護学校等である。

事例3－1　普通科に職業コースを設け，「ビルメンテナンス」「食品加工」「物流サービス」を作業学習の内容として設定している。入学者選抜試験により学年8名が入学を許可される。「食品加工」では，パンづくりから販売までを学習し，人とのかかわり等を身に付けることをめざしている。

事例3－2　高等部における日常生活の指導の内容として，「さわやかなあいさつ」「時間を守ろう」「身だしなみ」「1日1回『ありがとう』」「整理整頓・清掃」などを取り上げ

ている。本事例は，あいさつ，ありがとうの実践を紹介してある。「ありがとうの木」を全校で育てている。

事例３－３　単元「バケツ稲の栽培と注連縄づくり」の展開を紹介している。稲の成長過程の観察，田んぼの稲とバケツ稲の比較，調理，副産物である稲わらを利用した注連縄づくりと，長い期間にわたる単元活動を行っている。地域との結びつきを大切にした活動例である。

事例３－４　本校高等部では，作業学習を月～金曜日まで帯状に２単位時間設定し，働く生活への意識がもてるように指導している。作業班は，農耕班，木工班など従来から活動しているものに加え，新たに総合サービス班を設け，校内受注，校外受注，給食室補助などを作業に取り入れている。

事例３－５　高等部をＡ～Ｄの４類型による教育課程を編成し，指導を展開している。作業学習は，被服，クラフト，さをり，印刷等９班編成で行っていたものをⅠ～Ⅲのグループに分け，８班編成に組み直し，実践を進めている。生徒の障害の状態，進路等を考慮した結果である。

事例３－６　「ことばの学習」を取り上げ，「個別目標設定シート」を活用し，生徒一人一人の目標に応じて，対人関係，特にあいさつの仕方，相手の気持ちを読み取ることに重点をおいて，学習を進めている。「約束カード」「場面カード」「◎○△カード」など教材を工夫している。

事例３－７　本事例では，年間70単位時間の計画に基づいて，２つのコースから２名の生徒を例として紹介してある。Ａ男は，「カレンダーを調べよう」の学習で，日の読み方を覚え，日常生活で使えることをねらいとしている。

事例３－８　情報については，各学校で様々な形で指導が行われている。本事例では，年賀状を作り，投函するまでを学習に取り入れ，単元化している。生徒一人一人の学習の状況に応じて，タッチパネルを使ったりするなど，パソコンに親しみ，慣れ，日常生活で使えることをねらいとしている。

(大南英明)

事例 3-1 普通科におけるコース制を生かした職業教育

広島県立広島北特別支援学校

【職業コースの特色】
- 教育活動全体を通した，職業観・勤労観の育成。
- 各教科等の指導を通した，職業的自立に必要な知識の習得・技能の向上。
- 週のうち1/3を超える作業学習等の授業時数。
- 内容　①ビルメンテナンス，食品加工，物流サービス
　　　　②公共施設及び企業等と連携した現場実習

1 学校の概要

　本校は，広島市北部の安佐北区に位置し，知的障害養護学校として昭和63年に開校した。平成19年，広島北特別支援学校に校名を変更する。平成22年5月現在の在籍は小学部64名，中学部56名，高等部125名の計245名である。

　通学エリアは，広島市北部の安佐南区及び安佐北区，県北の安芸高田市，安芸太田町，北広島町と広域である。現在，スクールバスは7コースを運行している。高等部においては，卒業後の進路に備え，ほぼ半数の生徒が路線バス，JR等を利用して自力通学をしている。

　「広島県特別支援教育ビジョン」(平成20年7月策定)に基づき，生徒の職業的自立を促進するため，広島県内の2校(福山北特別支援学校及び広島北特別支援学校)の知的障害特別支援学校高等部普通科に，職業コースが設置された。本校においては平成21年4月，入学者選抜試験により第1期生の8名(1クラス)が入学した。平成23年度の入学者から，2学級(16名)を予定している。

2 教育課程

　職業コースの教育課程の展開は，図1に示すように1年は基礎，2年は発展，

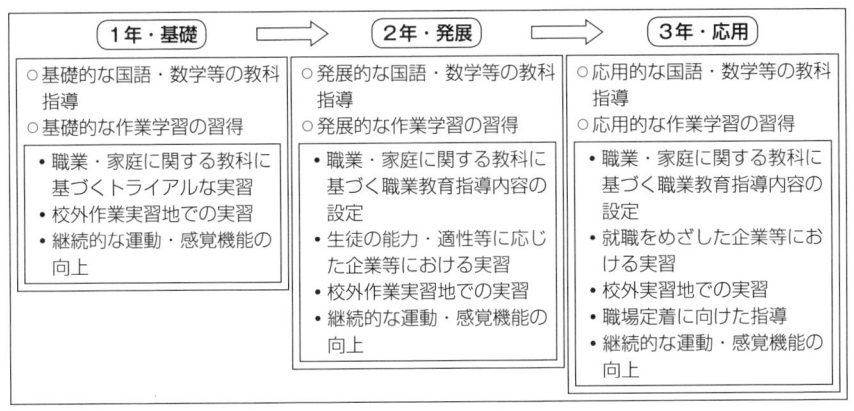

```
┌─[1年・基礎]─┐ ⇒ ┌─[2年・発展]─┐ ⇒ ┌─[3年・応用]─┐
│○基礎的な国語・数学等の教科│  │○発展的な国語・数学等の教科│  │○応用的な国語・数学等の教科│
│  指導                    │  │  指導                    │  │  指導                    │
│○基礎的な作業学習の習得   │  │○発展的な作業学習の習得   │  │○応用的な作業学習の習得   │
│ ・職業・家庭に関する教科に│  │ ・職業・家庭に関する教科に│  │ ・職業・家庭に関する教科に│
│   基づくトライアルな実習  │  │   基づく職業教育指導内容の│  │   基づく職業教育指導内容の│
│ ・校外作業実習地での実習  │  │   設定                   │  │   設定                   │
│ ・継続的な運動・感覚機能の│  │ ・生徒の能力・適性等に応じ│  │ ・就職をめざした企業等にお│
│   向上                   │  │   た企業等における実習   │  │   ける実習               │
│                          │  │ ・校外作業実習地での実習  │  │ ・校外実習地での実習      │
│                          │  │ ・継続的な運動・感覚機能の│  │ ・職場定着に向けた指導    │
│                          │  │   向上                   │  │ ・継続的な運動・感覚機能の│
│                          │  │                          │  │   向上                   │
```

図1　職業コースの教育課程

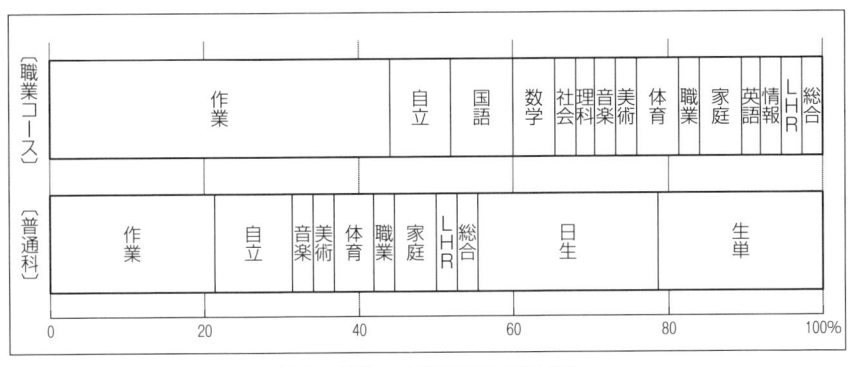

図2　職業コースにおける作業学習

3年は応用を基本として計画している。教育課程は，週のうち職業，家庭，作業学習の職業関連教科が1/3を超えるように設定した。

また，職業関連教科等のうち，作業学習は図2に示すように普通科のほぼ倍に設定した。

国語，数学等の教科については，小・中学校時代から苦手意識が強い生徒が多い。初めは授業時間中に集中力が途切れてしまう生徒が多かったが，教科担当者が授業内容・方法の工夫を重ね，授業に対する姿勢が少しずつ変わってきている。教科を通して，日常生活への関心の広がり，集中力の増加等，職業的自立に必要な知識の習得につながっている。

3 作業学習（指導の基本的な考え方）

　職業コース設置にあたり，作業学習の内容を「ビルメンテナンス」「食品加工」「物流サービス」の３種に設定した。また，社会的マナーの学習及び働くという具体的イメージをもち，一日を通しての時間の管理を習得することを目的に，校外にある他施設を使用する一日作業学習を取り入れた。

　「ビルメンテナンス」は，清掃作業を通して整理・整頓・清潔を課題としたスキルの習得，コミュニケーション能力の育成を図ることを目的に，学校内の清掃・環境整備に取り組み，作業工程の理解・道具の操作・主体性・判断力・協調性などの力がつくように指導している。

　「食品加工」では，衛生面の自己管理，調理技術及び接客態度の習得を目的に，販売に向けてのパン作りに取り組んでいる。パン作りでは「身支度」「正確な計量」「安全な機械の操作」「製品としてのパン作り」「後片付け」「包装」に加えて，「販売」を通しての接客態度も学習することができる。パンは，形（見た目）や味にはっきりと結果が現れる。結果に対して，次回の改善点を明確にして，目標をもって次回の作業に取り組むようにしている。

　「物流サービス」は，職業コース設置にあたり，荷物運搬・梱包・ワークサンプル・パソコン操作等の基本技術の習得を目的に新しく作業内容に取り入れた。ワークサンプルを利用したピッキング，部品組み立て等の練習，荷物の持ち方・運び方の学習，受注作業等の学習に取り組んでいる。

　校外における一日作業実習は，広島市東区にある元広島県立生涯学習センターで実施している。最初に公共交通機関の利用・マナーについて学習し，安全に現地集合・現地解散ができるようになることから始め，次に屋外清掃，屋内清掃に取り組んだ。元生涯学習センターには様々な部屋があり，場所に応じた清掃方法，清掃場所の分担等を学習することができる。

　作業学習の実施にあたって工夫していることは，①意欲を高める，②作業量の確保，③応用力をつける，④課題の明確化であり，具体的には以下の通りである。

① 作業学習は，就労に必要な基本的な態度や意識を身に付けることを目標として取り組んでいる。生徒が授業に意欲をもち，取り組むことができたか，毎回授業を振り返り，内容・方法の工夫・改善に努めている。
② 作業学習は基本を繰り返す学習が多いため，一つのことをやり終える作業時間は徐々に早くなってくる。また，生徒により技術の習得の差に違いが出てくる。一人一人が作業の工程を理解し，責任をもって作業するために作業量の確保，作業の分担の工夫が必要である。
③ どの作業においても，基本を繰り返し学習した後に，応用力がつくように指導している。例えば，実習先・進路先により清掃方法は様々である。様々な清掃場所や清掃方法，手順に柔軟的に取り組む応用力（「考える力」「判断する力」）をつけたいと考える。
④ 授業の最初にその時間の目標を決め，最後にその目標に対してどうだったかを振り返り，次回の改善点，目標を明確にしている。

4 外部人材活用による生徒への指導の導入

当初，「ビルメンテナンス」に取り組む際には，生徒たちはその仕事について，小・中学校での清掃のマイナス面をイメージし，作業への意欲がなかなか上がらなかった。そのため，そのイメージを改善し，職業生活に結びつけていく必要があった。初年度は，外部人材活用による生徒対象研修会を，①ビルメンテナンスに取り組む意識・意欲を高める　②ビルメンテナンスの技術を高め，実践へとつなげることを目的に3回実施した。

最初に，「清掃の目的はきれいにすることであり，きれいにすることで賃金を得て仕事となる」という講話から始まり，その後，実技指導を受けた。生徒が授業でなかなか習得が難しかった部分に対して，的確な指導をしていただいた。

生徒は，緊張しながらも意欲的に取り組み，技術の習得に結びつけている。また，授業で行っている清掃手順や道具の扱い方の確認やうまくいかない部分を相談し，教育内容の改善につなげることができた。また，他の分野において

も，外部人材を積極的に活用している。

　生徒は，ビルメンテナンス従事者からの指導によって，日々の作業学習（ビルメンテナンス）が卒業後の就労につながるということを実感し，授業に対する姿勢が変わってきている。

5　ジョブサポートティーチャー（JST）を活用した校内進路体制

　広島県の「特別支援学校就職指導充実事業」により，本校には平成18年度よりジョブサポートティーチャー（JST：就職支援教員）が配置された。JSTによる主な就職支援は，①生徒の希望・能力及び適性等に応じた就業体験・職場実習の受け入れ先・求人企業の開拓　②ハローワーク，障害者職業センター，障害者就労・生活支援センター等の関係諸機関との連携　③産業現場等の実習における生徒への指導・支援である。

　校外での企業開拓及び関係諸機関との連携に専従者がいることにより，教員は，校内での生徒への指導に重点をおくことができる。また，JSTは授業の見学，生徒本人との面談，担任との連携等を随時実施し，生徒の実態把握に努め，企業開拓に生かしている。併せて，高等部や進路指導部に所属し，JSTによる検討会議を定期的に実施し，組織的な校内進路体制の充実に努めている。

6　産業現場等における実習

　実習は，生徒が卒業後の進路に向けて自己理解，自己選択，自己決定ができるようにトライアル実習から始めている（図3）。

　入学当初は，卒業後の具体的な姿を考えにくかった生徒たちが実習を重ねていくなかで，「自分に合った仕事を見つけたい」「〇〇の仕事がしたい」と進路について考え，発言できるようになってきた。また，実習先に評価表を書いていただき，実習における反省点や課題を明確にし，次の目標に対して生徒，保護者，担任等で共通認識をもって取り組むようにしている。

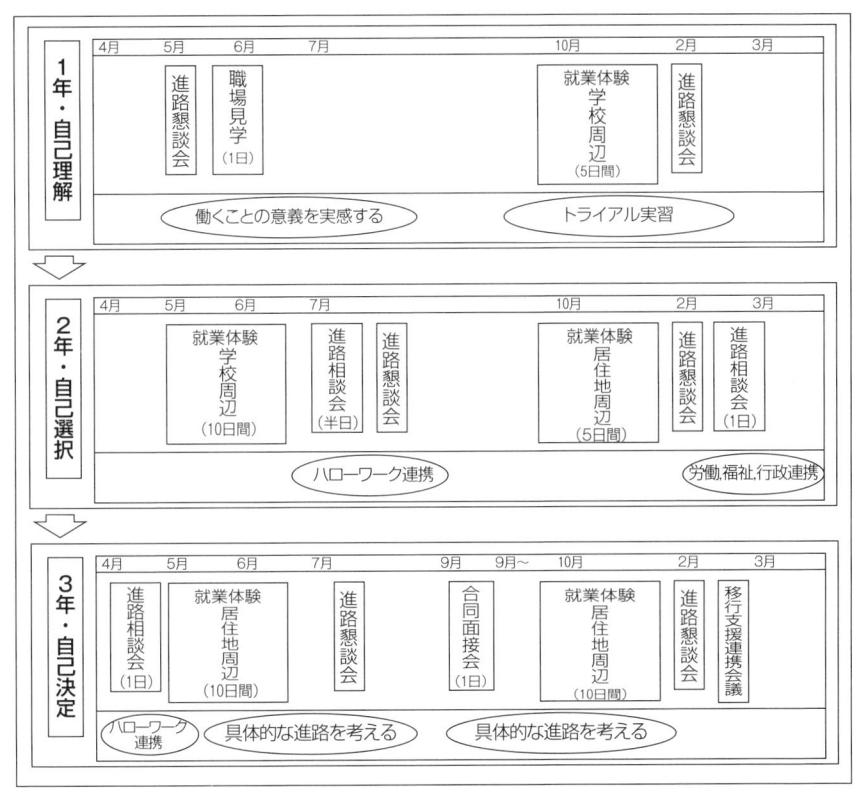

図3　各学年における実習の位置づけ

7　終わりに──誇りをもち仕事をする生徒を育てるために──

　職業コースが普通科に設置され，1年半が過ぎようとしている。生徒は，学校生活で毎日を振り返り，次の目標を明確にして取り組もうとする姿勢が見られるようになってきた。また，余暇活動も自分たちで計画し実施できるようになってきた。取り組み全般を通して，生徒たちの成長を実感している。

　今後は，人との関係のなかで自分の役割を認識し，責任感をもって仕事ができる生徒の育成を基本とし，生徒同士の関係を調整しながら，適切な指導・支援を行っていきたい。また，将来の職業生活を具体化し，実践できるような指導内容・方法をさらに工夫し，改善を図っていきたいと考える。（戸井寿美子）

事例 3-2	さわやかな挑戦者への成長を支援する日常生活の指導
	岩手県立花巻清風支援学校

【実践のポイント】
- 明るくさわやかな学校づくりをめざした日常生活の指導の検討。
- 社会参加と自立に求められる具体的な生活力に結びつく指導内容の工夫。
- 互いのよさに気付き，自己肯定感や自尊感情の高まりをめざす取り組み。

1 学校の概要

本校は，昭和48年，岩手県では最初の知的障害者のための養護学校として設置された学校（旧校名：花巻養護学校）である。

その後，養護学校の義務化を契機に県内各地に養護学校が設置されたが，それ以前においては，広い県土の全域から数多くの児童生徒を受け入れ，本県における知的障害教育のセンター校としての役割を担ってきた。

こうした歴史は「地域との共同」「手作りの教育」という貴重な財産を生み出してきた。地域の学校との交流・共同学習はもとより，地域から寄贈された資材を用いて生徒と教師が作り上げた「こたま窯」と窯業学習，地元のJA婦人部と生徒とのコラボレーションによる「かあちゃん市」など，地域の特色を生かした手作りの教育活動は誇れる取り組みである。

現在の学校規模は，県立病院のなかに設置された「北上分教室」，遠野市の小学校のなかに設置された「遠野分教室」を合わせて，児童生徒178名（小学部48名，中学部45名，高等部85名，うち寄宿舎生71名）となっている。

2 校名変更と学校教育目標の見直し

改正学校教育法を受け，平成21年度，本県においても県立特別支援学校の校名変更が行われ，本校も，「花巻清風支援学校」という新しい校名のもとで，

新たな学校づくりに着手することとなった。

　最初に行ったのは，本校の任務の確認と教育目標の見直しである。

　「清風」には，宮澤賢治が『生徒諸君に寄せる』の詩に表した「颯爽たる未来圏から吹いてくる透明な清潔な風」の心を重ね合わせ，児童生徒は，現在にあっては学校や地域にさわやかな風を吹かせる存在であり，将来は来るべき共生社会においてその一翼を確かに担う人に育ってほしいという願いを込め，『すこやかな心と体，さわやかな挑戦』を学校教育目標とした。

③　高等部における「日常生活の指導」の基本的考え方と指導内容の検討

　「日常生活の指導」においては，児童生徒一人一人の実態やニーズに応じるとともに，日々の生活場面に即した具体的指導内容を用意し，生活の流れにそって，できるだけ自然に，かつ，自分から課題解決に取り組むことができるように活動の工夫を行うことが大切である。

　加えて，特に，高等部段階では，生徒一人一人の現在の生活課題だけでなく，卒業後の社会参加も視野に入れながら，自律的な生活のためのスキルの獲得，他者との望ましい人間関係の構築，社会生活に主体的に参加していくための自信と意欲を高めるための活動などに工夫を図ることが重要となる。

　こうした観点から，高等部における「日常生活の指導」について，以下のように基本的な考え方を整理し，指導内容の重点化と具体化を図った。

(1)　指導にあたっての基本的な考え方

①　週時程表上の「日常生活の指導」の時間（週あたり4時間）だけでなく，学校生活全体を通して，繰り返し指導に当たること。

②　繰り返し行われる活動の流れのなかで，生徒が主体的に取り組み，自然に「生活する力」を高めることができるように支援すること。

③　生活年齢や進路予測に合った指導内容・支援方法を工夫すること。

(2)　「日常生活の指導」の重点項目と具体的な指導内容

①　重点1：きれいな校舎で規律ある生活を送ろう

　【具体化】「さわやかなあいさつ」「時間を守ろう」「身だしなみ」「1日1回

『ありがとう』」「整理整頓・清掃」など
② 重点２：健康・体力作りに取り組もう
　【具体化】「記録会を開こう」「スポーツ交流大会で成果を出そう」など

4　実践事例の紹介

(1) 実践例１：「さわやかなあいさつ」

① あいさつ運動

　生徒会のリーダー委員会や生活委員会のメンバーが中心となり，毎朝，自主的に玄関前に立って運動に取り組むほか，率先して「あいさつをしよう」「『ありがとう』を言おう」等の生活目標を立てて実践してきた。

　どのようなあいさつが相手にさわやかな印象を与え，お互いが幸せな気持ちになれるか，この取り組みを通して，生徒間に気付きが生まれ，互いに学び合い，指摘し合うなかで，あいさつへの意識を高めることができた。

② 職員室への入退室における取り組み

　場所や相手に応じたあいさつや言葉づかいができることをめざす取り組みの一つとして，職員室への入退室における言葉を指導した（右の写真参照）。

　職員室の入り口に適切な言葉を例示し，指導の一貫性と生徒への意識化を図った。

　特に，卒業を間近に控えた３学年の指導では，生徒が職員室に出入りする機会を多くするよう，係活動等を多く設定し，入退室における適切なあいさつ（「おはようございます。○年○組の○○です。○○先生に用事があって来ました」など）ができるように指導を重ねた。

　担任以外の職員からもほめられる機会が増えたり，さらに指導を受けたりする経験を重ねることにより，生徒は徐々に自信をもち，好感のもてる態度で入退室ができるようになってきた。

(2) 実践例２：「身だしなみ」

　作業学習や体育などのほか，集会活動など，学習場面に応じた服装への着替

えを行うことを通して，基本動作の獲得はもとより，場に応じた服装や清潔で好感のもてる身だしなみについても意図的に指導するようにした。

このほか，地域の美容師協会の協力による「整容教室」を毎年1回開催し，高校生や社会人にふさわしい身だしなみについて学ぶ機会も設けている。

近年では，障害等の多様化にともない，不適切な服装等によって自己主張しようとする生徒も見られるようになっているが，相手に不快感を与えないようにすることが円滑な社会生活を営むうえでの基本であることについて，生徒自身の気付きを導くよう，全職員の共通理解のもとで指導にあたっている。

(3) 実践例3：「1日1回『ありがとう』」「ありがとうの木」

近年，高等部の生徒の多様化が課題となるなか，特に，中学校から進学してくる生徒のなかには，自己肯定感の低い生徒が見られる傾向がある。

互いのよさを認め合い，素直に気持ちを表現できるようになることにより，自信をもって生きていく態度を育てたいと考え，「1日1回『ありがとう』」の取り組みを導入するとともに，これを目に見える活動にするため，「ありがとうの木」の活動を取り入れた。具体的には，生徒から家族や友だち，教師にあてた感謝の気持ちを木の葉や花びらをかたどった色紙に書き，これをたくさん貼りつけることで「ありがとうの木」を作り上げるというものである。

この活動は保護者からも賛同を得るところとなり，次は，家族から生徒に向けた感謝のメッセージが「ありがとうの木」を飾ることになった。

高等部の「ありがとうの木」の成長は，感謝し，感謝されることで自分のよさに気付くとともに，思いやりの心をもつ生徒の成長にも重なっている。

5 成果と課題

(1) 成果：『さわやかな風が吹く学校づくり』への一歩

生徒が社会で自立し，豊かに生きていくために必要な力を培うことを目標にすえ，指導の重点化と具体化を進めるとともに，職員間の共通理解を図り，一貫した指導を繰り返すことにより，生徒の様子にも変化が見られた。

廊下ですれ違う職員やお客様へも「こんにちは」や「お疲れさまです」とい

った気持ちよいあいさつが交わされるようになり，学校評価等を通じて外部の方からおほめの言葉をいただく機会も増えた。

日常的な生徒の様子にも，自信や自己肯定感の高まりが見られ，様々な活動に積極的に取り組もうとする姿が多く見られるようになった。

(2) 今後の課題

実践2年目の平成22年度は，「時間厳守」を最重点の取り組みとして指導にあたっている。特に，登校時間の厳守は小学部段階からの習慣化が不可欠であり，他学部や家庭などの理解を得ながら連携して指導にあたる必要がある。

また，実社会においては，「言葉づかい」や「あいさつ」などについても，「年齢相応」や「TPOに合わせた」適切な対応が求められる場面が多い。校内の指導を検証する場でもある就業体験実習においては，慣れない場所でのあいさつや言葉づかい，態度などについて，数々の課題の指摘をいただいた。

今後は，職場や地域の方々にも生徒のさわやかさを感じてもらえるよう，一層の工夫をもって指導を積み重ねて行く必要がある。

6 新たな発展：全校で取り組む「ありがとうの木」へ

高等部が育て始めた「ありがとうの木」は，卒業式を迎えるにあたり，小学部から高等部までの卒業生全員への感謝のメッセージを伝える木へと成長を遂げた。在校生や保護者，教職員から卒業生一人一人にあてたたくさんの「ありがとう」が式場に向かう廊下の壁面を飾った。

平成22年度は，高等部から総務部へと係を引き継ぎ，年間数回の企画展を用意しながら，全校で「ありがとうの木」を育てている。

（及川　求）

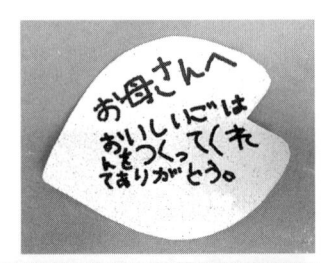

事例 3-3　生きた教材を活用した生活単元学習の取り組み

岡山県健康の森学園支援学校

【指導のポイント】
- 体験的な栽培学習や調理学習を通じて，子どもの学習意欲をはぐくむ学習。
- 集団や他者とのかかわりを通じて，コミュニケーション能力をはぐくむ学習。

1　学校の概要

　本校は，岡山県北西部新見市に位置し，「大地育人」の学園理念のもと，自立と社会参加の実現のため，自然とともに生活し，子ども一人一人の実態やニーズに応じた教育活動に取り組んでいる。本校は，平成3年に開校し，創設20年目を迎えた。広大な自然に囲まれた環境のなかで，社会福祉施設を併設している全国的にも特色ある学校である。また，児童生徒は全寮制の生活を通して，身辺の自立と集団生活の適応力を高めている。

2　指導の基本的な考え方

　各単元の構成については，部分的な内容にとどまらず，一連の学習活動のなかで多種多様な経験的要素を含んだ内容を，学習の柱としている。「ものをつくる楽しさ」「収穫する喜び」「感謝する素直さ」などにキーワードをあてるとともに，「他者とのかかわり」「感情の理解」「集団への参加」といった人間関係の形成にも視点をあてた授業を実践している。また，子どもたちとともに生活上の課題を見つけ，その課題に一緒に取り組む過程を大切にするため，より身近で自然な素材を題材にしている。さらに，生徒の興味・関心や発達段階などに適したものを探り，個人差のある集団にも適合するように，毎時間のねら

いを明確にしたり，一人一人に応じた活動場面を設定したりするような支援を工夫している。

3 学習指導の実践

事例①：『バケツ稲の栽培と注連縄(しめなわ)作り』

【単元設定の理由】
○米の栽培体験や調理活動を通して，米の生長過程を知ることや食に対する関心を深められる。
○稲わらを利用して注連縄を作り，風習や文化に触れることができる。

【学習活動の実践と工夫】
　本単元では，米を題材に移植から収穫，調理，そして副産物の利用として稲わらを使い注連縄を作る一連の学習活動に取り組んだ。より身近で観察や管理学習を進めるために，バケツで稲を栽培することにした。また，「コシヒカリ」と「ヒトメボレ」の品種間の生育や食味の違い，田んぼ稲とバケツ稲の生育差など，実験的要素を加えることで「観察の眼」を育てることができると考えた。

　生徒たちは，行事等で田植えをするといった稲作の一端に携わっているものの，部分的な経験にとどまっている。しかし，本単元においては，稲の生長過程を知り，栽培管理や調理を体験するといった一連の学習活動のなかで，食に対する関心や収穫する喜びが結びつくと考えたからである。また，現代の稲作は籾を収穫し，稲わらは機械によって裁断されている。単元構成のなかでは，自分たちで育てた稲のわらを使い注連縄を作り，年末に各家庭に飾った。このような活動は，日本の文化や地域の風習についても触れることができる体験学習として位置づけることができた。

田植えの様子

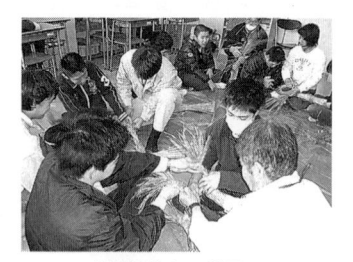

注連縄作りの様子

事例②：『サツマイモの栽培管理と調理活動』

【単元設定の理由】

○定植から収穫までの栽培管理が比較的容易なため。

○生徒の嗜好を配慮して，調理しやすく食べやすい作物であるため。

【学習活動の実践と工夫】

　本単元では，野菜を「作り育てる」，「調理して食べる」といった食育活動を学習の柱にした。食育活動は，食の安全について関心を高めるだけではなく，農業や調理体験を通して「食に対する感謝」や「素材への関心・食欲の向上」などの魅力がいくつか挙げられる。よって，学習活動はサツマイモの苗を植え，収穫し，調理して食べるといった一連の学習展開である。さらに，本単元では，生徒一人一人が，日頃感謝している方へ，手作りスイートポテトを作り，ラッピングし，メッセージカードも添えてプレゼントにした。人とかかわるこうした体験的な学習は，思いやりの心をはぐくむと同時に，活動への意欲向上と他者との人間関係の形成につながると考えて実践した。また，調理メニューについては，生徒が中心となり，話し合いのできる場面を設定し，教師はアドバイザーに徹した。そのことは，自ら考える力，自分の気持ちを表現する力，他者と協調する力などを身に付け，より主体的な学習活動につながることとして配慮した面である。

いも掘りの様子

調理実習の様子

事例③：『草花の植栽と押し花カード作り』

【単元設定の理由】

○花は季節が感じられる「素材」で，教材として幅広く活用できるため。

○生徒個々の感性が表現でき，比較的取り組みやすい教材であるため。

【学習活動の実践と工夫】

　本単元では，生徒たちの感性や創造性の表現をねらいとして取り組んだ。1年間を通じて四季折々の花（チューリップ・パンジー・ビオラ・ヒマワリ・マリーゴールド等）を題材として植栽から2次的加工までを一連の学習活動とした。主体的な活動を促すために，手順等を示すワークシートや個々の目標を明確にした評価シートを作成し，授業実践をした。花壇アレンジメントについては，二人1組の協同学習をねらいとし，生徒の主体性や協調性に視点を置くとともに，配色やレイアウトも学習活動の一環に取り入れた。グループのなかには円形に配置したり，縦と横の規則性を考えながらレイアウトをしたりしている生徒もいた。

摘み取りの様子

押し花作りの様子

　また，自分たちで育てたパンジーやビオラを加工利用して，「母の日」に贈る手作り押し花カードを製作した。母親への感謝の気持ちをメッセージとして書き添えるなど，生徒の感性や感謝する素直な気持ちをはぐくむことをねらいとした授業を実践した。

4 年間指導計画

テーマ		『四季を楽しむ』　～自然とふれあう食育活動～
ねらい		四季折々の野菜や草花の栽培体験学習を通じて，豊かな心の育成を図る。
目標		生物を栽培・調理する過程を通して，自主性や社会性を身に付ける。
学期	活　動	学　習　内　容
1学期	栽培 ・草花の栽培	・ヒマワリやチューリップを育てる。
	栽培 ・野菜の栽培	・ナス・ピーマン・サツマイモの栽培を通して生長過程を知る。
	栽培 ・稲の栽培	・お米（コシヒカリ・ヒトメボレ）の栽培を通して，生長過程を知る。
	調理 ・調理実習	・自分たちが育てた野菜を使ってピザ・スパゲティを作る。
	製作 ・押し花の製作	・自分たちが育てた花を使って，押し花カードを作成し，母の日にプレゼントとして贈る。

2学期	栽培 栽培 栽培 製作 調理	・草花の栽培 ・ブロッコリーの栽培 ・稲の収穫 ・お正月飾り ・調理実習	・花（パンジー・ビオラ）を花壇に植えて季節を感じる。 ・ブロッコリーの生長過程を知る。 ・稲を収穫し、脱穀や精米をする。 ・稲わらを使って注連飾りを作りお正月を迎える。 ・自分たちが育てた作物を使って、ご飯・天ぷら・スイートポテトを作る。
3学期	製作 製作	・フラワーアレンジメント ・コサージュ	・参観授業のなかで、親子で一緒にフラワーアレンジメントをする。 ・卒業生へ心を込めて手作りのコサージュを作る。

5 単元・題材全体の指導計画

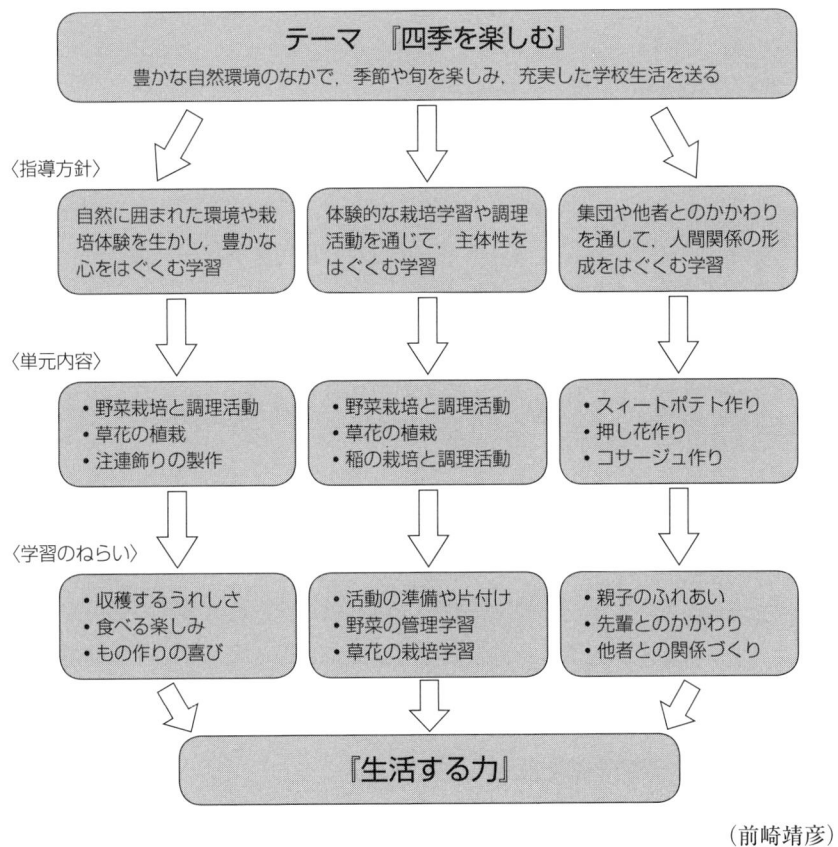

テーマ 『四季を楽しむ』
豊かな自然環境のなかで、季節や旬を楽しみ、充実した学校生活を送る

〈指導方針〉

| 自然に囲まれた環境や栽培体験を生かし、豊かな心をはぐくむ学習 | 体験的な栽培学習や調理活動を通じて、主体性をはぐくむ学習 | 集団や他者とのかかわりを通して、人間関係の形成をはぐくむ学習 |

〈単元内容〉

| ・野菜栽培と調理活動
・草花の植栽
・注連飾りの製作 | ・野菜栽培と調理活動
・草花の植栽
・稲の栽培と調理活動 | ・スィートポテト作り
・押し花作り
・コサージュ作り |

〈学習のねらい〉

| ・収穫するうれしさ
・食べる楽しみ
・もの作りの喜び | ・活動の準備や片付け
・野菜の管理学習
・草花の栽培学習 | ・親子のふれあい
・先輩とのかかわり
・他者との関係づくり |

『生活する力』

（前崎靖彦）

事例 3-4 作業学習

千葉県立千葉特別支援学校

【指導のポイント】
- 働く生活への意識がもてるように，作業学習の時間を月〜金曜日，帯状に設定。
- 卒業後の就労ニーズに対応するため，総合サービス班を設ける。

1 学校の概要と児童・生徒の特性

本校は千葉県千葉市北西部に位置する。千葉市6区のうち3区を学区とし，主として知的障害のある児童生徒を対象とした小学部，中学部，高等部普通科を設置する特別支援学校である。近年，児童生徒数は増加傾向にある。自閉症またはその傾向のある児童生徒は小学部の約5割，中学部の約7割在籍している。高等部の約6割の生徒は中学校特別支援学級などから入学する。また，高等部には，重度・重複であったり，発達障害や統合失調症を併せ有したりする生徒の入学など，障害特性に多様化が見られる。

2 地域の特色

千葉市には，障害者職業センター，就業・生活支援センターなどの機関があり，指定相談支援事業所などの支援機関，障害福祉サービス事業所等の福祉施設，企業も多数ある。充実した地域の社会資源を有するなか，関係諸機関のネットワークも充実してきており，お互いに顔の見える関係を構築している。

3 作業学習の教育課程上の位置づけ

学校卒業を間近に控えた高等部では，作業学習を教育課程の中心にすえている。毎日取り組むなかで，働くことの基本である身だしなみ，あいさつ，返事，

報告・連絡・相談，言葉づかいに加え，自分から取り組む姿勢，集団のなかでの役割分担意識，集中力，継続して働く習慣などの育成をめざし，働く生活への意識がもてるよう取り組んでいる。

4 指導法の工夫

高等部には農耕班，木工班，陶芸班，縫工班，紙工班，石けん班，コンクリート班，総合サービス班の8つの作業班がある。作業学習では次の点に重点を置き，指導・支援に当たっている。

【ニーズに合わせた作業班，活動の決定】
- 生徒本人の希望・特性を考慮し，作業班の所属を決定する。
- 一人一人の目標・特性に合わせた作業分担，補助具等の工夫，掲示物や提示方法の工夫，環境整備などを行い，取り組みやすい状況づくりを行う。

【個別の教育支援計画との関連】
- 学級担任と作業班担当との情報交換を密にすることで，学級での様子や他の授業とのつながりがもてるようにし，継続的な指導・支援を行う。
- 産業現場等における実習の様子や評価を作業学習へ反映させ，成果の伸長と課題の解決をめざし，社会生活へ移行しやすいよう指導・支援を行う。

【地域との連携】
- 作業班の特性を生かし，工業高校との共同研究的取り組みのほか，地域の企業，福祉施設などの協力を得ながら，品質向上に向けた取り組みを行う。

平成22年度高等部日課表（普通学級）

時刻		月	火	水	木	金
9:00	1	登校				
		個別の学習／HR				
9:40	2	HR（第1週）全校集会	体育			
10:20			着替え・移動			
10:30	3	作業学習				
	4					
12:10		給食・休憩				
13:10	5	チャレンジタイム	進路・教科			生徒会
14:00		清掃／着替え／HR				
14:40		下校	部活動	部活動		下校

- 製品が人に届く実感を多く得られるよう，大型スーパーや病院，飲食店などの協力をいただきながら頒布会，納品活動などを行う。

【作業学習と校内研究】
- キャリア教育，キャリア発達の視点を取り入れ，生徒一人一人に対する目標設定，評価などをもとに，作業学習のねらいを明確にする。
- PDCAサイクルの流れにそって，単元計画表の作成，授業実践，単元反省表の作成（検証），授業改善を単元ごとに行う。

5 新作業班の設立 ～総合サービス班について～

　高等部では近年，事務補助，清掃，サービス系就労先や受注作業に取り組む障害福祉サービス事業所等の増加，生徒数の増加への対応が課題になっていた。そこで平成21年度に，卒業後の就労ニーズに即した総合サービス班を立ち上げた。立ち上げにあたって，次の視点を大切にした。

(1) 作業内容の選定

　事務補助系企業，特例子会社などをモデルに，校内外から作業学習で行える内容の検討，整理をした。そして，次の3つの活動を組み合わせ，授業の組み立てを行った。

① 定期的な作業…年間を通して毎日行われる作業
　給食室補助，受注作業など，日々，実社会で仕事として行われているもの。
② 随意依頼の作業…受注に応じて行われる作業
　印刷，丁合・綴じ込み，ポスティング，封入・発送準備，スタンプ押し，製品ラベル等請負など，学校・作業班などになくてはならないもの。
③ 納期のない作業
　シュレッダー，資料整理など納期はないが，誰かが行う必要があるもの。

　以上を踏まえ，校内での印刷物等受注依頼，内職企業への受注依頼を行い，作業量確保に努めた。学校の印刷物等の他，本校には特別支援学校体育連盟事務局が設置されているため，県内各校への郵便物発送準備や，資料印刷なども受注することができた。

給食室業務は，教師が給食室での仕事を実際に一日行い，作業学習の時間にできることを調理員と相談した。食品衛生上の服装，消毒など全て調理員と同様とし，食器数え，運搬，配食を中心に取り組むこととなった。

(2) 作業の喜び，達成感を味わえる授業

　作業（仕事）は，誰かの役に立つ，喜ばれるものである。納品時のやりとり，その場での評価，振り返りを重視し，依頼者は「やってもらえると助かる」，生徒は「自分たちのやったことが喜ばれる！」とWIN－WINの関係を築き，作業に対する意欲，責任感，達成感が得られるような授業づくりをめざした。

(3) 段階的な指導・支援の継続

　所属生徒の適切な把握，職務分析，課題分析を行うことで，生徒と取り組む作業内容のマッチング，役割分担が可能である。受注品を完成・納品した時など，作業の区切りで評価，振り返り，次の目標設定などをその都度行い，短期間のPDCAサイクルでの指導・支援を繰り返している。

6 授業の進め方

　授業の見通しがもてるよう，授業の進め方を固定した。作業室に入りタイムカードを押し着席する。その後，次のような流れで進めている。

(1) 朝　礼

　班長が進行し，分担の確認，連絡などを行う。作業内容は，受注しているものを次のように分類して提示する。

	校内受注	校外受注	給食室補助	その他
主な作業内容	・印刷，丁合，綴じ込み ・ポスティング ・テプララベル作成 ・封入等郵便物発送準備 ・PCデータ入力 ・シュレッダー ・作業製品ラベル作成 ・シール貼り 　　　　など	・検査部品等組み立て ・紙器加工 ・封入 ・付録袋入れ ・景品組み立て 　　　　など	・テーブル消毒 ・食器数確認 ・食器等運搬 ・盛りつけ 　　　　など	・作業製品納品代行 ・ベルマーク回収 ・ペットボトルキャップ回収代行 　　　　など

(2) 作 業

それぞれの分担に分かれて作業を行う。納品の際には，評価シートに記入してもらうことで評価をうけ，次の作業に即生かせるようにしている。うまくいかなかった時は，先回りの手を出しすぎず，何が，どのように，なぜできなかったか，できるようになるためのことを可能な限り生徒と一緒に考える。また，できた時はその場で，何が，どのようによかったのか，その時に褒める。以上の点に留意し，自分の成果や課題を意識しながら作業に習慣的に取り組めるよう指導，支援を行っている。

(3) 業務日報の記入

その日行った作業内容，成果，課題を記入し，改めて振り返りを行う。文字にすることで，見て確認できるようにし，意識づけられるようにしている。

7 指導案の工夫

生徒一人一人について，現場実習の成果と課題を日々の作業学習でも継続的に取り組めるように，単元における個別の指導計画を下の例のように作成している。単元ごとに評価を行い，次の単元目標，手立て等につなげている。

【作業学習全体の個別の指導計画】

生徒名	分担	作業学習の年間の目標	産業現場等における実習中の様子と評価
Eさん 2年女	校内受注	・作業に取りかかる前に話を最後まで聞くことができる。 ・場，状況に応じた報告，連絡，相談をすることができる。	青果の袋詰めに取り組んだ。コミュニケーション面では，受け身で自分から周囲にかかわろうとせず，仕事場に入るときに自分からあいさつがなく，他の従業員が気付かないことがあった。また，指示に対して返事がなく，理解できているかどうか従業員に伝わりずらいことがあった。促されるまで自分から報告することはできなかったが，実習後半には「終わりました」を報告し次の作業に移れるようになった。長時間の仕事だったが疲れている様子はなく，仕事量，速さ，時間いっぱい働く体力は評価された。扱う商品に対してのていねいさについて指摘を受けたが，徐々にていねいに扱えるようになった。

【単元における個別の指導計画】

生徒名	単元にかかわる様子	単元の目標	手立て
Eさん 2年女	作業の説明を最後まで聞かず手を動かし始めたり，正誤の確認をせず何とか自分で仕事を進めようとしたりすることが多いが，積極的に取り組む姿勢はどの分担の仕事でも見られる。わからないことを自分から聞くことが難しく，困っている状況の理解が難しい様子も多くの場合で見られ，その都度作業の手順や完成形などの確認，どのように困っていることを伝えたらよいかの整理が必要である。	・話を最後まで聞き，わからないことがある時は自分から「わかりません」と言うことができる。 ・もくせい祭当日は，お客さんの顔を見て，笑顔と大きな声で接客することができる。	・手を動かさず話を聞くことを徹底する。 ・指示に対する理解を必ず確認し，できる限り本人の反応を待つ。 ・確認の際には，「どこが」「どのように」など一つ一つ具体的に整理していく。 ・提示，理解の確認，本人の表出，評価を繰り返し習慣化を図る。 ・話す時，聞く時は相手の顔を見ているか，声の大きさは適切かその都度確認し合う。 ・接客のポイントを事前に確認し合う。様子を見て，顔を見て笑顔で話せるようアドバイスし，できた時は評価をする。

8 終わりに

　作業学習と現場実習の連続性や，キャリア発達の視点を取り入れた授業実践は，本校で始まったばかりである。今後は，作業学習と他の授業との関連をさらに深めるとともに，卒業という移行期における社会参加と，生徒一人一人の自立をめざし，取り組みを進めていきたい。

（多田康一郎）

事例 3-5 新しい時代の要請に応える作業学習のあり方と実践

岐阜県立中濃特別支援学校

【事例要旨】

急激な生徒数の増加と進路状況の変化により，従来から行ってきた作業学習の内容について検討し，見直す必要性があったが，課題解決の方法として高等養護学校の新設といった大変革による改善は望めなかった。そこで，校内に検討委員会を立ち上げ，様々な制約のなかで知恵と工夫による改善を実践した。

1 学校の概要

本校は，知的障害者を対象とする特別支援学校である。近隣には肢体不自由を主とする特別支援学校，福祉系大学，市立高校などがあり，隣接の知的障害児施設には本校児童生徒の約16％が入所している。児童生徒数は，小学部75名，中学部73名，高等部133名，計281名である。高等部の生徒数は，地域の中学校から入学する軽度の知的障害生徒の増加により過去十年間でほぼ倍増した。また，急激な増加に対応するため，特別教室を普通教室に転用したために，作業学習や課外活動の場所として利用できる特別教室は不足している。

2 児童生徒の特性

高等部では生徒の実態に応じた教育を推進するため，重度から軽度まで知的障害の程度（A〜C類型）と重複障害（D類型）の4類型にした学級を編制し，類型ごとの教育課程を実施している。増加している生徒たちの知的障害程度は軽度が主であり，中重度の知的障害の生徒を対象とする福祉サービス利用希望者数に大きな変化が見られないことに対し，一般企業への就労希望者数は増加している。

3 地域の特色

　本校は，岐阜県のほぼ中央に位置しており，農林業や観光業のほか，和紙や刃物，木工などの伝統産業が盛んな地域である。また，金属・化学などの製造業を中心とした工業団地があり，生徒の主要な就労先となっている。しかし，生徒の居住地からは離れており，公共交通機関が整備されていないことなどから通勤方法が課題となっている。

4 作業学習の見直し

【見直し以前の作業学習】

　作業学習に関しては，全員が同時間（4日間〔月～木〕×2限）に設定し，4類型の生徒が混成した以下の9班で実施していた。

```
①被服班：手縫いやミシンを用いた縫製製品作り
②さをり班：さをり織機による製品作り
③クラフト班：フェルトを加工した手芸品作り
④陶芸班：各種の器や創作的な陶器作り
⑤木工班：手持・電動工具を用いた木工製品作り
⑥紙工班：手漉きによる和紙を加工した製品作り
⑦園芸班：観賞用植物栽培や野菜作り
⑧印刷班：シルクスクリーン印刷での印刷物作り
⑨生活班：牛乳パック再利用でのはがき作り
```

【見直しを行うことに至った要因】

- 地域の中学校から入学する軽度の知的障害のある生徒が急激に増加した。
- 一般企業への就職先の確保が，健常者との競合などにより困難になっている。
- 作業学習の内容（作業工程）を分析した結果，多様化した生徒の実態にそっていない場合があり，内容を改善する必要性があった。

【検討すべき課題】

- 生徒の職業意識をはぐくむ作業学習の内容となっているか。
- 生徒の障害の実態に適応した作業内容か，最適な指導方法であるか。
- 作業場所（特別教室）不足を補う方策はないか。
- 作業学習の時間量と時間帯など教育課程上適切か。

- 作業時の身だしなみや言葉づかい，就業時間の遵守など就業の基本は育成されているか，職員の意識は統一されているか。
- 作業製品の品質をより一層向上させられないか。
- 進路先が生徒に求める能力の向上を図る作業内容を新規開発できないか。
- 指導する職員のスキルアップを図る効果的な研修方法はないか。
- デュアルシステムを導入することは，本校の課題解決につながるか。

【見直し案A・B・C3案の作成】

上記課題を検討するなかで，見直しを行うため以下のような案に集約された。

◇A案（現行実施の改良案）：生徒の知的障害の状態や特性によりA・B・C・Dの4つに分けられた類型の生徒が混成した班編制を行う。各作業班で実施している作業内容を作業工程から見直し，各類型の生徒につけたい力を明確化するなどの方法により，それぞれを伸長させる教育内容に改善する。

◇B案：一般企業への就職を希望する生徒と福祉サービス利用を希望する生徒では，進路先が求める生徒の力や学校が生徒に定着させたい力に違いがある。それぞれの教育目的を達成するために，より適切な班編成を行うことで，効率的で充実した教育内容にすることができる。

◇C案：生徒が希望する進路先や生徒

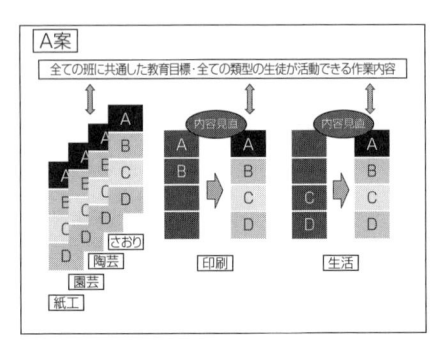

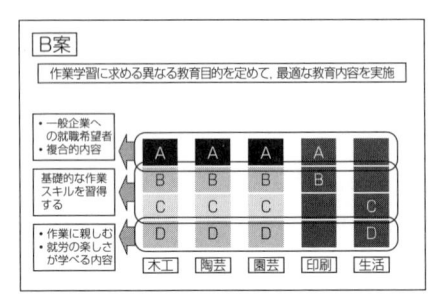

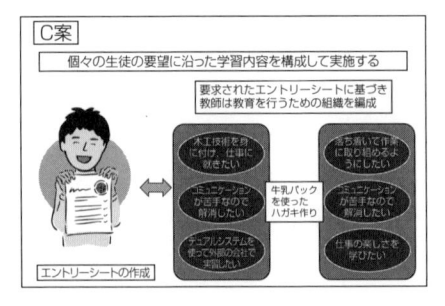

が望む作業内容を調査する。担任や保護者が把握している生徒の実態や作業への適性情報をもとに要望表（エントリーシート）にまとめてみる。この要望表をもとに，生徒一人一人のニーズの達成に向けた作業内容を計画して，作業班を編成し，職員体制や指導内容を確定して実施する。

【見直しの趣旨（最終答申）】

　入学生徒の実態の変化と希望する就職先企業のニーズや必要性を重視し，限られた時間で効果的に教育効果を上げるためには，それぞれのニーズの必要性に応じて教育目標を設定することが望ましいと結論づけられた。その考えにそって教育内容，班編制や教育課程の見直しを行う前述のB案を採用することにした。

　具体的には，「一般企業への就職を希望する生徒には，スキル習得を重視した実践的な学習を行う」ことを目的としたⅠグループ。「福祉サービス利用を希望する生徒には，作業に親しみ一層就労の楽しさを学ぶ」ことを目的としたⅢグループ。Ⅰ・Ⅲ両方の目的をもつ生徒が混成し「一般企業への就職と福祉サービス利用を希望する生徒のための基礎的な作業スキルを習得する」ことを目的としたⅡグループによる3グループに分け，それぞれの目的にそった教育内容に変更することとした。また，今後デュアルシステムの導入により，一般企業の場を借りた作業学習の指導や一般企業から委託を受けた作業を校内で行うなど，作業場所（特別教室）の不足を補う方策も検討した。また，実際に一般企業で働いている人を講師に招いて研修会を開催するなど，生徒の職業意識や職員の指導力を高める方策についても検討した。

【各グループの生徒に求めるスキルの明確化】

　各グループの目標を達成し，生徒も自主的に目標や見通しをもって活動できるように，生徒に求めるスキルを明確化した。

【見直し後の各作業班の目的と内容】

　現行で9班からなる作業班から，下記のように，新規に起こした1班と，統合により生まれた2班からなる8班編制とした。

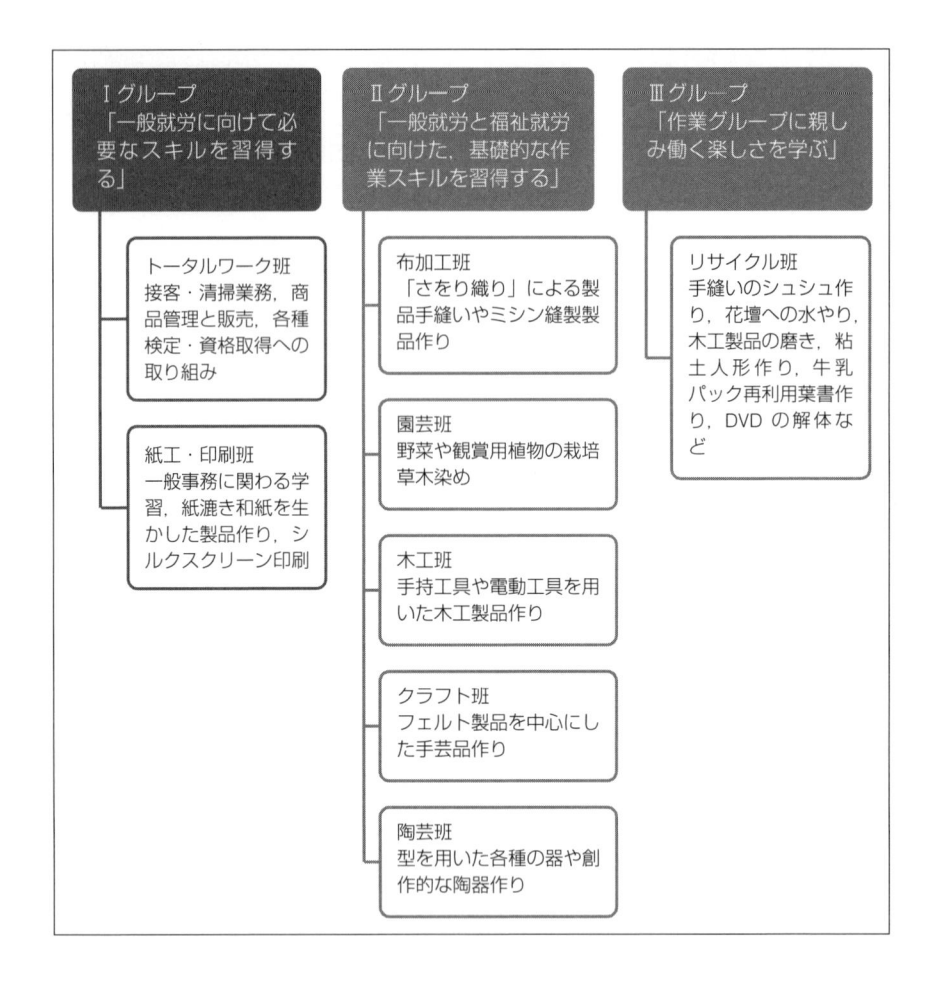

Ⅰグループ「一般就労に向けて必要なスキルを習得する」	Ⅱグループ「一般就労と福祉就労に向けた、基礎的な作業スキルを習得する」	Ⅲグループ「作業グループに親しみ働く楽しさを学ぶ」
トータルワーク班 接客・清掃業務，商品管理と販売，各種検定・資格取得への取り組み	布加工班 「さをり織り」による製品手縫いやミシン縫製品作り	リサイクル班 手縫いのシュシュ作り，花壇への水やり，木工製品の磨き，粘土人形作り，牛乳パック再利用葉書作り，DVDの解体など
紙工・印刷班 一般事務に関わる学習，紙漉き和紙を生かした製品作り，シルクスクリーン印刷	園芸班 野菜や観賞用植物の栽培 草木染め	
	木工班 手持工具や電動工具を用いた木工製品作り	
	クラフト班 フェルト製品を中心にした手芸品作り	
	陶芸班 型を用いた各種の器や創作的な陶器作り	

【教育課程の見直し】

　教育課程については，4類型とも月～木曜日の2・3時間目から火～木曜日の2・3・4時間目に変更した。合計時間数は8時間から9時間へ1時間の増加であったが，連続する3時間の作業は持続力や集中力の育成につながった。

　　　　　　　　　　　　　　　　　　　　　　　　　　　　（若尾泰明）

事例 3-6	一人一人のコミュニケーションの力を育てる実践
	～「個別目標設定シート」を活用した授業づくり～

北海道星置養護学校

【指導のポイント】
- 「個別目標設定シート」の活用と教育的ニーズの整理。
- 対人関係における基本的なあいさつ，意思の伝達等の重視。

1 学校の概要

　本校は，昭和54年，養護学校義務化の年に開校し，今年で32年目を迎える。全校の児童生徒数は，小学部66名，中学部62名，高等部67名，訪問教育部13名の計208名である。本校高等部は，平成19年に義務併設の高等部として主に重度・重複障害の生徒のための学校として開設したが，ここ数年は特別支援教育の推進とともに重度・重複障害のある生徒以外にも様々な教育的ニーズのある生徒が在籍するなど，生徒の実態にも変容が見られる。

2 児童生徒の特性

　児童生徒の障害の状況は，IQ50以下の児童生徒数が全体の70％を占めている。また，自閉症や自閉的傾向のある児童生徒が増加傾向にあり，小学部では54％，中学部では58％，高等部では50％と，いずれの学部も半数を超える状況にある。ここ数年で児童生徒の実態は多様化してきており，障害特性に応じた指導や生徒一人一人の教育的ニーズに応じた指導が求められている。

3 地域の特色

　本校は，札幌市中心部の西寄りに位置し，近くには手稲山や石狩海水浴場など自然に恵まれた環境にある。また，近隣には様々な障害種の特別支援学校があり，本校高等部では，知的障害高等支援学校，肢体不自由特別支援学校，高

等聾学校などとの間で年数回，交流及び共同学習を実施している。

4 指導の基本的な考え方と教育課程への位置づけ

　一人一人の教育的ニーズに応じた授業を行うため，課題学習を中心に授業づくりを進めた。課題学習は，教育課程上は領域・教科を合わせた指導の一つとして位置づけている。課題学習は基本的には，生徒の障害の状態や発達段階などに応じて，日常生活や将来の生活に必要な言葉や数量などの国語・数学の基礎的・基本的な概念を身に付けたり，障害による学習上または生活上の課題となる内容についても扱っている。今回，高等部では「個別目標設定シート」を活用し，学年の教師全員で共通理解を図ったうえで，生徒一人一人の重点目標を掲げ，伸ばしたい力，身に付けたい力を整理した。その結果，漢字の読み書き，ルールやマナーを守ることやコミュニケーションに関することが多く挙げられ，「ことばの学習」を実践することにした。今回の実践例は，対人関係における基本的なあいさつの仕方や相手の気持ちを読み取るといった内容に重点を置いて，取り組んだものである。

5 指導法の工夫

　本単元では，展開のなかで3～4枚のイラストを使用し，描かれている場面では，どのようなやりとりが当てはまるかを考える活動を行った。イラストの内容は，「朝のあいさつや出かけるとき」「帰ってきたときのあいさつ」などの決まりのあるものから，「授業中にトイレに行きたくなったら」「落し物を拾ってもらったら」など，様々なやりとりが考えられる場面についても取り入れた。
　自分なりの言葉で，「どう伝えたらよいか？」を考えた後は，日常生活に般化させる目的で，最初は教師と生徒，その後，生徒同士でロールプレイを行った。授業以外の場面でも，学習した内容を意識してやりとりするようになり，改善が見られた。また，ルールやマナーを守ることの意識づけをねらった「約束の確認，反省」，人に注目して話を聞く力を身に付けることをねらった「はやくできるかなゲーム」は通年で行い，生徒も意欲的に取り組むことができた。

6　年間指導計画

月	<単元名>　学習内容	総時数	育てたい力
4	<自己紹介をしよう> ・自分や家族の名前，住んでいる町について ・自己紹介を発表する ・友だちの発表を聞く	3	自分の環境がわかる／自分の名前を正しく表記する／スムーズに意思を伝達し合う／滑舌よくはっきりと話す／話している人に注目する／正しい姿勢で話を聞く
5	<物語『黄色いバケツ』を読もう> ・物語の朗読，音読 ・物語の内容理解の確認 ・「誰が」「どこで」「何を」などの整理	5	物語に興味をもつ／簡単な漢字まじりの文が読める／文章の内容を理解する／濁音や半濁音に気をつけて文章を音読する／話している人に注目する／正しい姿勢で話を聞く
6	<買い物の練習をしよう①> ・電卓を使った計算練習 ・教室で買い物の疑似体験 ・近隣の商店で買い物学習	7	お金の種類がわかる／料金を見て，それに見合ったお金を出す／電卓を使って合計高やお釣りを正しく計算する／料金を支払い，お釣りを受け取ることを理解する
7	<作文『遠足の思い出』を書こう> ・問いに答える練習 ・簡単な文章の作成 ・「誰が」「何を」「どこで」などの内容を整理	3	見聞きしたことや経験したことについて説明する／文字の大きさや位置などを考え，バランスよく書く／ていねいに文字を書く／簡単な感想を答える
7	<ことばの学習①> ・「は」「を」「で」などの助詞の使い方 ・テーマに基づいた話し合い ・イラストの人物の吹き出しに言葉を入れる	6	スムーズに意思を伝達しあう／自分の感情を表現する／助詞を正しく活用する／滑舌よくはっきりと話す
8・9	<時間の学習①> ・時計の模型を使用し，時刻を答える練習 ・単位を変えて同じ時間の長さを計算 ・自分の活動と時間を照合	5	時計を見て時刻がわかる／時間の単位関係がわかる／1日の流れや生活と結びつけて時刻を理解する
10	<ことばの学習②> ・「は」「を」「で」などの助詞の使い方 ・テーマに基づいた話し合い ・イラストの人物の吹き出しに言葉を入れる ・実際に起きたこと(宿泊研修など)の整理	6	コミュニケーションのなかで，自分に置き換えて考えたり，相手の気持ちを推測する／感じていることを文章で表現する／ていねいに文字を書く／スムーズに意思を伝達し合う
11	<買い物の練習をしよう②> ・電卓を使った計算練習 ・教室で買い物の疑似体験 ・近隣の商店で買い物学習 ・小遣い帳を使用した計算	8	お金の種類がわかる／料金を見て，それに見合ったお金を出す／電卓を使って合計高やお釣りを正しく計算する／料金を支払い，お釣りを受け取ることを理解する／金銭の収支を理解する／小遣い帳の使い方を理解する
12・1	<年賀状を書こう> ・年賀状の見本の模写 ・ハガキの書き方の練習 ・相手に伝えたいことの整理，清書	4	バランスよく文字を書く／ていねいに文字を書く／手紙を書くことに興味をもつ／宛先の書き方など郵便物のしくみがわかる
2・3	<カルタで遊ぼう> ・カルタの仕組みを知る ・カルタのルールに従って遊ぶ	3	季節の遊びがわかる／簡単なルールのあるゲームを楽しむ／話している人に注目する／順番を理解する
	<筆算の学習> ・筆算の問題を解く練習 ・文章問題から式を作成	13	加法，減法の意味を理解する／+，-，=の記号の意味と使い方を理解する／実生活上のいろいろな足し算，引き算を筆算で計算する／繰り上がり，繰り下がりのある計算を理解する

※網掛け部分が国語を中心とする内容

7 単元・題材全体の指導計画

単元名		『ことばの学習②』		担当	向,田村
期間		9月25日(木)〜10月21日(水)		総授業時数	全7時間
ねらい (育てたい力)		コミュニケーションのなかで,自分に置き換えて考えたり,相手の気持ちを推測する ／ 感じていることを文章で表現する ／ ていねいに文字を書く ／ スムーズに意思を伝達し合う			
学習内容		・人物のイラストを見て,吹き出しの内容を考える ・実際に起きたこと(宿泊研修など)を思い出しながら,順序立てて文章を書く			
	学習日	学習内容			
1	9月25日(金)	・作文(写真を見て,文章を組み立てる。内容は宿泊研修) ・漢字のプリント			
2	9月30日(水)	・吹き出しのなかの言葉を考えよう(設定された場面で,なんと言ったらよいのか。あいさつ,質問,報告など) ・助詞のプリント			
3	10月2日(金)				
4	10月7日(水)				
5	10月9日(金)	・吹き出しのなかの言葉を考えよう (設定された場面の人物がどう思うか。相手の気持ちを推測する学習) ・助詞のプリント			
6	10月14日(水)				
7	10月21日(水)				
備考					
・漢字の"早くできるかなゲーム"は毎回行う。					

8 授業の展開 (10月9日)

		主な学習内容	生徒の活動	教師の働きかけ MT	教師の働きかけ ST	教材・教具
導入 (5分)	1	・集合,着席をする はじめのあいさつ	・日直は,ホワイトボードを運ぶ。 ・日直はあいさつをする。	机の移動など,教室配置の援助をする 日直に注目し姿勢を正すよう言葉かけする		移動ホワイトボード,日直表
	2	本時の学習内容を知る	・ホワイトボードを見て,教師の説明を聞く。	ホワイトボードに示した学習内容について説明する	MTに注目するよう言葉がけをする	
	3	約束の確認	・指名された生徒から,自分のカードに書かれた約束を読み上げる。	一人ずつ指名し,カードを読み上げるよう指示する		約束カード
展開① (25分)	4	ことばの学習	・MTが提示したイラストを見て,吹き出しの内容を考える。 ・教師の問いかけに対して答える。 ・イラストの内容で,MTと会話のロールプレイをする。 ・学習した内容をプリントに記入する。 ・プリントをファイルにとじる。	・イラストを一枚ずつ見せ,人物の吹き出しに当てはまる言葉を問いかける ・難しい場合には選択肢カードを見て選ぶ ・プリントを配布し,記入していくよう指示する プリントが終わった生徒から順に添削する	・教師の言葉がけを復唱したり,内容の理解が難しい生徒にヒントとなる内容を伝え,援助する	場面カード 選択肢カード プリント
展開② (5分)	5	早くできるかなゲーム	・MTに注目し,提示されたカードに書かれた漢字を読む。	・前回の記録を発表しより早く答える意識を高める ・時間を計測し,発表する ・中央のいすに座り,カードを一枚ずつめくりながら提示する	・スタートの合図をする ・時間を計測し,発表する 個人の様子を振り返り,◎○△の三段階で評価する	漢字カード
まとめ (5分)	6	約束の反省	・本時の反省について,STの話を聞く。	本時の様子について,評価をSTに尋ねる		◎,○,△カード
	7	おわりのあいさつ	・日直はあいさつをする。 ・日直はホワイトボードを片付ける。	日直に注目し,姿勢を正すよう言葉かけをする 後片付けの援助をする		

9　個別目標設定シート

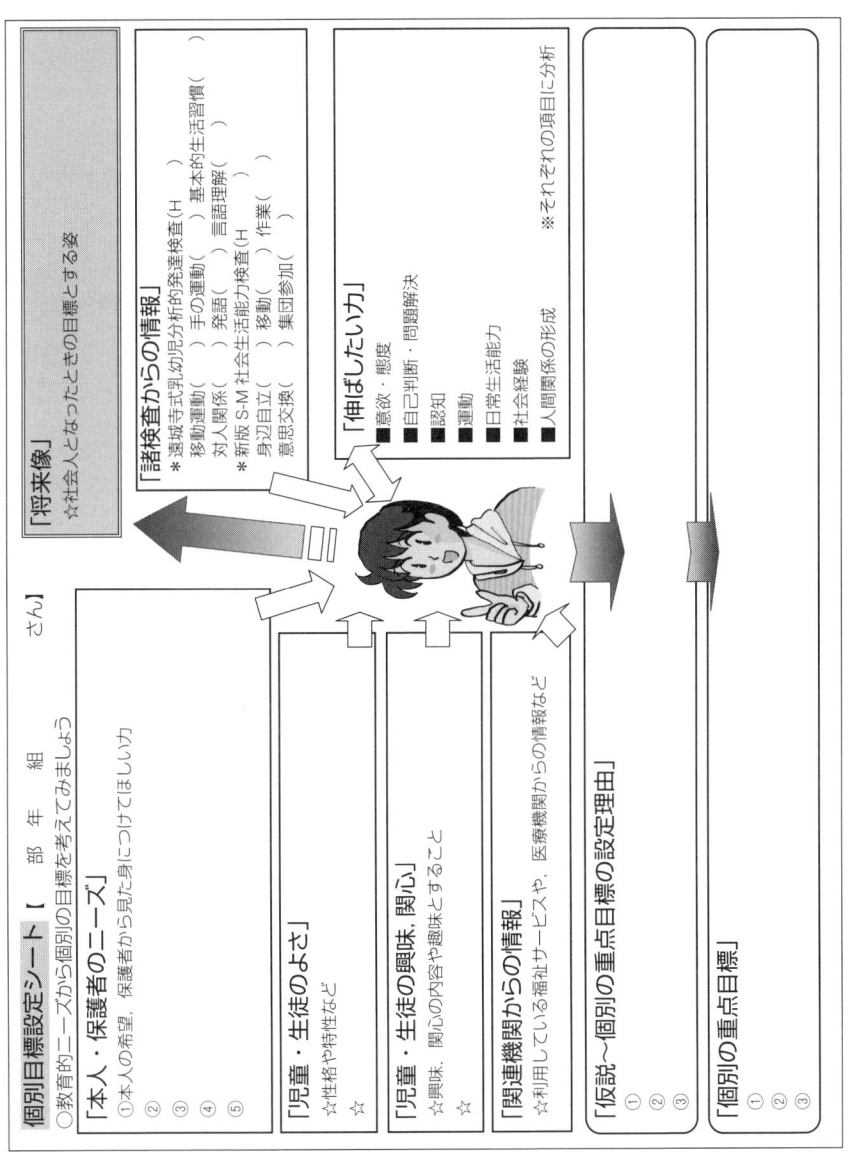

個別目標設定シート　[　　部　　年　　組　　　　　さん]
○教育的ニーズから個別の目標を考えてみましょう

【将来像】
☆社会人となったときの目標とする姿

【本人・保護者のニーズ】
①本人の希望、保護者から見た身に付けてほしい力
②
③
④
⑤

【児童・生徒のよさ】
☆性格や特性など
☆

【児童・生徒の興味、関心】
☆興味、関心の内容や趣味とすること
☆

【関連機関からの情報】
☆利用している福祉サービスや、医療機関からの情報など

【諸検査からの情報】
＊遠城寺式乳幼児分析的発達検査（H　　）基本的生活習慣（　）
　移動運動（　）手の運動（　）
　対人関係（　）発語（　）言語理解（　）
＊新版S-M社会生活能力検査（H　　）
　身辺自立（　）移動（　）作業（　）
　意思交換（　）集団参加（　）
　　　　　　　　　　　※それぞれの項目に分析

【伸ばしたい力】
■意欲・態度
■自己判断・問題解決
■認知
■運動
■日常生活能力
■社会経験
■人間関係の形成

【仮説〜個別の重点目標の設定理由】
①
②
③

【個別の重点目標】
①
②
③

(向　かおり・喜井智章)

事例 3-7　個別の教育支援計画作成の観点から

鳥取県立白兎養護学校

【指導のポイント】
- 本人と保護者のニーズをもとに、支援目標を決め支援計画・指導計画を立て、長期目標・短期目標を設定する。
- 本人・保護者と到達状況や課題を検討し、新たな目標を設定し向上を図る。

1　学校の概要

　本校は、知的障害のある児童生徒が学ぶ特別支援学校である。昭和32年、国立鳥取療養所内に院内学級を設置以降、現在に至っている。小学部・中学部・高等部があり、それぞれの学部に単一障害学級・重複障害学級・訪問学級がある。個別の教育支援計画に基づいた小・中・高の一貫性のある教育、連続した支援を保ちながら、各学部の独自性を生かした教育実践を行っている。

2　児童生徒の状況

　全校生徒は197名で、そのうち高等部は106名・訪問学級4名・重複障害学級23名・単一障害学級79名である。出身地は鳥取県東部が最も多いが、県中部・西部・県外も12名いて、徒歩・通学バス・路線バス・JRなどで通学している。近年、生徒数は増加傾向にあり、障害の多様化と教室不足が課題である。

3　地域の特色

　本校は、鳥取県東部の白兎(はくと)海岸の近くにあり、周辺には白兎神社や山・田畑があり自然豊かな環境に恵まれている。また、国道53号線・JR山陰本線が近くを走っており、店舗・金融機関・特別支援学校・中学校・小学校・保育所・地区公民館・福祉施設などが点在している。

4 指導の基本的な考え方

　保護者・生徒の願いや実態に応じて，重複障害学級を2コース・単一障害学級を2コースに分けて学習に取り組んでいる。体験を重視し，金銭出納帳・小遣い帳・電卓・時計・はかり・カレンダーなど，生活に即した教材・教具を扱った学習を設定し，実物を扱ったり一人一人に応じたワークシートを工夫したりして，生活に活用する能力や態度を育てるように努力している。

5 指導法の工夫

　コースによる学習を基本にし，個別学習を取り入れた学習とコースをさらにグループ別にした学習を行っている。毎時間，個別学習の時間をとり，時計の読み方・お金の数え方など個別の課題に取り組んでいる。また，一人一人の学習の記録を継続し，長期目標・短期目標を明確にし，各コースの数学担当者と担任が生徒の実態や目標についての共通理解を図っている。学習の記録については，

① 設定した目標が適切かどうか担任と数学担当者が随時話し合う。

教材を見合う会　　3年
リバーコース「買い物をしよう」

② 目標達成のための効果的な教材や支援を工夫し，生徒の反応や成長の様子を随時記録する。

③ 保護者・生徒と学期ごとに面談し，新たな目標を設定する。

　また，本校では，「教材を見合う会」を年に3回実施し，各学部・各教科の自作教材や補助具などを展示し，情報を交換・共有する機会を設けている。ねらいや活用場面・生徒の反応などを記録した用紙をもとに意見交換して，よりよい教材・教具等の開発や工夫した指導をめざしている。他校にも公開し，多くの来校者がある。校内にとどまらず広く意見を取り入れ，刺激を受け，よりよい教材・教具作りや指導法の改善を進めている。

6 年間指導計画

平成22年度　数学　年間指導計画(35・70時間)

	スカイコース（35）	リバーコース（70）	シーコース（70）
4 5 6 7 月	○数のマッチング④ ・数え方 ・読み方 ・書き方 ○時計に慣れる⑤ ・時刻を読む ○カレンダー③ ・暦作り ・数え方	○カレンダーで調べよう⑧ ・カレンダーの見方 ・スケジュールの記入 ・1年，1ヵ月，1週間，何曜日 ・一昨日，昨日，今日，明日，明後日 ・去年，今年，来年 ○時計を読もう⑧ ・時計の読み方（何時何分） ・一日の生活　・時刻表 ○買い物をしよう⑧ ・お金の支払い，お釣り ・予算内での買い物 ・小遣い帳のつけ方，買い物学習	○時刻と時間1⑯ ・時刻と時間 ・速さ ・時刻表や料金表の見方 ・所要時間 ○量と測定⑧ ・長さ，かさ，重さの単位 ・簡単な測定
8 9 10 11 12 月	○数と計算⑮ ・数を増やす ・数を減らす ・電卓の使用	○時計を読もう⑮ ・時刻・時間の読み方 ・1日の生活 ・時刻表の見方 ○買い物をしよう⑮ ・お金の支払い，お釣り ・予算内での買い物 ・小遣い帳のつけ方，買い物学習	○数と計算⑧ ・大きい数　・小数，分数 ・正・負の数　・およその数 ○金銭1⑮ ・レシートの見方 ・金銭出納帳のつけ方 ○金銭2⑦ ・諸経費・貯蓄
1 2 3 月	○買い物（お金）⑧ ・お金の種類，数え方 ・金額の計算 ・支払い，お釣り ・カタログショッピング ・ちらしショッピング ・買い物メモ作り	○はかってみよう⑫ ・自分の身体のサイズ ・身体測定の結果 ・体温計 ・調理に必要な計量 ○数えよう④ ・ビンゴゲーム ・トランプゲーム	○図形と面積・体積・容積⑥ ・図形の基本 ・円 ・面積 ・体積，容積 ○時刻と時間2⑩ ・時刻と時間 ・速さ ・時刻表や料金表の見方 ・所要時間

（丸数字は時間数）

7 実践例

例1 シーコース1年「時刻と時間」（A男について）

1. 単元目標　時間や時刻の読み方を理解し，交通機関の利用に生かすことができる。
2. 個別の指導計画目標
   - 長期目標：時計の見方を知り，あと何分などの必要な時間を計算し日常生活に生かすことができる。
   - 短期目標：時計盤を見て，あと何分かを読み取ることができる。
3. 学習内容（全16時間）
   ① 時刻と時間（6時間）
   　時計盤を見ながら1日の生活時刻の確認や時刻を読む練習や何分前・何分後の時刻を求める課題練習に取り組んだ（図Ⅰ）。
   ② 速さ（3時間）
   　自分の歩く距離と時間を測定し，そのデータから時速を求めた（図Ⅱ）。
   ③ 時刻表や料金表の見方（4時間）
   　実際に生徒が使っている路線バスの時刻表を使用した（図Ⅲ）。
   ④ 所要時間（3時間）
   　バスの時刻表をもとに家から作業所までの所要時間を求めた（図Ⅳ）。
4. 個別の目標に対して
   　時刻は正確に読み取ることができていた。「あと何分」の課題は，時計盤を利用して30分・15

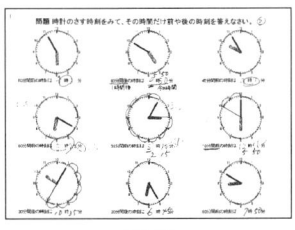

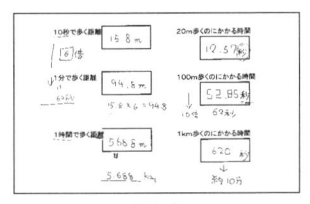

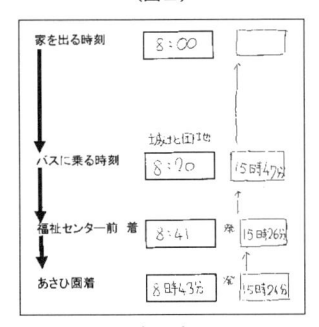

分・10分などを繰り返し確認したが，まだ不確かなので生活の中で練習していきたい。

例2　リバーコース2年「カレンダーで調べよう」（B男について）
1．目標
　カレンダーのおおよそのしくみを理解し，日にちの読み方を覚え，普段の生活のなかで使うことができるようにする。
2．個別の指導計画目標
　長期目標：30までの具体物を数える。
　短期目標：カレンダーを見ながら，教師の声か
　　　　　　けを受けて日にちを記入する。
3．学習内容（全8時間）
　①　カレンダーの見方（1時間）
　　　空欄に数字を入れてカレンダーを作る。休みの日には○をつける（図Ⅰ）。
　②　スケジュールの記入（1時間）
　　　昨日，今日，明日の日付や月の予定を記入する（図Ⅱ）。
　③　年の構成（2時間）
　　　4月の次は何月か→1年で12ヶ月
　④　日にちの読み方とゲーム（4時間）（図Ⅲ）
4．個別の目標に対して
　教師の書いた数字を見たりなぞったりしながら日にちや曜日を書き入れた。「二日（ふつか）」や「十日（とおか）」などの読み方もカードを使って練習した。会話のなかに日にちや曜日を入れて話すことができるようになってきた。

（山下　誠・三谷正子）

事例 3-8	情 報　～年賀状を完成させる喜びを体験する～

東京都立青鳥特別支援学校

【指導のポイント】
- 知的障害のある生徒へのパソコン指導。
- 重度・重複クラスでの暑中見舞い，年賀状の作成。

1　学校の概要

　昭和22年に日本で最初の知的障害教育の学校として開校。場所は世田谷区池尻にあり，高等部普通科の単独校である。生徒一人一人の進路希望の実現をめざした教育課程の類型化や産業構造の変化に対応した新たな作業種目(パソコン(以下PC)操作を含む事務・清掃・喫茶・食品加工)の設定など，職業教育に関する先進的な実践教育を進めている。東京都のICT推進計画にそって，本校も平成22年度より順次校内ネットワークや電子情報ボード，タブレットPC機材などが配備され，機材を有効に活用するために現在，全校研修を実施している。

2　地域の特色

　都市部住宅地を学区域に抱え，地域に対しては，開かれた学校として，その人的・物的資源を活用し，特別支援教育の地域におけるセンターとしての役割を果たす。知的障害を中心とした特別支援教育についての研究活動等，小・中学校等への支援の推進を図るとともに，相談活動や卒業後の支援活動を行っていける学校をめざしている。

3　指導の基本的な考え方（各類型ごと教育課程の位置づけ）

　生徒の障害の状態，特性及び進路等に応じたきめ細かな指導を行い，すべての生徒の卒業後の社会自立と社会参加をめざすために，以下表のとおり重度・

重複学級の教育課程に加えて普通学級の教育課程に 3 つの類型を設置し，生徒一人一人の自己実現と人格形成並びに職業人，社会人としての能力形成を促進している。

表 1　類型の特性

	A　重度・重複学級 （基礎技能類型）	B　普通学級 （生活技能類型）	C　普通学級 （職業技能類型）	D　普通学級 （職業自立類型）
生徒の特性	発話でコミュニケーションが取れる生徒から，簡単な身振りで意思を伝える生徒や表出を読み取るのが難しい生徒まで幅が広い。総じて初めてのこと，慣れない環境に対しては苦手な生徒が多い。	パソコンに触れる機会が少ない生徒だが，マウスのクリックやドライブができる生徒が多い。ローマ字の学習は実施していないので入力は難しくても，ひらがな入力であれば，支援を受けながら文字入力できる。写真やビデオなど視覚的な教材に対し，注目できる生徒が多い。	インターネットを自宅で扱える環境の生徒は上達速度が速い。ローマ字入力が可能で，5 分間で 150 字程度入力できる生徒もいた。ネットを活用した路線検索を学習すると，ゲームのように楽しんで学習できた。	パソコンに興味ある生徒が多い。家庭でインターネットを日常的に楽しんでいる生徒もいる。また，読み書きのスキルに課題があるため，十分に内容を理解できないことがある。
保護者の情報への期待度	教科「情報」の時間はないが，生活単元のなかでパソコンに触れる機会を設定。視覚的な情報として写真や大きな図を提示することに期待はある。	家庭でもパソコンでインターネット検索，ゲームを楽しんでいる生徒もいる，パソコンに親しめる力をつけてもらいたい。	ワープロソフトを授業で操作できるようになり，喜ばれた。	事務系の就労を希望する場合，パソコンの基本操作が求められることが多いので，教科での指導が求められている。
(使用した情報機器・教材の名称) ノートパソコン・プロジェクタ・マグネットスクリーン・デジタルカメラ・映像作成ソフト・プレゼンテーションソフト・旅行情報誌・新聞切り抜き・はがき・ワープロソフト等			

4　指導法の工夫

事前事後学習ではビデオではなく写真スライドショーを提示した。動画より静止画の方が注視しやすい。また，生徒が聞き慣れている音楽を BGM に使用した。生徒が写っている写真，作った作品を教材として用い，身近な雰囲気とした。実態に応じて自宅で自主練習できるよう，コンピュータを使いやすくす

る設定操作紹介やローマ字入力表を配布し，無料タイピングソフトのダウンロード先やファイルにその日に実施したワークシートを綴じることで，自宅での継続的な学習（復習）ができるようにした。

5 学習指導案（授業例）

生活単元学習（情報）学習指導案（抜粋）

対　象：高等部2学年基礎技能類型　6名
場　所：パソコン室
指導者：MT・STほか計5名

1．単元名
　「パソコンを使おう」

2．単元の目標
　○タッチパネルやマウス，キーボードを使いパソコンを操作する。
　○パソコンに慣れ親しむ。

3．単元の指導計画
　・パソコン室を知ろう・・・・・・・・・・・・・・・1時間
　・パソコンで絵を描こう・・・・・・・・・・・・・・4時間
　・年賀状を作ろう・・・・・・・・・・・・・・・・・3時間（本時3／3）
　・年賀はがきを買いに行こう・・・・・・・・・・1時間
　・年賀はがきに印刷しよう・・・・・・・・・・・1時間
　・年賀はがきを出しに行こう・・・・・・・・・・1時間

4．本時の学習
　(1)　本時の目標
　　○タッチパネルやマウスを使い操作する。
　　○干支の絵や正月らしい絵を選ぶ。

　(2)　本時の個人目標（抜粋）

氏名	生徒の実態	本時の目標	目標達成のための手立て
A男	脳性麻痺。自閉症。身の周りのものの言葉をいくつか知っている。教員の言う言葉を真似して覚えることもある。絵と名前を一致させ	干支や正月の絵を選ぶ。	場合によっては手を添えて教える。できた時は賞賛する。

		られるものもある。パソコンではタッチパネルを使い同一方向に線を書きがちだったが，何回かやっていくにつれ全体的に描けるようになってきている。		
B男	自閉症。疲れている時や思い通りにならない時パニックを起こしやすい。言葉での指示でも内容を理解できる。授業中はストレスを与えないことによって，落ち着いて過ごすことができる。パソコンではタッチパネルを使い，スタンプを押すことができる。	落ち着いて過ごす。干支や正月の絵を選ぶ。	様子を見ながら負荷をかけずに活動するようにする。できた時は賞賛する。

(3) **教材等準備物**

　　パソコン，フロッピーディスク6枚，はがき大の印刷用紙

(4) **本時の展開**

	学習活動	指導上の配慮事項及び指導の手立て
導入 5分	・始めのあいさつをする。 ・前回の復習 ・本時の活動の確認 ・教員の模範を見る。	・起立していない生徒へ言葉かけをする。 ・キーボードは触ってしまうので，手元に置かないようにする。 ・前回の作品を見て思い出すようにする。 ┐ ・今回の活動について説明する。　　　　　├パワーポイントを使用 ・前のスクリーンを見るように言葉かけする。┘
展開 20分	・パソコンの電源を入れる。 ・教員と一緒に一太郎スマイルのソフトを起動する。 ・タッチパネルやマウスを使ってはがきのデザインを選ぶ。 ・はがきに干支や正月に関連した絵などを中心に貼り付ける。	・電源スイッチを教え，押すように言葉かけや手をとって促す。(ST_1～ST_4) | A，C | D，F | B | E | | 正月に関したスタンプや写真を選び，タッチパネルで貼り付けるように促す。(ST_1, ST_2) | 正月に関したスタンプや写真を選び貼り付ける。キーボード等で名前を入力する。(MT, ST_4) | 様子を見ながら負荷をかけずに活動するようにする。(ST_1) | 姿勢に気をつけながら活動するようにする。タッチパネルを使い正月に関したスタンプを選び，貼り付ける。(ST_3) |

		・キーボードを使い自分の名前を打つ。	・はがきは1枚以上作成するように促す。
	15分	・お気に入りの作品をフロッピーディスクに保存する。	・保存ボタンを押すように促し,渡されたフロッピーに教員側で名前をつけて保存する。(MT,ST$_1$〜ST$_4$)
		・印刷をする。	・Dは印刷ボタンを教え,自分で押すように促す。その他は手をとって印刷ボタンを押すか,または教員側で印刷する。プリンターへ接続の調子が悪い時は中央のパソコンから印刷するようにする。
		・パソコンの電源を消す。	・教員と一緒に消すようにする。
	まとめ 10分	・それぞれ描いたものを見せ合う。	・出来上がった作品をプロジェクターに投影して紹介し,頑張ったところの発表をする。
		・次回の学習内容の話を聞く。	・次回の内容について話しをする。
		・終わりのあいさつ	・教室が狭いので日直はその場で号令をかけるようにする。

(5) 本時の評価
(i) 学習内容について
　○タッチパネルやマウスを使い操作することができたか。
　○干支の絵や正月らしい絵を選ぶことができたか。
(ii) 教師の支援について
　○言葉かけは適切だったか（MT,ST）。
　○教材は適切だったか（MT）。

（林　久仁行）

4 学部を超えた取り組み

　特別支援学校には、一般に小学部、中学部及び高等部が設置されており、また、近年では、障害種が異なる児童生徒のための教育部門（定まった名称がないので便宜的に使用している）が設置されるようになってきている。

　これらの学部や教育部門における教育では、基本的には、それぞれに相応した学習指導要領の規定等によって、それぞれの年齢段階や障害の特性に応じた教育課程が編成され、各教科等の指導が展開されている。

　しかし、学部や教育部門がそれぞれ無関係に教育を進めることは、児童生徒にとって、教育の一貫性や経験の拡大などを考慮すると望ましいことではない。基本的に、学部間では一貫性をもたせ、教育部門間では連携を図ることが重要である。

　学部間の一貫性に関して言えば、一貫した教育とは、その学校において、最初から最後まで、つまり、入学から卒業まで同じ一つの方針・考えによって教育がなされることと考えられる。

　この「一つの方針・考え」は様々に考えることができるが、基本的には、特別支援学校学習指導要領の解説（総則等編）において、「知的障害とは、一般に、認知や言語などにかかわる知的能力や、他人との意思の交換、日常生活や社会生活、安全、仕事、余暇利用などについての適応能力が同年齢の児童生徒に求められるほどまでには至っておらず、特別な支援や配慮が必要な状態とされている。（中略）学習指導要領においては、知的障害の特徴及び学習上の特性等を踏まえ、<u>児童生徒が自立し社会参加するために必要な知識や技能、態度などを身に付けることを重視し、各教科等の目標と内容等を示している（下線は筆者による）</u>」と記述されていることを重

視し，こうした視点をもって常に的確に評価することが重要である。

　また，同解説において，個別の教育支援計画について，同計画は「障害のある幼児一人一人に必要とされる教育的ニーズを正確に把握し，長期的な視点で乳幼児期から学校卒業後までを通じて，一貫した的確な支援を行うことを目的に作成するものである」と記述されており，一貫性のある教育を行うためにも必須な計画である。

　また，同計画には，細かな個別の指導目標や指導内容が記述されることはないと考えられるが，他機関への情報提供として，大まかな教育方針や指導のねらい，指導計画，留意事項などは当然記述するはずであり，それらは，年度を越えた一貫性のある教育を進める際の貴重な情報となろう。

事例4-1　一貫した支援を進めるための個別の教育支援計画ではあるが，その作成に当たって，アセスメントシートを活用し，児童生徒の一人一人の正確な実態把握ができて，個別の教育支援計画だけではなく，個別の指導計画の作成にも生かすことができ，単元等における個別の指導目標や指導内容に的確につなげられたとしている。

事例4-2　キャリア教育の視点を踏まえた，主として小学部における生活単元学習の実践である。小学部段階から，キャリア発達段階表を活用しながら，将来の生活を想定した学習に取り組めるようにしており，工場等の見学を組み込んだり，地図を活用したりするなどしながら，中学部・高等部における指導につなげている。

事例4-3　教育部門間（知的障害と肢体不自由）の合同学習の実践である。小学部では宿泊体験学習において，障害の状態等に応じ，共に取り組む活動とそれぞれの活動を設けている。高等部においては，肢体不自由のある生徒によっては，知的障害のある生徒とともに作業活動に取り組むことが効果的であるとしている。

（石塚謙二）

事例 4-1	個別の教育支援計画作成の観点から

宮城県立光明支援学校

【指導のポイント】
- アセスメントシートを利用した児童生徒の特性の把握。
- 長所を生かした個別の教育支援計画や指導計画の作成。
- 一人一人に有効な支援をし，生き生きと活動する授業の計画。

1 学校の概要

　本校は，約300名の主として知的障害のある児童生徒が在籍する特別支援学校である。10台のスクールバスが運行しており，大部分の児童生徒が利用をしている。学校に隣接する知的障害児施設からの児童生徒の在籍や，学校から離れた重症心身障害施設に入所している児童生徒の在籍があることから，他機関との関連が強い。そのため，個別の教育支援計画の策定や個別の指導計画の作成にあたっては，各機関との連携を重視している。平成23年に開校50周年を迎える。

2 児童生徒の特性

　在籍する児童生徒のうち，肢体不自由を併せ有する重複障害（訪問教育対象も含む）が約20％。また，自閉症の特性を表す児童生徒が約30％となっている。高等部には軽度の知的障害や発達障害のある生徒も在籍することから，障害は多様である。放課後ケア等の福祉サービスを利用する児童生徒も多い。

3 地域の特色

　仙台市の西北部の新興住宅地に位置している。知的障害児施設と宮城県特別支援教育センターが隣接しており，各機関との密接度は高い。校舎を現在地に

移転してから16年が経過し，地道な地域啓発活動や学校公開を通し，地域住民からの理解や協力も深まっている。

4 指導の基本的な考え方

　本校では個別の教育支援計画を小1，小4，中1，高1で作成していて，基本的に個別の教育的ニーズや長期目標・短期目標は毎年，修正を図っている。支援計画や指導計画の作成においては，児童生徒一人一人の正確な実態把握が重要であると考え，保護者との面談や調査書への記入に加え，「興味・関心」「コミュニケーション能力」等5項目からなる「アセスメントシート」を用いて実態把握を行っている。

　この「アセスメントシート」には担任が学校生活での特徴的な様子を記入し，学級や学習集団担当の教員のカンファレンスを通し，児童生徒の特性（長所）や有効な手立てを導き出し，「指導上効果のある事項」としてまとめている。このことにより，直接授業に生きる具体的な支援や指導の内容が明らかになるとともに，支援計画や指導計画の作成等に生かすことができると考えている。

5 指導方法の工夫

　アセスメントシートからは，「視覚情報を用いた活動への見通しや理解」や「できる・またはできそうな課題の設定」「興味・関心を生かした活動や環境の設定」といった内容が多く導き出され，それを授業に生かした。

① 「視覚情報を生かした実践」として，高等部の「合奏をしよう」では，ハンドベルの音を合わせやすいようパソコンのプレゼンテーションソフトを活用し，音を出すポイントを視覚的に示したところ，生徒が自発的に適正な音を出すことにつながった。

② 「できそうな課題の設定」の実践として，中学部の「夏祭りをしよう」では，音楽が好きな生徒の特性を生かし，好きな曲を選定し，繰り返し学習を行うことで，本番では，自らスイッチを何度も押してBGMを流し，会場の雰囲気を盛り上げることができた。

③ 「興味・関心を生かした実践」として、小学部の「遊具で遊ぼう」では、好きな乗り物や得意な動きを把握し、段階的な教材教具の配置をすることで、子どもたちが取り組みたい活動を自ら選択するとともに、夢中になって活動に取り組む姿を引き出すことにもつながった。

平成22年度　中学部　生活学習　題材一覧(案)

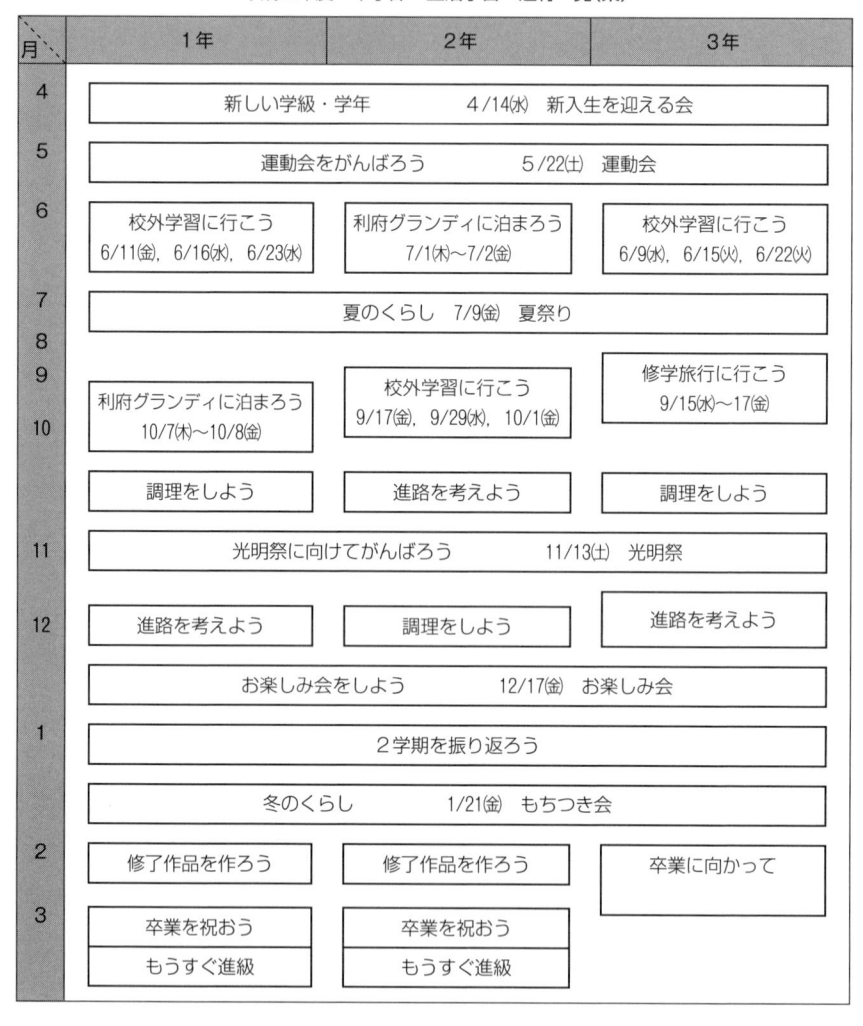

月	1年	2年	3年
4	新しい学級・学年　　　4/14(水)　新入生を迎える会		
5	運動会をがんばろう　　　5/22(土)　運動会		
6	校外学習に行こう 6/11(金), 6/16(水), 6/23(水)	利府グランディに泊まろう 7/1(木)〜7/2(金)	校外学習に行こう 6/9(水), 6/15(火), 6/22(火)
7	夏のくらし　7/9(金)　夏祭り		
8			
9	利府グランディに泊まろう 10/7(木)〜10/8(金)	校外学習に行こう 9/17(金), 9/29(水), 10/1(金)	修学旅行に行こう 9/15(水)〜17(金)
10	調理をしよう	進路を考えよう	調理をしよう
11	光明祭に向けてがんばろう　　　11/13(土)　光明祭		
12	進路を考えよう	調理をしよう	進路を考えよう
	お楽しみ会をしよう　　　12/17(金)　お楽しみ会		
1	2学期を振り返ろう		
	冬のくらし　　　1/21(金)　もちつき会		
2	修了作品を作ろう	修了作品を作ろう	卒業に向かって
3	卒業を祝おう／もうすぐ進級	卒業を祝おう／もうすぐ進級	

中学部第3学年　生活学習　学習指導案

日　時　平成22年7月8日（木）9：50〜11：15

1．題材名　「夏祭りをしよう」

2．題材設定の理由

　夏祭りは，毎年行われている学部行事であり，生徒たちが楽しみにしている行事である。3年生の生徒たちは，1年生では装飾作りと出店回り，2年生では水ヨーヨーの出店とジュースコーナーの担当を経験している。そのため，昨年までの経験をもとに今年度の夏祭りの活動に見通しをもちやすく，今年もやってみたいという意欲の高まりが期待できる。夏祭りの参加が3回目となる今回は，学級ごとに出店を開くこととした。学級という小集団で出店を考えることで，生徒の興味・関心を盛り込んだ内容を考えることができ，それぞれの生徒の実態に応じた活動や役割を設定することができる。各生徒がどんな仕事を分担するかを考えたり選択したりして一人一人が役割をもつようにし，それぞれの生徒に必要な環境づくりを工夫すれば，どの生徒も主体的に活動することができるのではないかと考えた。また，生徒同士が協力し合って準備の活動をしながら「楽しそうだ」「みんなにも楽しんでもらおう」という雰囲気を盛り上げていけば，「自分もやってみたい」「こんなこともしてみたい」というような，自分から学習に取り組む姿を引き出すことができるのではないかと考えた。

　指導にあたっては，次のことに留意する。

- 一人一人の役割は，生徒がやってみたくなるもの，自分の力でできそうなものなど，実態に応じた活動を用意し，自分でやることを決めたり選択したりするようにする。
- 生徒が自信をもって活動できるように，教師と一緒に，一人で，友だちと一緒に協力して，と段階的に練習に取り組むようにし，繰り返し練習できるよう計画する。
- 活動のなかで適切に賞賛や言葉かけをし，生徒の意欲を高め主体的な活動を促す。
- 夏祭りに見通しをもち，楽しみにしながら準備に取り組んでいけるよう，日程や活動内容を具体的・視覚的に示す。

3．題材の目標

○友だちや教師と力を合わせて出店の準備をすることができる。
○自分の役割がわかり，自分から取り組むことができる。
○準備や振り返りを通して，夏祭りへの期待感や成就感をもつ。

4．指導計画 （13時間扱い　本時8, 9／13）

月日　校時	主なねらい	活動内容　〈活動集団〉
6／28 ⑤	・夏祭りがあることや期日がわかり，期待感をもつ。	・昨年の夏祭りの写真やビデオを見る。 ・夏祭りまでの準備，活動を確認する。 〈3学年〉
6／29 ⑤	・やりたい係を選ぶことができる。	・出店の内容や係を決める。 〈各学級〉
7／5 ⑤ 7／6 ②③ 7／7 ②③	・協力して自分のクラスの出店の準備をする。 ・自分の役割を理解して活動できる。	・出店の看板や装飾等を作る。 ・店番の練習をする。 〈各学級〉
7／8 ②③ 〔本時〕	・出店の準備をし，各自の役割を確認する。	・各出店を設置する。 ・実際に出店を開き，店番の練習をする。 〈②各学級〉〈③3学年〉
7／9 ②③④ （夏祭り当日）	・これまでに学習した成果を発揮して活動する。	・出店を開いて店番をする。 〈中学部〉
7／12②	・夏祭りの様子を振り返り，成就感や満足感をもつ。	・夏祭りのビデオを見て，みんなで頑張ったこと，楽しかったことを振り返る。 〈3学年〉

5．本時の指導

1）本時の目標

○出店の準備に自分から取り組む。

○自分の役割がわかり，店番の練習で自分から活動する。

2）評価の観点（全体）

〈生徒〉

○出店の準備で何をすればよいかわかり，自分で活動に取り組むことができたか。

・自分が使う道具がわかり，指示された場所まで運ぶことができたか。

・出店の準備物を，一人で製作したり進んで設置したりすることができたか。

○店番での役割がわかり，自分から活動することができたか。

・教師の支援を受けながら自分の担当の時間内，店番に取り組むことができたか。

・店番の手順がわかり，一人でまたは友だちと一緒に店番に取り組むことができたか。

〈教師〉

○個々の生徒への環境づくりは適切であったか。

・活動に見通しをもつことができるように具体的・視覚的に示していたか。

・生徒の得意な活動を生かすような教材を用意できたか。

・言葉かけが多すぎないか。また，必要な言葉かけをしていたか。

○個々の生徒への課題設定は適切であったか。

- 生徒の興味・関心を生かし，意欲がもてるような役割であったか。
- 出店の準備や店番は生徒の技能に合った活動内容であったか。
○ 活動のなかで生徒の目標に即して適切な評価をしていたか。
- できたことの評価をその都度簡潔に示すことができたか。
- 生徒の活動がうまくいっていない時には，その原因を探り出し，どのようにしたらよいか示すことができたか。

3）指導過程　　　人）人的環境　　物）物的環境　　時）時間的環境　　空）空間的環境

	主な学習活動と教師の働きかけ	全体への環境づくり	準備物
9：50 導入 （5分） 9：55	〔各学級での活動〕 1　あいさつをする。 2　今日の学習内容と活動場所を確認する。	物）文字カードや写真カードで学習内容と活動場所を示し，見通しをもたせる。	学習予定表 文字カード・写真カード
展開1 （25分） 10：20	3　出店の準備をする。		各学級の出店の準備物 2組輪投げ 3組ボール入れ 4組お化け屋敷
	休　憩	空）各自が落ち着くことができる場所で休憩をとるように促す。	
10：30 展開2 （40分） 11：10	〔プレイルームに集合する〕 4　あいさつをする。 5　各学級の出店を知る。 ・出店を一つずつ紹介する。 6　店番の活動の流れについて確認する。 7　各学級前半後半に分かれて店番をする。 ・チケットを配る。 ・各学級店番の位置につくよう話す。 8　盆踊りを踊る。 ・踊りをリードしてくれる生徒はいないか呼びかける。	空）落ち着いて活動に参加できるような席の配置を工夫する。 人）興味・関心を喚起するような紹介の仕方を工夫する。 物）文字カードと絵カードで示し，活動に見通しをもたせる。 時空）まず店番の生徒が持ち場に着き準備ができてから，出店を回る生徒にチケットを配り，自分の活動がわかりやすくする。 時）終了1分前と終了時にベルを鳴らし前後半の交代と終了を知らせる。 人）個々の生徒の様子を見守り，賞賛や支援を行う。 空人）みんなで輪になり，盆踊りの雰囲気をつくる。	各学級の出店 文字カード 絵カード チケット ベル CD CDプレイヤー
終結 （5分） 11：15	9　活動を振り返る。 ・各クラスごとに活動の様子を発表してもらう。 10　次時の活動を知る。 11　あいさつをする。	人）よく活動していたことを取り上げて賞賛し，意欲づけを図る。 人）いよいよ明日は夏祭りであることを話し，頑張ろうという気持ちをもたせる。	

4）生徒の実態・目標・環境づくり・評価の観点 〈3－2 輪投げ〉（抜粋）

	生徒の実態	①段階表における段階 ②行事・集団への参加・意欲 ③得意な（好きな）活動 ④活動への取り組み方	本時の目標 （めざす姿の 項目―段階）
A		①2 ②友人と一緒に活動することはできるが，自分から進んで行う場面はあまりない。楽しみにしている行事に対して，何度も教師に尋ねることもある。 ③本や写真を見る，手を使って細かく紙をちぎる，ペンを持って自由に線などを書く，指先でおもちゃを操作して遊ぶことが好きである。 ④事前に見通しをもたせることで意欲的に取り組むことができるようになる。また，自分の好きなことには継続して行うことができる。	・準備では自分から輪を手に取って仕事に取り組むことができる。 　　　　　　　　　　　　（Ⅵ―2） ・出店の当番では教師の支援を受け入れ，一人でできることや回数を増やすことができる。 　　　　　　　　　　　　（Ⅳ―2）
B		①2 ②いろいろな活動に意欲的に取り組むが，周りの友だちが気になり行動が遅れることがある。 ③リズムに合わせて体を動かすことを好む。 ④事前に示範を見せ，活動に見通しをもたせることで自分から取り組もうとすることができる。	・準備ではチケット作りに，少ない支援で取り組むことができる。 ・出店の当番では受付係の手順がわかり，少ない支援で取り組むことができる。（Ⅳ―2）

5）各学級ごとの主な学習活動 〈3－2 輪投げ〉（抜粋）

主な学習活動	環境づくり	準備物
1 あいさつをする。 2 今日の学習内容と活動場所を確認する。	物）文字カードや写真カードで学習内容と活動場所を示し，見通しをもたせる。	文字カード 写真カード
3 係ごとの役割分担の確認をする。	物）各係の活動内容について，見本を示しながらわかりやすく説明する。 空）生徒からよく見える位置で説明を行う。	
4 係ごとの活動に取り組む。 ・A―輪をまとめる ・B―チケット作り ・C―チケット作り ・D―得点カード作り ・E―輪をまとめる ・F―得点カード作り ・G―輪をまとめる	人）グループごとに，最初は教師が示範をしながら一緒に取り組む。次に，徐々に支援を減らし，できるだけ一人で取り組むように促していく。 空）同じ係同士が，お互いの様子を見ながら活動に取り組めるような座席配置にする。	チケットの台紙 マジック 得点カードの台紙 色鉛筆 袋 かご 長机 ラック等
5 プレイルームに移動し準備物を設置する。	人）教師が設置場所を示しながら一緒に取り組むようにする。 物）机や輪投げの用具は事前に設置しておく。	机 補助台
6 あいさつをする。	人）頑張ったことを称賛し，意欲を高める。	

（庄子信広）

事例 4-2　キャリア教育の観点から

香川県立香川丸亀養護学校

【指導のポイント】
- 主体的な行動を引き出すことのできる活動の設定と支援の工夫。
- 今までの実践をキャリア発達の視点で整理した学習の展開。

1　学校の概況

　本校は，昭和60年４月，うちわの生産量が日本一である丸亀市(現在の人口約11万人)に開校した。校訓「明るく　なかよく　たくましく」のもと，自立し社会参加するための基盤となる「生きる力」を培い，心豊かでたくましい人間を育てるために，児童生徒の教育的ニーズに応じた実践を積み重ね，個々のもっている力をできる限り伸ばし，他者からの支援を最小限にした社会生活が送れるよう支援している。

```
教育ビジョン　　　～つながれた手と手で育てる丸養～
　☆　児童生徒たちにかかわる者すべての力を，よりよい支援に生かして
　　(1)　三つの部をつなぐ　→　「生きる力」を培う
　　(2)　保護者とつなぐ　　→　「自立的な力」を高める
　　(3)　地域とつなぐ　　　→　地域生活の充実を図る
```

2　児童生徒の実態

　平成18年度より，小学部高学年・中学部に地域の学校から就学するケースが増え，平成22年度の児童生徒数は小学部47名，中学部71名，高等部70名の計188名である。本校は知的障害特別支援学校であるが，肢体不自由を併せ有する者は９％(うち，車いす使用８名)で，自閉症の障害特性を併せ有する者は32％，発達障害(ADHD等)を併せ有する者は６％程度在籍している。過去５年間の卒

業生の進路先は一般就労が46％，福祉就労が46％で，地域での社会参加を実現している。

3 指導の基本的な考え方

平成21年度より「つなぐ」を合言葉に，三つの部をつなぎ，「生きる力」（「生活する力」と「働く力」）を培うことに重点をおいた実践を進めている。さらに，「将来の自立的な生活を見通し，生活年齢に応じたキャリア教育を，計画的に，組織的に継続して行う」を重点目標の一つに掲げ，次の三点を教職員間で共通理解することとしている。

○卒業後の進路・生活を見通し，キャリア教育の視点を意識した指導や支援に努め，それを学年及び小学部，中学部，高等部へとつないでいく。

○本校作成の進路に関する学習指導内容（抜粋　図1）を再確認しながら，校内進路指導研修会で報告される現場実習での課題や卒業生の様子から見取った重要な指導項目等を確認する。

○キャリア発達の段階・内容については，独立法人国立特別支援教育総合研究所や東京都教育委員会及び愛媛大学教育学部附属特別支援学校が作成した内容表等を活用しながら授業実践する。

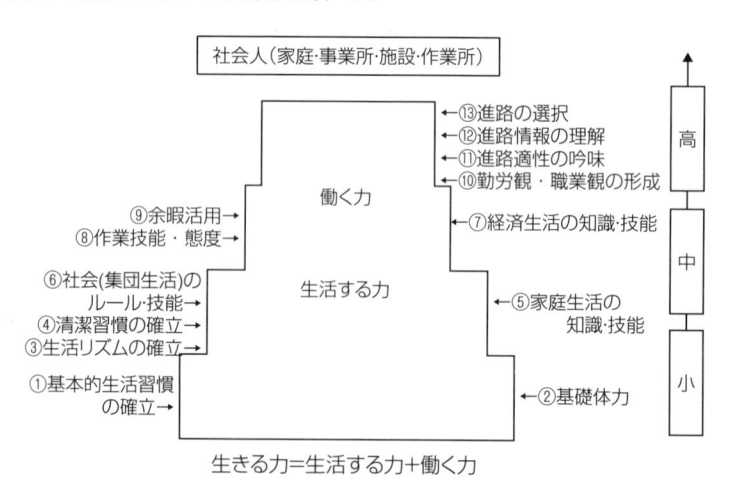

図1　進路に関する学習指導内容の構造化（平成10年度版）
（進路に関する学習指導内容より抜粋）

4 指導の内容と指導の工夫

(1) 過去の学習を発展させながら,自分でできる力を育てる
―小学部5年の生活単元学習「簡単クッキング!」「めざせ!ゲームの達人!」「お楽しみ会」―

① 主体的な行動を引き出す単元設定

この実践は子どもたちが楽しんでできる調理活動とゲーム活動が中心となっており,年間に複数回経験するため,回数を重ねるごとに児童が意欲的・主体的に行動できるようになり,「自分でできる力」を育てることができた。このような学習計画では児童の活動意欲を高めることができ,「キャリア発達段階・内容表(試案)」の「人とのかかわり,集団参加」「役割の理解と分担」「目標設定,振り返り」をはぐくむことになる。

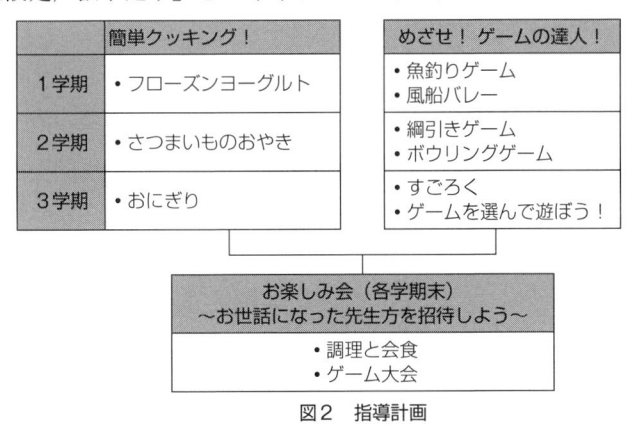

	簡単クッキング!	めざせ!ゲームの達人!
1学期	・フローズンヨーグルト	・魚釣りゲーム ・風船バレー
2学期	・さつまいものおやき	・綱引きゲーム ・ボウリングゲーム
3学期	・おにぎり	・すごろく ・ゲームを選んで遊ぼう!

お楽しみ会(各学期末) 〜お世話になった先生方を招待しよう〜
・調理と会食 ・ゲーム大会

図2 指導計画

② 教材の工夫と支援,友だちとペアを組んだ活動設定

ボウリング編ではペットボトルの水の量を変え,倒れ方の違う3種のピンを用意し,置き方は児童自身に考えさせるようにしたところ,ピンの位置により倒れ方が違うことに気付いた児童は置く工夫ができるようになった。また,ピンを置く枠やボールを転がすことが難しい児童に斜面台をつくったり,見通しをもって行動できるように「段取り表」を示したりすることで,児童は積極的にゲームをすることができ,「やった!」という喜びや達成感を味わうことができた。

ペアで役割分担しながら活動することで，児童たちはどうすればよいかを考えながらゲームを進めていくようにもなった。これは友だちや集団を意識できるようにペアで移動したり，活動したりすることの積み重ねの成果と考えられる。

(2) 地域の店や人々に目を向け，自分で考え行動する力を育てる
　　――小学部4年の生活単元学習 「まちたんけんⅠ」――
① 将来を見据え，生活に生かせる単元設定
　3年の時の校内オリエンテーリングの学習を発展させ，学校近隣を歩き，いろいろな店や病院などがあることを知るとともに，将来の生活に生かすために，働く人の様子を見る単元を計画した。一回目の学習では児童が興味のもちやすいパンを作っている店を目的地にして歩き，見学先でのあいさつの練習や礼状を書く活動などを通して，あいさつや感謝の気持ちを表現する力も育った。
② 主体的な行動の表れ
　簡易地図上で店の名前や位置，何の店かなどを覚える学習を積み重ねた結果，道順を自分たちでたどり，「右に曲がります」と知らせたり，店のマークや看板を見つけて名前を言ったりすることもあった。パン屋の見学ではパンができる様子を興味深く見入り，「こねこね」「あついところでやっていた」などという言葉が聞かれ，用意していた質問をして，朝早くから仕事していることを知って驚く様子も見られた。また，パンを選んで買う経験をしたことがきっかけで，苦手なパンを家でも食べられるようになったと保護者の喜ぶ声も聞くことができた。礼状には「また，メロンパンをかいにいきます」「おいしかったです」「ありがとう」などの言葉が寄せられた。
　「まちたんけん」では見たり聞いたりすることで，多くのことを学び，「様々な情報への関心，金銭の扱い」，「目標設定，選択」，「夢や希望」をはぐくむ機会となった。また，「人とのかかわり，集団参加，挨拶，清潔，身だしなみ」を高めることもできた。小学部の段階から働く人たちの様子や仕事の理解へとつながる学習を設定し，中学部・高等部へと発展させていくことが大切である。

(3) 地場産業を生かして，情報を収集する力を育てる

　中学部では総合的な学習の時間に，友だちと協力して名物「讃岐うどん」について書籍やインターネットで調べ，家庭や地域の人たちにインタビューをしている。また，マップから選択してグループごとにうどん店めぐりをしたり，うどん職人に教わってうどん作りをしたりし，活動内容を毎年，学校祭「丸養まつり」で展示発表している。調べ学習が中心となっているこの活動では情報活用能力を高め，「協力・共同，意思表現，場に応じた言動」「金銭の管理，働くことの意義」「役割の理解と実行，夢や希望」「目的設定，肯定的な自己評価」をはぐくむ機会となっている。

(4) 進路学習・現場実習等を積み重ね，進路選択・決定する力を育てる

　中学部・高等部では卒業生の職場（企業・福祉施設）を見学して様々な職場の様子を知るとともに，事業所の人から働くための大切なポイントや先輩の体験を聞き，就労意識の向上を図っている。さらに，高等部2・3年では卒業生の生活の様子を聞くことで卒業後の生活をイメージし，2年の実習は「力だめし」，3年時は「就職試験」と意識して実習に臨んでいる。これらの学習を通して，進路を適切に選択し，自己決定できる力をはぐくむよう支援している。

(5) コミュニケーション能力を高めていく

　「元気なあいさつや返事，報告ができること」を身に付けておいてほしいと企業からよく言われる。これを受け，本校では意識して小学部の段階より，「意思表現，場に応じた言動」の力を個の実態に応じて高めていくようにしている。高等部では報告や質問の仕方などを記載したコミュニケーションカードや文章表現ボードなどの工夫を行い，活用している。言葉づかいがていねいになったり，カードを見なくても適切に言える者が増えたりしている。

コミュニケーションカード　　　文章表現ボード

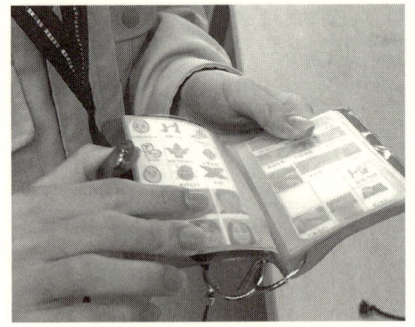

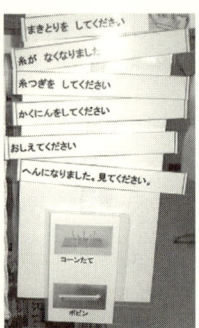

5　まとめ

　小学部・中学部・高等部のそれぞれが自立と社会参加に向け，ライフステージに応じた実践を展開し，学部間の移行がスムーズにできるように努めている。キャリア教育の推進にあたっては，教員一人一人がキャリア教育の内容を正しく理解し，意識して学習活動や支援方法を考えていくことから始めた。引き続きこれまでの実践をキャリア教育の視点で見直し，改善・工夫していきたいと考えている。「生きる力」を培うには学校での指導だけでは成果は表れにくく，保護者と連携した取り組みにより，力は高まってくるものである。教育ビジョンに掲げてあるように学校・保護者・地域との連携を密にし，児童生徒がそれぞれの地域で豊かな生活を送ることができるよう支援していきたい。

（高尾早苗）

〈引用・参考文献〉
- 全国特別支援学校知的障害教育校長会編著（2010）『特別支援教育のためのキャリア教育の手引き』㈱ジアース教育新社
- 香川県立香川丸亀養護学校編集　『青の山の教育』第25集　平成21年度版
- 香川県立香川丸亀養護学校進路指導部編集（2008）『進路ガイド』

事例 4-3 知的障害教育部門と肢体不自由教育部門の交流行事・交流授業・共同学習

石川県立いしかわ特別支援学校

【指導のポイント】
知的障害のある子どもたちと肢体不自由のある子どもたちが共に学び，共に育ち，そしてお互いを高め合う交流行事及び交流授業，作業学習の実践。

1 学校の概要

(1) 本校設置のコンセプト

　本校は，隣接する医療福祉施設の移転にあわせ，肢体不自由養護学校の移転と遠距離通学等が課題となっていた知的障害養護学校を分割統合し，金沢市北部に新たに設置された。石川県の特別支援教育の充実を図る事業として整備が進められ，平成18年4月に肢体不自由教育部門（以下A部門という）を開設し，その後，平成20年4月に知的障害教育部門（以下B部門という）を開設し，石川県で初めての複数の障害種に対応できる特別支援学校となった。平成22年5月1日現在，在籍する児童生徒数は328名（A部門156名，B部門172名）となっている。

(2) 本校施設の特徴

　児童生徒一人一人の教育的ニーズに応じた新しい特別支援教育を実現できる学校として，敷地面積約52,156m²，延床面積約20,233m²内に特色ある様々な施設・設備が備わっている。雨天時も安全に登下校できる大型キャノピーをはじめ，大型エントランスホール，温水プール，感覚学習室，楕円形の大体育館，生活体験棟，作業実習棟などを完備している。そして校内外に施したバリアフリー設備は，全国屈指のものとなっている。また，地域の保育園，幼稚園，小・中学校等への相談・支援に対応できる地域支援室も整備している。

(3) 知・肢合同の教育活動

　本校ではB部門において2コース（高等部は3コース），A部門において5類型の教育課程を編成している。安全に配慮し，可能な範囲で知・肢合同の教育活動を行っている。全校で組織する児童会・生徒会活動，入学式，卒業式，文化祭，スポーツフェスタ（運動会）などの行事，中・高等部で行っているサークル・部活動や校内実習，小学部で行っている宿泊体験学習や地域の小学校との交流教育などである。

2　小学部の取り組み

(1)　小学部における交流行事・交流授業

　本校の施設は，中央の管理棟をはさんで，A部門とB部門が配置されている。ふだんは，障害種別に応じて，それぞれの部門で授業が行われている。

　小学部では下記の行事において，A部門とB部門の児童が一緒になり，内容を企画したり，共に活動したりしている。また，必要に応じて，交流行事を計画・実施している。その他，個々の児童のニーズに応じて，B部門の児童がA部門の授業（例：「英語ランド」の授業）に一緒に参加したり，逆にA部門の児童がB部門の授業（例：遊びの指導「のりものに乗って遊ぼう」の授業）に参加したりしている。

小学部における主な交流行事・交流授業

5月：運動会（さくらスポーツフェスタ）
6月：宿泊体験学習（白山青年の家での合同合宿）
　その他，必要に応じて交流行事や交流授業を実施

---

(2)　A部門とB部門の宿泊体験学習の取り組み

① 宿泊体験学習の概要

・行　　先：白山青年の家
・参加児童：A部門小学部6年児童，B部門小学部6年児童

・主な活動：1日目　野外炊飯（カレー等），昆虫館見学，夜のつどい
　　　　　　　2日目　ペットボトルロケット体験，オリエンテーリング

② 事前学習

　A部門・B部門合同の宿泊体験学習を実施するにあたり，事前指導を行った。普段は一緒に授業をすることはないので，この機会に，自己紹介から始まり，一緒に合宿を行うことの意識づけを行った。また，合宿の日程や内容を確認した。

③ 宿泊体験学習の当日の様子

　宿泊体験は，A部門とB部門が同じ施設に出かけ，おおむね同じ活動を行う。しかし，それぞれの障害特性の違いに配慮し，一緒に活動する場面もあれば，別々に活動する場面も計画している。

　合宿1日目は，まずメインとなる野外炊飯の活動がある。ここでは，A部門とB部門の児童が，カレーとデザート作りを一緒に行った。児童一人一人がそれぞれ自分の力を発揮し，野菜を洗ったり，切ったりして，おいしいカレーになることを願って調理に取り組んだ。

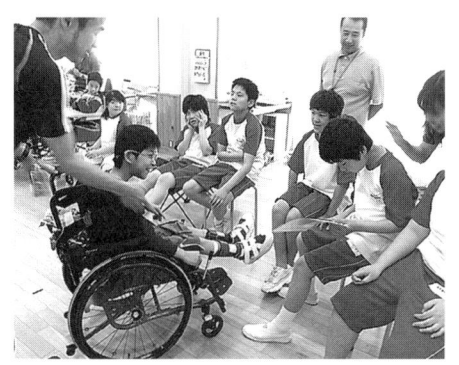

　食事後は，A部門とB部門の児童が，宿泊施設の近くにある「ふれあい昆虫館」の見学を行った。その後は，A部門の児童は青年の家に戻って休憩後，入浴を行った。一方，B部門の児童は，徒歩30分程度の距離にある「パーク獅子吼（し く）」まで散策に出かけた。散策後は，青年の家に戻り，A部門の児童の後に入浴を行った。

　A部門とB部門の児童は，夕食から再び一緒になり，夜のつどいも一緒にゲ

ームなどをして楽しく活動し，交流を深めた。

休憩時間などは，A部門とB部門の児童はそれぞれの部屋で過ごしていたが，すっかり仲良しになった児童たちは，互いの部屋に出向き，おしゃべりをしたり，オセロなどのゲームを楽しんだりした子もいた。

合宿2日目は，最初にA部門とB部門の児童が一緒に，ペットボトルロケット体験をした。その後はそれぞれのグループに分かれてオリエンテーリングを楽しんだ。

④ 事後学習

宿泊体験学習が終わり，再びA部門とB部門の児童が，一堂に会して合宿の様子を思い出し，楽しかった思い出などを話し合った。この合宿により，共に楽しい思い出ができ，今もずっと仲良しで，お昼休みの時間に一緒になり楽しく過ごす児童もいる。

3 高等部の取り組み～A部門・B部門合同校内実習の様子～

(1) はじめに

本校B部門高等部の生徒は開校以来，増加の一途をたどり，現在，81名が在籍している。生徒それぞれの卒業後の進路実現をめざし，学部全体を4つのグループに分けた作業学習に取り組んでいる。

高等部においても，可能な限りA部門とB部門の生徒が共に学び合う学習活動を考えている。

(2) A部門・B部門合同校内実習の取り組み

① 校内実習の概要

高等部では，年間2回実施している校内実習において，生徒の実態及び特性に配慮したA部門・B部門合同校内実習を実施している。A部門高等部からは

生徒の実態に応じて，10名程度が参加している。

校内実習は，生徒が職場実習に向けての準備期間として，一定期間，毎日，実習先に出向くつもりで，働くことの意義や就労に向けて必要な知識や意識及び態度の育成をねらいとしている。

② 校内実習の様子

〔ア　生徒の状況に応じた作業活動の選択〕

合同校内実習の期間は1週間程度なので，短時間で生徒が作業工程を理解し，働くことの成就感を味わうことのできる作業活動として間伐材を利用した割り箸選別の作業を取り上げている。

この作業は割り箸として製品化できるものとそうでないものを選別する単純作業であるが，細かな観察力と選別スピードが要求される。しかし，選別のポイントもわかりやすく，短期間で作業活動に集中することができる特徴がある。

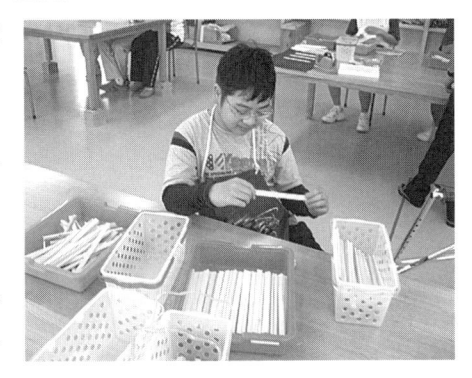

〔イ　「働くこと」をとおして，互いの違いに気付き，認め合うこと〕

A部門・B部門それぞれの生徒のもつ障害の状況は違うが，共に「働くこと」を通して，互いに精一杯頑張ることや努力すること，さらに協力し合うことの大切さを実感することは，たいへん大事な経験ととらえている。

割り箸の選別作業は単純であるが，複数の作業工程がある。原材料を一定量，かごに入れる。成否の分別。さらに違う視点からの最終点検。最終点検後の箸をそれぞれの箱に入れる。それを所

定の場所に運ぶなどである。

　B部門の生徒は作業速度は速いが確実ではなかったり，A部門の生徒は確実ではあるが，スピードが遅かったり，大きな箱を運ぶことが苦手だったりする。

　生徒それぞれの得意なことや苦手なことがあり，ペースがある。生徒同士がかかわり合うなかで，自分を深く見つめ，他者を真剣に考える機会になっている。また，作業を通して，そうしたお互いの違いに気付かせ，得意なところを生かしつつ，協力して作業することの大切さを意識できる。

　この合同実習は3年目を迎えるが，A部門の生徒が時間をかけて分けている様子をB部門の生徒が励ましたり，応援したりする場面をよく見る。

③　さらなる活動の場の広がりを

　合同校内実習の状況を踏まえて，他の作業学習での交流も見られた。例えば，ビルクリーニングの校内実習に上下肢の障害の程度が軽いA部門の生徒が参加している。

　A部門には作業学習の時間がないが，比較的軽度の肢体不自由であれば，B部門の学習環境を生かした実習への参加を通して，A部門の生徒の将来の職業自立につながる知識・技能・態度の育成も可能である。

　　　　　　　　　　　　（近藤貴好）

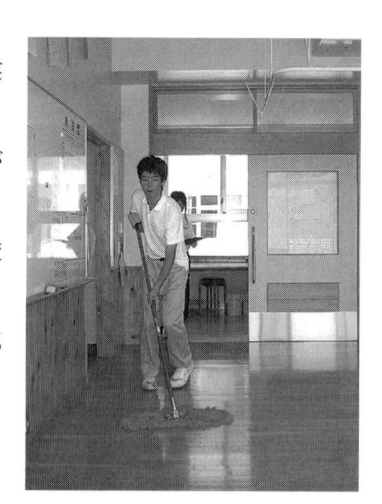

| コラム |

インターンシップ

　インターンシップとは，生徒が一定期間，企業等で研修生として働き，就業体験を行うことを指し，知的障害特別支援学校においては現場実習などとして行われることが多い。インターンシップに関連して，特別支援学校高等部学習指導要領の総則において，「学校においては，生徒の障害の状態，地域や学校の実態等に応じて，就業やボランティアにかかわる体験的な学習の指導を適切に行うようにし，勤労の尊さや創造することの喜びを体得させ，望ましい勤労観，職業観の育成や社会奉仕の精神の涵養に資するものとする」「学校においては，キャリア教育を推進するために，地域や学校の実態，生徒の特性，進路等を考慮し，地域及び産業界や労働等の業務を行う関係機関との連携を図り，産業現場等における長期間の実習を取り入れるなど就業体験の機会を積極的に設けるとともに，地域や産業界等の人々の協力を積極的に得るよう配慮するものとする」と示されている。また，知的障害特別支援学校高等部の教科「職業」においては，「産業現場等における実習を通して，実際的な職業生活を経験する」「産業現場等における実習を通して，職業生活に必要な事柄を理解する」などが示されている。　　　　　　　　　　（大南）

5 高等特別支援学校

　高等特別支援学校とは，高等部のみを設置している特別支援学校のことである。全国に約80校が開校しているが，この高等特別支援学校には2種類のタイプがあり，まずは小学部や中学部を併置した特別支援学校と同様に障害の程度等について特に条件を設けてはいないものと，もう一つは，比較的軽度の障害のある生徒を受け入れて積極的に職業的自立を目指すものである。近年，後者のタイプに対するニーズが高まってきており，その数を増している状況である。

　地域によっては，以前は比較的軽度の生徒を受け入れていたが，高等部生徒の増加傾向に応じるために，生徒の障害の状態等には条件を付さなくなった学校もある。

　高等特別支援学校には，職業学科（専門学科）を設置していることが少なくない。その場合の教育課程は，教科別の指導や領域別の指導などで編成されていることが多いが，普通科のみの特別支援学校においては作業学習を実施していることもある。

　なお，特別支援学校高等部学習指導要領解説の総則等編では，高等部における各教科について「高等部1段階は，中学部の内容やそれまでの経験を踏まえ，主として卒業後の家庭生活，社会生活及び職業生活などを考慮した，基礎的な内容を示している。高等部2段階は，高等部1段階を踏まえ，比較的障害の程度が軽度である生徒を対象として，発展的な学習内容を示している」と記述されており，これらを教育活動で生かすことも重要である。特に，2段階における発展的な内容の履修に心掛け，常に指導内容等のレベルアップを意識したいものである。その2段階では，例えば，教科「職業」では，「働くことの意義について理解を深め，積極的に作業や実習に取り組み，職場に必要な態度を身に付ける」「職業

生活に必要な実際的な知識を深める」「産業現場等における実習を通して，職業生活に必要な事柄を理解する」「職業生活に必要な健康管理や余暇の計画的な過ごし方についての理解を深める」などが示されていることの十分な理解が必要である。

事例5－1　職業科の指導において，2年次からはコース（農業・工業，家政，情報・流通）を設けて，就労に向けた意識を高めようとする取組である。また，進路に関する学習や総合的な学習の時間の活用を含めて年間の指導計画を明確にして，それぞれの時期に応じた指導内容の設定を容易にしている。

事例5－2　職業学科（専門学科）における家庭科の指導において，調理や繕い，ボタン付けなどの生活上必要な技術の習得を目指して，可能な限り生徒が自主的に活動できるようにしたり，視覚的に分かり易い資料や見易いレシピなどの用意したりして，将来の生活に役立つ内容を扱っている。

事例5－3　職業学科（専門学科）における社会科において，実際の生活における危機回避や課題解決のための知識のほか，政治参加，福祉制度などに関することを扱い，実際の指導に当たっては実体験や模擬体験を活用し生徒への定着をねらっている。また，職業への関心を高める内容も取り入れ，他教科と関連した取組もなされている。

事例5－4　英語科の指導において，ビジュアルエイド，英語の歌，ゲームワークシートなどの活用が効果的であることが述べられている。また，実際の授業においては，絵カードや単語カードを用意し，ペアでやりとりをするという指導方法を取り入れたことなどが生徒に適切な理解を促している。

事例5－5　作業学習の指導状況を述べているが，企業就労を目指し，個別の指導計画の作成・活用，体験を多様にする工夫，本物の道具の使用，本格的な作業の実施，各種検定への挑戦，寄宿舎の効果的な活用，その他教員の実際的な研修なども含めて，総合的な取組が展開されている。

（石塚謙二）

事例 5-1　職業　～働く意欲と基礎スキルを育てる～

奈良県立高等養護学校

【指導のポイント】

- 努力を続ければ作業力がアップし，まわりから認められるという手応えをつかめるようにする。
- 作業で生み出されたものが社会でどのように利用されるのかに関心が向くようにする。
- 生活するため，また，欲しい物を手に入れるためには，したいことを実現するためには，お金（収入）が必要であることを意識できるようにしていく。
- 働くことによって給料（収入）が得られ，卒業後の生活費のもとになることを理解できるようにする。
- 実習経験を通して，自分にできる仕事内容や仕事に打ち込める環境について考え，周りの人とのコミュニケーションや協力の大切さについて学ぶ。
- 働く意欲を育て，職場で役立つ基礎スキルを学ぶ。

1　学校の概要と地域の特色

　本校は，奈良盆地の中央部に位置し，1976年4月に開校した知的障害を対象とする高等部のみの特別支援学校である。「高等養護学校」のネーミングを，本校が全国で最初に用いた。田園に囲まれ，交通などの地理的な条件にも恵まれ，近隣には県立教育研究所や県心身障害者福祉センター，県心身障害者リハビリテーションセンターがある。

　1学年の定数は48名，2010年7月現在142名が在籍している。奈良市，生駒市（この2市で県人口の約3割を占める）を除く広いエリアから通学してきて

いる。このエリアは，県内5福祉圏域の4福祉圏域（東和・西和・中和・南和）と重なっている。

県内には，いくつかの工業団地や靴下・木材加工・皮革などの地場産業地域があるが，生産規模は減少傾向にあり，これに替わり，スーパーやショッピングセンター，家電量販店，飲食チェーン店などが進出してきており，本校生徒たちの就労先も変化してきている。

本校卒業生のこの5年間の進路状況は，就労70％，福祉施設利用15％，訓練校等10％，家事等5％である。

2　生徒の特性

療育手帳Bを有する中・軽度の知的障害の生徒が中心であり，地域の中学校を卒業して本校に入学してきている。電車やバスなどの交通機関を利用しながら単独通学している。広汎性発達障害（約10％），ADHDを有する生徒が一定の割合を占めている。

3　指導の基本的な考え方と教育課程への位置づけ

入学後の早い時期から，卒業後の生活（働く，生活する，余暇を楽しむ）を見通しながら学習を進めていく「普通教科の柱」となるのが「職業及び家庭（トータルワーク）」である。「職業」では，生活に必要な基礎的知識をもとに，働くことの意義を理解し，職業生活に必要な知識や態度を育てることをめざしている。

本校では，1年次に専門教科基礎の園芸・木工・窯業・情報ワーク・被服・調理を全員が履修し，おおまかに「どのようなタイプの仕事が自分に合っているのか」を考える。2年次から「農業・工業コース」「家政コース」「情報・流通コース」のどれかを選択することになる。

「総合的な学習の時間（チャレンジワーク）」では，事業所見学や校内実習・1日事業所実習（1年），3回のグループ実習（2年），個別の現場実習（3年）に取り組んでおり，就労に向けて徐々に心構えしながら，今の自分に「ど

んな力が必要か？」を真剣に考えていく。職場の厳しさを肌で感じるとともに，頑張ろうという意欲をかき立てられていく。

「職業及び家庭（トータルワーク）」の学習と「専門教科基礎」の学習，「総合的な学習の時間」は，相互に関連しながら，生徒たちの勤労観や職業観をはぐくんでいる。これが，本校の「職業」の特色といえる。

4 年間指導計画

トータルワーク	トータルワーク1年	・「私たちの進路（教科書）」の学習
	トータルワーク2年	・「私たちの進路（教科書）」「あたらしいほうりつの本（教科書）」の学習，メンテナンス作業
	トータルワーク3年	・「私たちの進路（教科書）」「自分を守る（教科書）」の学習，メンテナンス作業
	トータルワーク全学年（1年間を通して）	・作業（箱作り，ネギの袋詰め），トレーニング（小豆つまみ，セロテープ貼り，スタンプ押し，ガムテープ貼り）
総合的な学習	チャレンジワーク1年	・事業所見学（11月），校内実習・事業所実習（2月）
	チャレンジワーク2年	・グループ実習（6月，8月，11月）
	チャレンジワーク3年	・現場実習（6月～7月，7月～8月，10月～12月）
専門教科基礎	園芸　1年	・野菜，果樹，草花の栽培管理と販売学習
	木工　1年	・道具・工具の使い方，焼き杉加工（第1学期）
		・焼き杉加工：キー掛けの製作（第2学期）
		・パズルの製作（第3学期）
	情報ワーク1年	・パソコンの基本操作，文書処理，メンテナンス（第1学期），エクセル表計算処理，メンテナンス（第2学期），1年間のまとめ（第3学期）
	窯業　1年	・粘土の扱い方（第1学期途中まで），板作り，写真立て，マグカップ，一輪差し（第2学期，第3学期）
	被服　1年	・基礎縫い（手縫い，ミシン縫い），ポケットティッシュカバー，手さげカバン，ナップザック作り
	調理　1年	・お茶の入れ方，おにぎり，味噌汁，デザート作り

5 単元・題材全体の指導計画

\multicolumn{3}{	l	}{トータルワーク（職業及び家庭）}
指導目標	\multicolumn{2}{|l|}{・働く力，生活する力を高めることを意図し，職業生活・家庭生活に必要な基本的な知識や技術を身に付ける。 ・勤労を重んずる態度を養い，進んで社会生活に参加していく意欲を養う。 ・持続力，協調性，自主性，責任感，集中力，確実性，主体性を養う。 ・生活を充実させるために余暇活用の方法を考える。}
学年	単元	学　習　内　容
共通	作業	①作業日誌の記入。（準備物名，体調，目標） ②作業内容や工程，注意事項について理解する。 ③準備物を協力して用意する。 ④不良品をチェックし，もしあれば報告する。 ⑤数や重さを正確に数え，量る。 ⑥セロテープやガムテープの扱いに慣れ，きちんと貼る。 ⑦スタンプ押しを正確にする。 ⑧受注した作業に必要な技術を習得する。 ⑨製品の搬出をする。 ⑩机の上や教室を協力して片付ける。 ⑪作業日誌の記入。（目標の反省，感想など） ⑫指定の日までに作業日誌を担当の教師に提出する。
	トレーニング	○小豆つまみ 1．注意事項について理解する。 2．目をつぶって気持ちを落ち着かせ，集中力を高める。 3．注意事項にそって，小豆をつまむ。 4．1分間でいくつつまめたか，数えて記録する。 　※3回行う。 ○セロハンテープ貼り 1．注意事項について理解する。 2．目をつぶって気持ちを落ち着かせ，集中力を高める。 3．注意事項にそって，セロハンテープを貼る。 4．評価項目にそって自己評価し，記録する。 ○ガムテープ貼り 1．注意事項について理解する。 2．注意事項にそってガムテープを貼る。 3．評価項目にそって自己評価し，記録する。 ○スタンプ押し 1．注意事項について理解する。 2．目をつぶって気持ちを落ち着かせ，集中力を高める。 3．注意事項にそって，スタンプを正確にきれいに押す。 4．評価項目にそって自己評価し，記録する。

学年	単元	学習内容		
1	学年目標	・トレーニングを通して，個々の課題を明らかにし，いろいろな作業を経験するなかで，働く態度を自覚できるようにする。 ・「わたしたちの進路」(教科書)を使って学習し，実生活に生かせる力を身に付ける。		
	学期	単元	学習内容	
	1	自分のこと	①自分自身のことや自分の家族について知る。 ②毎日の生活や休日の過ごし方について考える。 ③家庭生活や学校生活での自分の役割を知る。	
	2	働くこと	①家族や身近な人の仕事を知る。 ②働くことの大切さに気付く。	
		いろいろな仕事	①様々な職種があることを知る。 ②先輩の仕事について知る。(事業所見学の反省など)	
	3	働くために	①健康管理や身だしなみの大切さを知る。 ②人とのつきあい方やマナーについて知る。	
2	学年目標	・作業，メンテナンス作業を通して作業能力を培い，集中力や協調性を養う。 ・「わたしたちの進路」「あたらしいほうりつの本」(教科書)等を使って学習し，生活の自立への意欲を培い，3年生に向けて具体的な進路を意識できるようにする。		
	学期	単元	学習内容	
	年間	進路を考える	①進路を決めるまでの過程について考える。 ②進路を実現するために必要な情報を知る。	
		現場実習について	①実習に行く前の心身の準備について考える。 ②実習中の生活について考える。 ③実習先で気をつけることを考える。	
		メンテナンス作業	①班ごとに協力して，校舎の清掃作業(窓ふき)をする。	
3	学年目標	・現場実習に取り組むなかで出てきた課題を，トレーニングや作業のなかで再点検して，実習への意欲を高める。 ・「わたしたちの進路」「自分をまもる」(教科書)等を使って学習し，卒業後の生活に生かせる力をつけられるようにする。		
	学期	単元	学習内容	
	年間	卒業後の生活	①社会人としての心構えについて知る。 ②よりよい生活を送るための健康管理や金銭管理について考える。 ③人とのつきあい方やマナー，余暇利用等について考える。	
		きまりや制度	①自分を守ってくれている制度について知る。 ②卒業後の生活に生かせる方法を知る。	
		ボランティア活動	①余暇活動の大切さを知り，余暇の過ごし方を考える。	
		メンテナンス作業	①班ごとに協力して，校舎の清掃作業(床ふき)をする。	

（吉村元照）

事例 5-2	卒業後の生活を見通した家庭科の指導

東京都立永福学園高等部就業技術科

【指導のポイント】
- 明るく豊かな家庭生活を営むうえで必要な能力を高め，実践的な態度を育てる。
- 豊かな家庭生活を営むうえで必要な内容について，実践的な学習を中心として知識・技能の向上をめざすとともに，家族及び社会のなかでの役割を意識し，実践していく態度を育てる。

1 学校の概要

本校は，平成19年度に開校した，生徒全員の企業就労をめざす知的障害の軽い生徒を対象とした特別支援学校高等部職業学科のみを設置する学校であり，東京都特別支援教育推進計画第1次実施計画に基づき設置された。3年間を通して「職業に関する専門教科」と各普通教科等からなるカリキュラム編成を行い，企業就労に必要な知識・技能・態度の育成をめざしている。各学年10学級で，1学級10名。通学区域を設けず，都内全域から生徒を募集している。

2 生徒の特性

本校は，知的障害のほか自閉症や発達障害をともなう生徒たちも通学している。一斉授業を基本としているが，個別の指導が必要な生徒や障害特性から指示に対する修正が難しい生徒もいる。家庭科の基礎的能力については，生徒一人一人の個人差が大きく見られる。被服では，刺し子や刺繍のような単調な作業が得意な生徒，手指の巧緻性が低い生徒，また調理実習ではガス台で火をつけたことのない生徒もいる。一方で，包丁の扱いに慣れていてじゃがいもの皮むきや芽を取ることも得意な生徒もおり，実態は様々である。

3 地域の特色

　東京都では，本科のような知的障害が軽い生徒を対象とする高等部職業学科の学区域を全都としている。そのため，本科生徒の居住地は東京都のおよそ40区市町村にわたり，平均1時間～1時間半をかけて通学している。しかし，このことで職場への通勤にも慣れる効果があると思われる。生徒たちには，将来，勤務時間6～8時間のほか通勤時間片道1～1時間半を含む将来の生活が待っている場合もあるからである。

4 指導の基本的な考え方と教育課程への位置づけ

(1) 就業技術科の教育課程

　下記の通り本校の週時程は職業に関する専門教科と普通教科，ホームルーム・キャリアガイダンスの時間から構成されている。「家庭」は，各学年ともに週2単位時間配当されている。卒業後の生活を支える実際的な知識・技術を確かなものにしておくことが，3年間にわたって重要なことになる。

☆1年生

	月	火	水	木	金
1	情報	職業に関する専門教科	家庭	職業に関する専門教科	保健体育
2	国語				
3	理科		国語		美術
4	数学		職業		
	給食				
5	英語	職業に関する専門教科	音楽	職業に関する専門教科	数学
6	保健体育				社会
7			H.R.		キャリアガイダンス

☆2年生

	月	火	水	木	金
1		数学	職業に関する専門教科	音楽・美術（隔週）	職業に関する専門教科
2	職業に関する専門教科	職業			
3		保健体育		家庭	
4					
	給食				
5	職業に関する専門教科	情報	保健体育	数学	職業に関する専門教科
6		英語		理科 社会	
7		国語		H.R.	キャリアガイダンス

☆3年生

	月	火	水	木	金
1		数学	職業に関する専門教科	音楽・美術（隔週）	職業に関する専門教科
2	職業に関する専門教科	職業			
3		保健体育		家庭	
4					
	給食				
5	職業に関する専門教科	情報	職業に関する専門教科	数学	職業に関する専門教科
6		英語		国語	
7		国語		H.R.	キャリアガイダンス

　　　図　就業技術科における各学年の週時程の例

(2) 家庭科における取り組み

　卒業後の自立生活を営むうえで必要な内容を中心に取り扱っている。調理実習では身近な材料や調理道具，調味料を使用し，レパートリーも増やせるようになるべく工程の短いものを献立として取り組んでいる。また生活するうえで不可欠な栄養の学習と関連させ，材料の確認なども行っている。準備から片付けまでが調理実習であり，教員が必要以上に調理前の準備をせず，材料の袋開けやフィルム外し，缶切によるふた開け，瓶のふた開けなどの調理前の準備を生徒の活動としている。調理は工程を分担せず，一人または二人で取り組み，仕上げまでの工程を身に付けられるようにする。

　被服での裁縫や手芸については，針・糸・はさみ・ものさしを使用することを繰り返し取り組めるようにしている。ボタン付けなどの日常生活でも必要なことは繰り返し練習している。作品は日常生活で使用できるエプロン・手さげ袋・ハーフパンツなどを製作している。

5　指導の工夫

　授業は2学級20名を2人の教員で担当する。一斉指導が基本だが，生徒の実態や指導内容により個別の指導も必要である。授業の導入時での内容説明は一斉に行うが，教員の説明に常に注意を向けられるようにする必要のある生徒もいる。またプリントや図または実際の見本を見せ，出来上がりや工程のイメージをしっかりもてるようにする必要がある。説明は具体的に，そして視覚的にとらえることが大切であり，指示も短い言葉で説明した直後にその場ですぐ実行できるようにする(資料1)。

　被服は，一人で作業を進めることができる生徒もいるが，針に糸が通せないなど不得意な生徒には近くの生徒や教員の手助けが必要になる。

　調理では，仕上がったものを試食するという楽しみが生徒たちの意欲につながる。レシピは，普段家庭で身近になっている献立を選び，食材や調味料を使用したものにしている。レシピを読みながら，実際の作業を行うことは難しく，実際に野菜の切り方や計量の仕方，調理の仕方などのレシピを読みながら，見

本を見せる必要がある。このような方法が，将来の自立した生活に役立つと考えられる（資料２）。

(資料１) 快適な住生活・衣生活

衣服の手入れ　　　　　　　　　１年　　組　　番　氏名

◆衣服の取りあつかい絵表示の例

洗い方			アイロンのかけ方	しぼり方	ほし方
40℃以下の温度で電気洗たく機洗いができる。	30℃以下の水温で手洗いする	ドライクリーニング可能	あて布をして，中温(140～160℃)でかける。	しぼってはいけない。	つるして日かげにほす。

準備

①洋服の取扱い絵表示を見て，洗い方を確認する。

点と点を線で結びましょう

- 洗濯機で洗えるもの
- 手洗いするもの
- クリーニング可能

②洋服の取扱い絵表示を見て，干し方を確認する。

- ハンガーで干す
- 平らな所において干す
- 日なたに干す
- 日かげに干す（変色予防）

(資料2)食生活・調理 第2回

1年　　組　　番 氏名 _____

スクランブルエッグ

|材料(2人分)|
ピーマン　　　　　　　　1個
ハム　　　　　　　　　　1〜2枚（25g）
プロセスチーズ　　　　　1ピース（25g）
プチトマト（かざり用）　2個
卵　　　　　　　　　　　2個
牛乳　　　　　　　　　　15cc
塩　こしょう　　　　　　適量
炒め用の油　　　　　　　少々

|用具| 包丁・まな板（1人1組），フライパン，フライ返し，へら，
さいばし，ボール

|食器| お皿，はし，湯のみ茶碗（ちゃわん）

|作り方| ① ピーマンは洗ってたて半分に切り，班で分け，それぞれ種をとってみじん切りにする。

② ハムは，1cm×1cmに切る。

③ チーズは，1cm角のさいの目切りにする。

④ プチトマトは，洗ってへたをとり，$\frac{1}{4}$ に切る。

⑤ 卵を2つ割り，牛乳とチーズを加え，塩コショウする。

⑥ フライパンを中火にかけて油を入れ，ピーマンとハムを加えて軽く炒める。

⑦ ピーマンに火が通ったら（水分が抜けしんなりする。）卵液を加えてゆっくりかきまぜる。卵が半熟のうちに器に盛り付け，トマトをかざる。

|まとめ|　　　　　　　《よくできた◎，できた○，もう少し△》

	チェック項目	評価	備考
①	身支度・準備　※忘れ物　　（　　　　　）		
②	野菜類を切る　※切った具材　（　　　　　）		
③	フライパンで卵と具を加熱する		
④	盛り付け・配膳		
⑤	片付け		

感想

|確認欄| （　　　　　　）

(望月康子)

事例 5-3　社　会　～卒業後の社会生活を見すえた指導の工夫～

群馬県立高崎高等養護学校

【指導のポイント】

- 生徒の実態を考慮し，卒業後の社会生活上，必要と思われる事項を精選した内容にする。
- 講義的な内容ではなく，体験的な活動などを多く取り入れるなど，体感・実感できるように工夫する。
- 興味・関心を高めるための工夫をする。
- 内容を理解しやすいように工夫する。

1　学校の概要

　本校は平成9年4月に開校した高等部単独の特別支援学校（知的障害）で，設置学科は普通科と専門学科（農業園芸科・産業工芸科・家政被服科）である。各科ともそれぞれの学科の特色を生かして，日常生活や社会生活に必要な様々な力を身に付けるとともに，職業生活に必要な知識，技能及び態度の習得をめざしている。本年度の学級数・在学者数は，18学級・137名（1年・52名，2年・47名，3年・38名）で，入学者数が年々増加している。特に職業教育には重点を置き，普通科の重複学級では週4時間，単一学級では12～14時間，専門学科では12時間の職業教育の授業がある。ほかにも，進路学習や校内実習（卒業までに3回），現場実習（卒業までに6回）がある。寄宿舎はなく，全員が自力通学（電車，バス，自転車，徒歩）か保護者による送迎で通学している。

2　生徒の特性

　本校生徒は，明るく，素直な性格で，指導されたことに一生懸命に取り組んでいる。特に，あいさつや返事は，様々な学習場面で繰り返して指導している

ので，外部からの来校者に「たくさんの生徒が元気よくあいさつしてくるので，驚きとともに気持ちがよい」とよく言われる。一方，場や相手に応じた適切な話し方や言葉づかいと連絡・報告の仕方，指示されたことを正確に行うこと，指示されたことがよくわからないときや困ったときは自分から聞くなど自分で考え判断することが全体的な課題で，日々指導している。卒業後は，自宅から近くの勤務先（事業所または授産施設・作業所）に通い（自力通勤か送迎），自分の生まれ育った地域で暮らす生徒が多い。

③ 地域の特色

本校は，高崎市郊外の田園地帯の静かな環境のなかにある。また，徒歩15分ぐらいの距離内に，総合市場，デパートやホームセンターなどの大型店，レストランがあり，買い物学習や現場実習などに活用している。また，市営の路線バス停留所が校門前にあったり，JR駅が徒歩30分ぐらいの所にあるので，生徒の通学や交通機関の利用の仕方を学んだりするなどのための校外学習でよく活用している。また，地域の方に本校や本校生徒をよりよく理解してもらうとともに本校生徒自身の成長のために，体育館や校庭などの学校施設の有効利用（提供）や人間的交流，各種行事や催し物等で積極的に学校開放を推進し，地域に開かれた学校をめざしている。その一つとしての文化祭（ミュージカル発表，作品・製品販売など）には，毎年多くの来校者がいる。

④ 指導の基本的な考え方と教育課程への位置づけ

(1) 指導の基本的な考え方
○卒業後の社会生活上，最低限知っていてほしい内容を精選し，大切なポイントを繰り返し伝える。
○模擬体験・疑似体験的な活動を多く取り入れ，体感・実感することで，興味・関心を高め，さらに内容の理解を深める。
○興味・関心を高めたり，理解しやすくするために，視聴覚教材を工夫する。
○生徒が考えたり，参加できる場面を多く設けるなど，講義的な授業にならな

いように工夫する。

(2) **教育課程への位置づけ**

1学年と2学年の専門学科で，「社会」を週2時間実施する。

5 指導の工夫

○ 関心を高めたり，内容の理解を深めるようにするために，実物または図説や写真などの視聴覚教材を多く用いる。
○ 内容を理解しやすくするために，生徒の生活実態に合わせた事例を多く取り入れる。
○ 学習内容が実感・体感できるようにするために，模擬選挙，模擬勧誘など模擬体験的な活動を取り入れる。
○ 生徒が実際に考え，行動する場面をより多く設定する。
○ 重要ポイントのみを記入するワークシートを作成し活用する。

6 年間指導計画

〈第2学年社会科（専門学科）：週単位時数・2時間〉

目標	・生活する上できまりやマナーがあることを知り，社会の一員としての自覚を養う。 ・情報メディア，外国の様子，社会の様子や変化について興味をもち，理解を深める。 ・実習体験を通して，働くために必要な能力や態度について考える。	
月	単元（題材）名	学 習 内 容
4	・修学旅行	・旅程表の見方，見学地，体験場所についての概要，利用する電車や駅名，経路等を知る。 ・公共施設，公共物，公共交通機関利用の際のマナーを考える。 ・インターネットを利用して調べ学習をする。
5	・いろいろな職業Ⅰ	・実習を通して「働く」ことやその「生活」について考える。
6 7	・私たちの生活Ⅰ （消費生活）	・主に，「契約・取引」は悪徳商法，「安全」は食品・製品，「情報」はネットトラブルについての概要を知り，トラブルにまきこまれないためにはどうしたらよいか，まきこまれた場合の対応の仕方を考える。 ・環境問題について知り，自分たちでできる改善方法を考える。
9 10	・いろいろな職業Ⅱ	・第1回現場実習での仕事内容を発表し合い，いろいろな職業の様子について知り，自分の進路について考える。

11	・私たちの生活Ⅱ （家族・地域） （外国との関係）	・家族，地域生活について自分とのつながりを理解する。 ・新聞やテレビ等のマスコミで話題になっていることを調べ，関連する国や地域について知る。 ・身近にある食料品，衣料品・電化製品等の産出国を調べ，それぞれの国の位置を知る。	
12		・世界の特徴ある国々を知り，日本との違い（気候，地形，産業，言語，国旗等）について気付く。 ・インターネットを利用して調べ学習をする。	
	（選挙）	・選挙について概要を知り，生徒会選挙や国政選挙を通して自分とのかかわりを理解する。	
1	・いろいろな職業Ⅲ	・第2回現場実習での仕事内容を発表し合い，いろいろな職業の様子について知り，自分の進路について考える。	
2	・私たちの生活Ⅲ （療育手帳） （卒業後の生活）	・療育手帳の利用の仕方と相談の仕方について知る。 ・住むための支援（自立訓練，グループホームなど），働くための支援（ハローワーク，福祉事務所等），健康面での支援（国民健康保険，医療保険など），経済面での支援（障害者年金，生活保護など）を知る。 ・卒業後の生活について，給料の使い方や余暇の過ごし方等を具体的に考える。	

7 単元・題材全体の指導計画

〈「私たちの生活Ⅰ（消費生活）」（2年）〉

	指 導 内 容	時間
1	・悪徳商法について知る。 ・悪徳商法に誘われたときの対応の仕方を考え，模擬体験をする。	2
2	・食品・製品の安全について知る。 ・安全でない場合の対応の仕方を考え，模擬体験をする。	2
3	・ネットトラブルについて知る。 ・ネットトラブルにあった場合の対応の仕方を考え，模擬体験をする。	2
4	・環境問題について知る。 ・身近な対策から，自分でできる改善方法を考える。	1
5	・まとめ	1

〈「私たちの生活Ⅱ（選挙）」（2年）〉

	指 導 内 容	時間
1	・なぜ選挙をするのかを知る。	1
2	・身近な選挙を知る。（市町村長・議会，都道府県知事・議会，国会議員）	2
3	・模擬投票をする。	2
4	・まとめ	1

（新嶋隆雄）

事例 5-4　英　語　～個別の教育支援計画作成の観点から～

滋賀県立長浜高等養護学校

> **【指導のポイント】**
> - 英語を話す，聞く，使う，書くという4領域の活動を取り入れ，様々な活動を行うなかでできることを増やし自信がつくようにする。
> - 一斉授業という形式のなかで，お互いに支え合い楽しく積極的に活動する姿勢が育つようにする。
> - 生徒の特徴を考慮し，得意なところは伸ばし，苦手なことにもチャレンジすることで，できたという達成感がもてるようにする。

1　学校の概要

　本校は，県立長浜高等学校に併設する形で，普通科の高等養護学校として平成18年4月に開校した。軽度の知的障害があり，自分で通学できる生徒を対象としており，社会人として自立するための生活習慣の確立や社会参加に求められる信頼される人間力の伸長，また就労に必要な知識，体力，技能，態度の習得をめざす学校である。定員は1学年2クラス，1クラス8人の16人である。授業は，高校と同じく1限50分で，1日に6限，1週間に30時間の授業を組んでいる。そのうち園芸，窯業，縫工，木工などの職業教育にあてられているのは各学年8時間，残りは国語，数学，美術，音楽，保健体育，英語，情報，家庭，福祉，総合学習，LHRである。また授業の間の休み時間は10分，昼休みは35分となっており，着替えや教室移動，昼食などはその間にすまさなければならず，かなりテキパキと動くことが必要とされる。

2　生徒の特性

　軽度の知的障害がある生徒が対象であるが，生徒の特徴は様々である。学習

障害があったり，ADHDや自閉症のある生徒がいたり，中度の知的障害と思われる生徒もいる。英語に関して述べると，生徒の知識，理解の状況は様々である。例えば，アルファベットに関しては，

　わかって書ける文字が少なく，順番もあやふやである，
　大文字と小文字の対応が難しい文字がかなりある，
　大文字も小文字も順番に並べられる，
　アルファベットを聞いて，大文字も小文字もほぼわかって書ける，
　アルファベットが言えて，大文字はほぼ書ける，
　アルファベットが言えて，大文字も小文字も完璧に書けるなど，

という状況である。さらに，中学の文法事項は多少習得している生徒もおり，どこに焦点をあてて授業を組み立てるかはとてもやりがいのある仕事である。

3　指導の基本的な考え方

　英語の教育課程への位置づけは，①英語に触れて，自分の世界を広げる。②ペアやグループで英語を使ってやり取りしたり，人前で発表をすることで，自己表現とコミュニケーションの力を身に付ける。③大きな声で歌を歌ったり，発表をしっかり聞いたり，課題に集中して取り組み，楽しく前向きに授業に参加できる態度を育てるという考えを踏まえている。これらのことと生徒の状態を考慮して，題材を選び，必要な教材を準備して授業を行っている。

　授業の実施にあたっては，以下のことを踏まえる必要である。

①　情報の理解としてビジュアルエイドが必要がある。
②　大きな声で英語を言うことができる。
③　楽しくゲームをすることができる。
④　英語を聴き取る活動は取り組みやすい。
⑤　ペアで行う活動に慣れていない。
⑥　書くことが苦手な生徒が多い。

4 指導法の工夫

① 情報の理解としてビジュアルエイドが必要である。

フラッシュカード，ピクチャーカード，表に絵，裏に単語を付したカルタを準備した。ビジュアルエイドは生徒の理解にとても役立った。

② 大きな声で英語を言うことができる

英語の歌やチャンツ（リズムに乗って歌うようにすること）を取り入れた。最初は曲に合わせて歌ったり，チャンツは難しかったが，体験していくうちにできるようになった。特にチャンツは自然と英語のリズムを身に付けることに役立ったと思われる。歌を歌うことは生徒の印象に強く残っていて，生徒の多くが楽しいことの理由にこの活動をあげている。

③ 楽しくゲームをすることができる。

カルタ，ビンゴゲーム，ハロウィンやクリスマスのカード作りを行った。

④ 英語を聴き取る活動は取り組みやすい。

歌詞を一部抜いたワークシートを準備し，聴き取って歌詞を完成させる活動を行った。アルファベットではなく，聞こえたようにカタカナで書いてもよいことにすると，単語がわからなくても全員参加できる。また単語を聞いてその単語に合う絵を選ぶ活動はよくできる生徒が多かった。

⑤ ペアで行う活動に慣れていない。

コミュニケーションの活動は出来る限り毎時間取り入れる工夫をした。

（ア）　ペアを決めて英語のやり取り練習を行う活動。

（イ）　ペアを決めてアルファベットカードを使って単語を完成する活動。

（ウ）　クラスの全員とやり取りをして表を完成する活動。

ペアを決めて行う活動は，ペアによってはうまく進まないことがあったが，進めるうちにリードできる生徒が出てきたり，手助けをして活動を促すことでおおむねうまくいった。クラス全員とのやり取り練習は，相手を探せず動けない生徒も見られたが，手助けできる生徒が出てきたり，手助けすることで，その生徒が動ける範囲で活動できるようになった。

⑥ 書くことが苦手である。

　毎時間ワークシートを準備して，書く活動を取り入れた。また，単語や文を練習する課題を出した。授業の内容を振り返り，期限を守って提出することに取り組むようにした。アルファベットが十分書けなかった生徒が3年生になって，助けは必要であるが単語や英文を書けるようになり，自分で課題をやり切るようになった。

5 実際の授業について

　英語のカリキュラムは次のようになっている。

	1年	2年	3年
今年度	英語 (1)	英語 (1)	英語 (2)
次年度以降	英語 (1)	英語 (1)	英語 (1)

　教科書は三省堂『SELECT Oral Communication Ⅰ New Edition』を3年間で使うことになっているが，2年生と3年生でいくつかのレッスンを題材として使い，それに合う教材を準備して授業を行っている。3年生の1学期はLesson 2　Free Timeを学習する。その具体的な授業を紹介する。

【準備するもの】

　音楽を聴く，読書をする，勉強をするなど15の大きなサイズの絵カードとその絵に合う単語カードで，これはホワイトボードに貼って使う。カルタサイズの絵カードで，これは机の上で使う。必要なワークシート（英語にはカタカナで読みを入れる）

① ホワイトボードに絵を貼って英語を言う練習をしたり，慣れてくると，写真のように単語のカードを生徒に配って絵と合わせる活動ができる。

② カルタサイズのカードはペアで英語を

聞いてそれに合うカードを取り合う活動ができる。
③　絵が描かれているワークシートを見て，英語を聞いてそれに合う絵を選んだり，単語を合わせたりする。
④　下線部を入れ替えながら英語のやり取り練習をする。
　　A: Do you listen to a CD in your free time?
　　（ドゥ　ユ　リスン　トゥ　ア　CD　イン　ユア　フリー　タイム）
　　B: Yes, I do. / No, I don't.（イエス，アイ　ドゥ／ノウ，アイ　ドウントゥ）
　　教師がAの役をし，生徒にBの役をさせる。その後，役割を交代する。
⑤　ペアで英語のやり取り練習をし，相手が暇なときにすること，しないことの表を完成する。
⑥　自分が暇なときにすること，しないこと，相手が暇なときにすること，しないことを英文で表現する。

　　説明を聞き，例文を見てワークシートに英文を書く。このとき，相手が暇なときにすることについては三人称単数について触れる必要が出てくる。難しい内容ではあるが，説明を聞いて理解するということを求めている。定着はなかなか困難だが，「わかった！」と言って英文を書いた生徒がいた。その時の集中した様子とわかった時のうれしそうな顔がとても印象に残っている。

⑦　全体に向けて発表する。
　　暇なときに自分がすること，しないことについて絵を見せながら発表する。生徒が行う前に見本を見せ，各自で練習したり，確認したりできる時間を設ける。その後，希望する生徒は手をあげて発表する。
⑧　同じカードを使って，先週の日曜日したこと（過去），今度の日曜日する予定のこと（未来）の学習に発展させる。

6 最後に

「軽度の知的障害のある生徒に英語で何を教えるか」という問いに,「これです」と答えることはとても難しい。

英語という言葉を通して,できる限りの働きかけを行い,彼らの知的な活動や好奇心を呼び起こすことができると考えられる。また,仲間とともに学習することの楽しさも味わってもらいたいと考える。英語という教科をそのように教えていくことが大切であると思われる。1学期は,授業が楽しいと答えた生徒が多く,理解して授業ができることが何よりうれしいと答える生徒がいた。理解できた時,仲間と一緒に活動する時,生徒たちはとても素敵な表情をする。そんな表情に出会えるような英語の授業を行っていくことが大切であると考えている。

(上田美穂子)

コラム

ボランティア活動

ボランティア活動については,高等学校学習指導要領において,「就業やボランティアにかかわる体験的な学習の指導」を示しており,同解説総則編では,その意義を次のように解説している。

「ボランティア活動は,生徒が社会の一員であることを自覚し,互いが支え合う社会の仕組みを考える上で意義があると同時に,単に社会に貢献するということだけでなく,自分自身を高める上でも大きな教育的意義がある。生徒は,自分が価値のある大切な存在であることを実感するとともに,他人を思いやる心や社会生活を営む上での規範を学ぶことができる」

各学校では,生徒の障害の状態,学校や地域の実態等に応じて,様々なボランティア活動を展開している。

例えば,地域や自治会と連携した河川敷クリーン作戦への参加,街や公園の清掃,空き缶回収などのリサイクル等があり,高齢者の福祉施設での活動,街の美化－プランターの花の提供－等への協力等がある。

(大南)

事例 5-5　企業への就職をめざす作業学習

福岡県立特別支援学校 福岡高等学園

【指導のポイント】
- 作業学習の場は，就職先の仕事場と同じ。
- 作業学習の場に，将来，職場・社会で遭遇する多様な体験を盛り込む。
- 他者と協調しながら，自分で考え自分から行動する意欲と自律性を育てる。

1　学校の概要

　軽度の知的障害を有する生徒を対象とした高等部のみを設置する養護学校（当時）として昭和62年4月に開校した。学年の定員50名，全学年で約150名の生徒が学んでいる。

　普通科の教育課程のなかに5つの職業に関するコースを設け，職業教育に重点を置いた教育を行うとともに，全員が寄宿舎で3年間共同生活を行い，親元から離れ，自立心と基本的生活習慣を徹底して身に付ける教育を行う全寮制が特徴である。

　これまでに21期・約950人の卒業生を社会に送り出してきた。就職を希望する卒業生の約95％が一般企業に就職し（各年5月1日現在），卒業生全体の約90％が現在も福岡県下の事業所で活躍している。

2　生徒の姿

　在籍する生徒の姿は，おおむね次のようである。
- 真面目であり，勤勉に作業学習に取り組む。
- 指導・指摘を素直に受け入れる。
- やり遂げた喜びや，失敗した悔しさなど，気持ちを正直に表現する。

○社会人として自立しようとする意欲・自覚が十分に育っていない。
○自分の役割に対する自主性・責任感が十分に育っていない。
○社会生活における礼儀・習慣が身に付いていない場合がある。
○挨拶・返事・連絡・報告・伺い・お尋ねなど，基本的なコミュニケーション力が十分に育っていない。

3 事業所が求める生徒像

　実習先の企業から「それぞれの職場で必要な技能は，職場で教えることができる。学校では，就職するまでに，挨拶・返事や積極性を身に付けてほしい」との指摘を受けることが多い。就職後，離職をする理由の多くは，職場の規律が守れない，基本的なコミュニケーションが十分でないなど，社会人としての自覚や対人関係の形成に課題があることを示しており，職能や生産性の低さが離職につながっているとは限らないのである。
　福岡県雇用対策協会は，研修資料のなかで事業所が求める生徒像を，以下のように示している。
○自分で考え，行動する力をもっている生徒
○ニコニコ，ハキハキ，キビキビしている生徒
○部活動，生徒会活動を一生懸命にしている生徒
○「すみません」「ありがとうございます」が言える生徒

4 作業学習の基本的な考え方

　作業学習の目的は，各コースの作業を行う体験を通して，将来の職業的・社会的自立に必要な基本的事項を身に付けることである。窯業を学んで卒業した生徒が窯元に就職するのではなく，窯業の学習を通して社会人としての基本的な事項を身に付け，多様な業種の事業所へ進路を実現していくのである。
　「作業学習の場は就職先の仕事場」と考え，将来どのような業種の仕事場に就職しても共通して役に立つ基本的事項として，以下のことを身に付けることが大切であると考えている。

○挨拶，返事，先輩・上司に対する礼儀・言葉遣い
○業務上の連絡，報告や上司からの指示・指導・指摘の聞き取り
○服装（制服）を整える，5分前行動と時間厳守，整理整頓，清掃の習慣
○各種工具，重量物・危険物などを安全に取り扱う（危険回避）
○3時間の立ち仕事，一定時間の一定仕事量に対する体力・集中力
○大きな機械音，高温，多湿，寒冷などの場の条件に対する耐性
○正確・ていねい・迅速に業務を遂行する技能

　これらの事柄を作業学習を通して身に付けることにより，勤労・生産の喜びとともに，社会人として自立しようとする自覚・態度，自らの役割に責任をもち，他者と協力して働く態度，場に応じたあいさつや敬語の使用など，豊かなコミュニケーション力が育つのである。

5　指導法の工夫

【きめ細かな指導・支援を継続・徹底する工夫】
　1学年時に編制した5つの作業コース別の学習集団（各10人）を，基本的に同一指導者グループ（3～4人）が毎週9～10時間，3年間継続して指導にあたりじっくりと一人一人に応じたきめ細かな指導・支援を行う。
【個別の指導計画作成・活用の工夫】
　10人の生徒個々の学習進度や職業適性などの特徴を考慮し，3段階に分けた生徒の実態・個別の目標・指導方法・評価と課題を記述し，製作課題（単元）ごとに作成する。その後の現場実習や卒業後の個別の移行支援計画に反映する。
【職業人としての自覚・態度・技能を高める工夫】
　生徒は，工芸，被服，窯業，機械，クリーニングいずれかの作業コースを選択し，3年間継続して同一作業コース・同一学習集団で系統的に学ぶことにより，製品（商品）と呼べるものづくりができる程度まで自覚・態度・技能を高める。
【体験する内容を多様にする工夫】
　例えば「デザイン考案・採寸・型紙作り・用布の見積もり・地直し・裁断・

印付け・本縫い・仕上げ」などの各製作工程を，製作課題（単元）ごとの指導過程全体を通じて一人の生徒がすべて体験できるように計画する。

6 指導の様子

【工芸】

　木材の性質，図面の作成・読解，工具・機械の操作法などに関する基本的な知識，鑿(のみ)・鋸・金槌・鉋(かんな)・指金(さしがね)などの工具や鉋盤・丸鋸盤・ドリルなどの機械の操作技術の習得を通して，職場で必要となる責任感・協調性・自主性・注意力などを身に付ける。

　写真は，3年生が卒業製作で，かまち組構造の五段引き出しを作る工程で，手押し鉋盤を操作している場面である。デザイン考案，製図，木取り，加工，組み立て，塗装仕上げの全工程を一人で行う。

【機械】

　金属加工に必要な工具やボール盤・旋盤・帯鋸盤・アーク溶接など機械操作の実習を通して，金属加工に関する基礎的な知識・技能を習得するとともに，職業生活に必要となる働く意欲と安全に作業を行う実践的態度を身に付ける。

　写真は，1学年末の傘立ての製作で，高速グラインダーを用いて角形の鉄パイプを切断している場面である。製図，材料取り，ガス溶接による組み立て，塗装仕上げの各工程を全員の生徒が実習するように作業を分担する。

【窯業】

　陶磁器成形作業に必要な道具・機械器具操作等の実習を通して，陶磁器製造に必要な基礎的な知識・技術を身に付け，職業生活に必要な実践的態度を育て

る。写真は，本校の給食で使用している汁碗を作るため，機械ろくろによる成形を行っている場面である。1年生の後半から3年生までの作業の内容として実施している。仕事に対する集中力や手指の巧緻性を高め，作る喜びと達成感が大きい。卒業生が，よく職場に定着している。

【クリーニング】

洗物を素材や性質により分類し，分類に従って適切な洗い方を選択，工程を計画・実施するまでの知識・技術の習得を通して，職場規律や礼儀を守り，合理的・経済的で安全な作業を行う実践的態度を育てる。

写真は，本校生徒の制服を教材として制服の仕上げを行っている場面で，素材や織りによるアイロンの当て方の違いを学んでいるところである。

テカる素材・起毛の素材など，多様な素材の知識と注意力，判断力が求められる。また，高温，立ち仕事に対する集中力・忍耐力が養われる。

【被服】

被服製作に必要な用具や機械の操作を通して，被服製作の基礎的な知識・技術を習得し，職業生活に必要な実践的態度を身に付ける。

写真は，3年生が工業用ミシンでブラウスのみごろを縫っている場面である。このブラウス製作は4月から取りかかり，後輩である1年生の作業着として7月初めに20着を納品する。用具の管理を通し

て，作業の準備・後始末の習慣化，安全に対する態度の育成に留意している。

　本稿では，作業学習を通して職業的・社会的自立に必要な自覚・態度・技能を身に付ける考え方を述べたが，決して技能習得を軽視するものではない。
　「マイ・チャレンジ（35時間）」として各種の選択講座を設け，ワープロ検定やフォークリフト試験，危険物取り扱い試験などの資格試験に挑戦している。また，「充実週間」というトピック単元を年に複数回設け，流通，清掃，接客・接遇などの業種の専門家を講師として招き，集中的に専門的な技能そのものを学ぶことも行っている。
　そして，職業的・社会的自立の基礎となる基本的生活習慣の確立をめざして粘り強く取り組んでいる，寄宿舎教育の存在を忘れてはならない。

（遠江規男）

コラム

部活動

　部活動については，学習指導要領において，「部活動の意義と留意点等」を示している。その実践は，「スポーツや文化及び科学等に親しませ，学習意欲の向上や責任感，連帯感の涵養，互いに協力し合って友情を深めるといった好ましい人間関係の形成等に資するものであるとの意義」と示されている。
　各学校では，生徒の障害の状態，学校や地域の実態等に応じて，様々な活動を展開している。
　例えば，スポーツでは，サッカー，バスケットボール，ソフトボール，水泳などであり，文化活動では，演劇，合唱，絵画，手工芸などである。
　また，都道府県レベルの大会，全国大会の開催内容によって，部活動が影響を受けることもある。

（大南）

6 専門教科

　高等部の各教科については，各学科に共通する各教科，主として専門学科において開設される各教科（以下，専門教科）及び学校設定教科で構成されている。

　各学科に共通する各教科は，国語や社会など11教科で構成されている。専門教科は，家政，農業，工業，流通・サービス及び福祉の5教科で構成されている。また，学校設定教科は学校が独自に設けることができる教科である。

　この専門教科は，職業学科（専門学科）でも普通科でも履修することはできるが，職業学科においては，その授業時数を3年間で875時間以上とすることが義務付けられている。

　その履修の仕方は，一つの教科でも複数の教科でも問題はない。学年ごとなどで履修する教科を変えることもできる。また，当然ではあるが，領域・教科を合わせた指導でも扱うことができる。

　その場合，専門教科以外の教科等も合わせて指導することから，職業学科においては，作業学習等の授業時数を875時間を超えて設定することが必要となる。

　福祉科は，今回の学習指導要領の改訂により新たに示されたものである。この福祉科は，社会福祉に関する職業教育をより一層充実させる観点から，社会福祉に関する職業についての基礎的・基本的な内容で構成するものとして設けられた。

　また，全国的にも，特別支援学校が関係機関と連携するなどして，生徒の介護福祉に関する資格取得のために積極的に取り組んでいる例は多い。

　福祉科の内容は，「社会福祉についての興味・関心を高め，意欲的に実習をする」「社会福祉に関する基礎的・基本的な知識と技術を習得する」「福祉機器や用具，コンピュータ等の情報機器などの取扱いや保管・管理に必要な知識と技術を

習得し，安全や衛生に気を付けながら実習をする」「次に示すような社会福祉に関する必要な分野の知識と技術を習得し，実際に活用する。・家事援助・介護」が示されている。

事例6－1　職業学科における家政科の指導である。食品加工として，食パン，菓子パン，菓子作りなどに取り組んでおり，専門教科と現場実習における指導の関連を考慮しつつ，キャリア発達の観点から，指導内容等の整理を行っている。また，年間指導計画における指導内容が具体的に想定されていて分かり易い。

事例6－2　職業学科における農業コースの指導である。指導上の工夫として，3つのおきて（確認事項），一人一役，仕事量の視覚化，時間感覚（時計）などの活用が挙げられている。また，学年を越えた作業グループによる取組が生徒を成長させている。

事例6－3　職業学科（専門学科）における工業科の指導である。3つのコース（木材工芸，電子，金属）ごとで「ものづくり」の教育を行っており，基礎的な指導内容として，身だしなみ，あいさつ・返事，マナー，労働習慣，時間を守ること，長時間の労働ができる体力などを身に付けることが重要としている。

事例6－4　職業学科における流通・サービス科の指導である。流通・サービス科（専門学科）を設け，バックヤードサービス分野では，厨房に係る実習やベッドメイキング，洗車など，オフィスサービス分野では，事務処理や帳票作業，倉庫作業など今日的なニーズを踏まえた指導がなされている。

事例6－5　普通科における福祉科（実践時には学校設定教科）の指導である。学校における福祉科の授業を訪問介護員養成講座の研修として位置付け，高等学校との連携なども行って，2級資格を得られるようにしている。年間の指導計画は訪問介護員養成講座の研修計画とほぼ同様にしている。

（石塚謙二）

事例 6-1	家 政 ～食品加工～

京都市立白河総合支援学校

【指導のポイント】
- 縦割り集団による生徒同士の学びや，自らがわかって動ける支援の工夫。
- 製品を常に販売・流通させ，地域のニーズに応える，学校のなかで完結しない実践。
- 企業での産業現場実習と並行して取り組み，企業の視点を取り入れた実践。

1 学校の概要

本校は，昭和51年に高等部普通科の単独設置の養護学校として開校し，平成16年4月より京都市の総合制養護学校への再編にともなって，学年進行で高等部職業学科「産業総合科」（1学年32名）に移行した。平成21年度より専門教科「地域コミュニケーション（福祉）」を新設し，定員を1学年40名に増員した。卒業後は全員が企業就労することをめざし，学習に取り組んでいる。

2 生徒の特性

生徒は，療育手帳を有しているが，いずれも障害の程度は軽度であり，京都市内から，公共交通機関を利用して自主通学している。コミュニケーションにおいては，口頭での指示理解がおおむね可能であるため，一見，障害がわかりにくいこともある。実際は指示通りに行動することが難しいこともあるので，指示内容がわかっているかどうかの確認や，例示することでわかりやすくするなど，特性に合わせた支援を行っている。

3 地域の特色

本校は，京都市の町中にあり，近隣には古くからの民家が多い。平成20年度

からは，地域の高齢者体操教室に校舎を開放し，現在は週２回，36名程度の参加がある。体操の帰りには，参加者が本校の喫茶室「ミルキーウェイ」に立ち寄り，食品加工で作ったパンや焼き菓子を楽しみにしたり，お茶を飲んで休憩されたりしている。

4 指導の基本的な考え方

　専門教科では，その専門のスキルを身に付けたり，スキルアップを図ったりすることだけがねらいではない。めざすことは，次の通りである。
- 職業生活に関する，より専門的な知識や技能，姿勢，態度について学習する
- 専門的な知識や技能に裏づけられた自信と意欲，主体性を育てる
- 産業現場等での実習の場面で見出された課題を反映させるとともにキャリアアップを図る

　「企業から学ぶ」視点と「学校内で完結しないカリキュラムづくり」を教育の柱とし，企業における実習を教育課程の中心にすえた"デュアルシステム"を推進している。

　専門教科の演習においても，企業や地域との連携を意識した実践を行っている。企業実習は，学校で学んだことを「検証」する場であり，そこでの評価は学校の授業にフィードバックされ，生徒は次の実習に向けて取り組むことになる。このフィードバックとは即ち，企業の視点を授業に取り入れることを意味している。

5 指導の実際

　卒業後の働くことへの意欲を育て，社会生活へスムーズに移行するためには，自らのキャリア形成を促す取り組みが必要となる。専門教科は，各学年を２つのグループに分け，分けた異学年の各グループ合同の縦割学習集団を編成しており，生徒同士の学びあいを大切にしている。また，一通りの製パン作業を習得した生徒には，自分が作りたいパンを選ばせるようにし，一人で成形から焼成までを行い，意欲と責任感を持ってやり遂げられるようにしている。毎日作

る約10種類程度のパンには，手指の操作性等に難易度の違いがあり，生徒の希望と実態に合わせながら，より難しいものが作れるように目標をもたせている。

製パン作業では，①立ち仕事を継続する体力，②役割分担による協力と責任感，③途切れることのない集中力と正確さやていねいさ，④迅速さを追及する気持ち，⑤安全や清潔への意識，などが育つように，一人一人に合わせて取り組んでいる。

6　年間指導計画

学期	月	目　標	学習内容・学習活動
前期	4	・製パンに関する基礎的・基本的な知識について知り，興味・関心をもつ ・知識と技術を応用し，各種具材の包み方を理解し，習得するなかで自分の得意・不得意を知る	食品加工に関する基礎的・基本的な知識と技術の応用・発展について ・製パン・製菓の基礎的な技術の実習 ・作業環境の安全に向けた状況作り ・販売学習（通年）
	5	・苦手とする具材の包み方を工夫し，習得する	
	6	・製パン・製菓の基本的な知識や基礎的な製造工程を知り，安全や衛生面を配慮して作業を担う	製パン・製菓の製造・応用 ・各種菓子パン・調理パン・デニッシュパン作り ・めん棒で生地を丸く伸ばす ・具材の計量・調理 ・具材をはみ出さず美しい形に成形する ・焼き菓子（クッキー・バターケーキ・タルト）作り ・リバースシートを正しく安全に使う
	7	・発展的な知識や技術を学び，大型機器の正しい扱い方を理解し，自分のできる作業を安全に行う	
	9	・技術を応用し，各種具材調理に取り組むなかで，卒業後の働く生活のイメージを膨らませる	
後期	10	・製パン・製菓の製造工程を正しく理解し，自分の分担に責任や自信をもち，協力し合い正確に効率よく活動する	製パン・製菓の製造・応用 ・各種菓子パン・フランスパン（クッペ・フィセル・ベーコンエピ）・ベーグル作り ・めん棒で生地を丸く伸ばす ・パンチを行う ・竿秤での計量 ・クープを入れる ・焼き菓子（チーズケーキ・マフィン・パイ）作り ・リバースシートを使って油脂を折り込む ・具材を加工調理する
	11	・時間を意識して，正確にスピーディに作業を進める	
	12		
	1	・食品加工に関する発展的な知識と技術を習得し，自分の課題に気付き，働くことの意義について理解を深める	製パン・製菓の製造・応用・食品加工 ・各種食パン作り ・レーズン酵母作り ・天然酵母の菓子パン作り ・天然酵母の食パン作り ・各種ジャム作り ・蒸し器を使った菓子作り ・各種ケーキ作り ・共立て法・別立て法でスポンジ生地を焼く ・パレットナイフを使ってデコレーションする
	2	・働くための実践力を養い，目標に向けてキャリアアップを図る	
	3		

7 授業の全体像

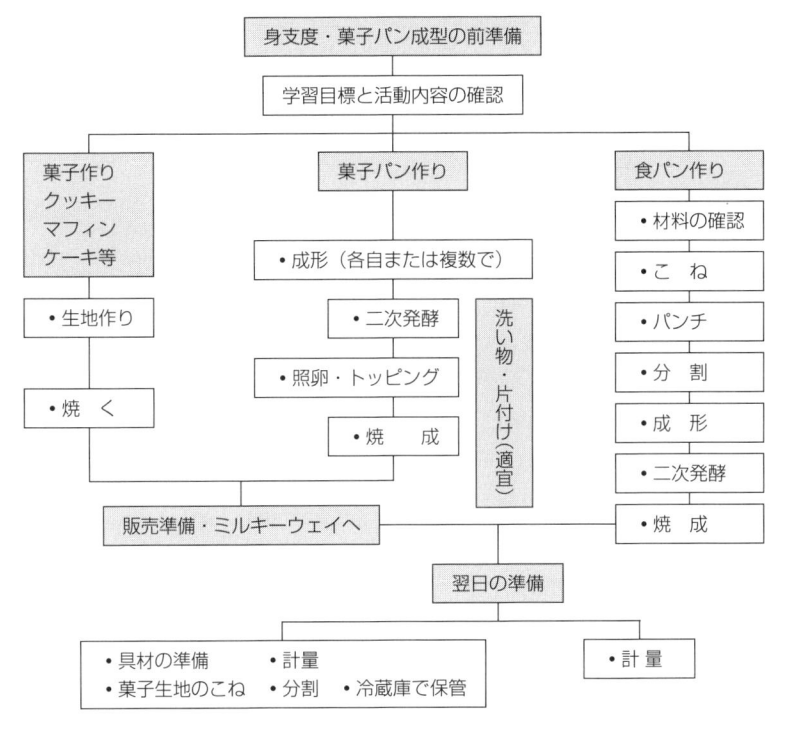

```
┌─────────────────────────┐
│ 身支度・菓子パン成型の前準備 │
└─────────────────────────┘
          │
┌─────────────────────────┐
│  学習目標と活動内容の確認   │
└─────────────────────────┘
```

菓子作り
クッキー
マフィン
ケーキ等
- 生地作り
- 焼く

菓子パン作り
- 成形（各自または複数で）
- 二次発酵
- 照卵・トッピング
- 焼成

洗い物・片付け（適宜）

食パン作り
- 材料の確認
- こね
- パンチ
- 分割
- 成形
- 二次発酵
- 焼成

販売準備・ミルキーウェイへ

翌日の準備
- 具材の準備　・計量
- 菓子生地のこね　・分割　・冷蔵庫で保管
- 計量

8 産業現場実習と専門教科の関連

1ステージ〈「情報活用探索能力」重点〉

働くことの意義や多様性を理解し，様々な情報をもとに自分の将来を考えることができる。

導入実習・情報活用にかかわる実習	専門教科・基礎基本
○導入実習 ・働くことへの馴染み，基本的なあいさつやマナーの習得，立ち仕事での定型反復作業，メンテナンス作業 →グループでの短期間の実習 ○情報活用にかかわる実習 ・働くことに自信ややりがい感をもつ ・様々な職種・職域を知る →身近な職場・職域（スーパーなど） →多岐にわたる作業工程	・働くことの基礎基本に関すること ・習慣や挨拶等の基礎基本 ・結果がわかりやすい作業活動 ・生産から販売の体験 ・活動の継続や情報の収集に関する要素のある学習 →1日の作業の見通しをもつ →立ち仕事を継続する体力をつける →あいさつ・返事・報告をする

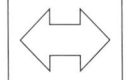

2ステージ〈「人間関係形成能力―自他の理解」重点〉

　働くことについての自己理解ができるとともに，多様な人とのかかわり方がわかる。

○自己理解にかかわる実習 ・自分にとっての得意や不得意，課題であることがわかるようになる →様々な職種の体験 →遠距離通勤の体験 →苦手なことへの挑戦	⇔	専門教科・応用 ・苦手を含む学習 ・できるかできないか，ぎりぎりのところをする学習 ・チームプレーや役割分担など，より意識した学習 →より難しい菓子パン作り →グループで取り組む作業

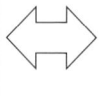

3ステージ〈「意思決定能力」重点〉

　課題の葛藤の解決に積極的に取り組み，よりよい選択・決定ができるようになる。

○意思決定にかかわる実習 ・自分の課題に向き合い，その解決を図るようになること ・自己アピールしたり，目標に向けキャリアアップを図ったりすること →就労先を決めるために必要なことを体験的に学ぶ実習 →マッチングや就労先の可能性をさぐるための実習	⇔	専門教科・発展 ・負荷があり本人のもつ経験や能力で，課題解決が図れる学習 ・課題解決に必要な要素を抜き出してキャリアアップを図る学習 ・スピードを意識して一人でやりきる製パン作業 →下級生に見本を示す作業

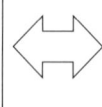

4ステージ〈「将来設計能力」重点〉

　夢や希望をもって社会人としての生活をイメージし，将来設計するようになる。

○雇用を見すえた長期実習 ・よりよい選択をし，職場や仕事に馴染めるようになること（支援体制を整える） →「できること・できないこと」を整理するための見極め実習 →長期実習 →勤務シフトを想定しての実習	⇔	専門教科・応用 ・将来設計に関る諸制度の理解に関する学習 ・就職を目指す職場・職域において必要とされる知識や技能 →必要な技能獲得に向けての作業

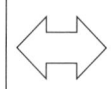

本校では，キャリア発達の4つの能力領域をもとに，3年間を4つのステージに整理し，それぞれのステージの重点を踏まえた学習や実習に取り組んでいる。そこでは，個別のキャリア形成支援のための計画表（キャリアデザイン）を作成し，実習と校内での学習との関連づけを確かめている。実習を終えた振り返りをていねいに行い，課題については学校で「何を」「どのように」取り組むか，生徒自身も意識できるように，指導者と相談しながらシートに書き込んでフィードバックしている。生徒自らが将来の職業生活への移行に向けて次に取り組むことへの意欲を高め，その時に取り組んでいることへの意識づけを確実にすることがキャリア形成支援には大切であると考えている。

（石上智賀子）

〈引用・参考文献〉
- 全国特別支援学校知的障害教育校長会編著（2010）「特別支援教育のためのキャリア教育の手引き　第6章高等部における事例　京都市立白河総合支援学校」ジアース教育新社
- 京都市立白河総合支援学校（2010）「平成21年度報告書キャリア教育の観点に基づき企業とのパートナーシップによって推進する職業教育」京都市立白河総合支援学校

事例 6-2　農業コースの実践から

千葉県立特別支援学校流山高等学園

【指導のポイント】

- コミュニケーション能力

　企業で働くために，報告・連絡・相談・あいさつ・返事を大切にしている。適切な言葉遣いでしっかりできるように，報告・連絡・相談する場面を意図的に設け，自信をもってできるようにする。

- 体力

　農業は，日々の活動がそのまま体力づくりになる。暑さ寒さに耐え，遠隔地の畑まで歩き，しっかり作業するなかで，確実に体力がついてくる。

- 生活力

　係活動として，軍手洗いや道具の片付け，ゴミ出しなど一人一役を担っている。責任をもって自分の係活動を行いながら，生活力を養っている。

- 知識・技能

　テキストを見て学んだり，テストを行ったりして，農業の知識を確実なものにする。また，技術は，四季折々活動が変わるので，その都度作業内容をきちんと確認して進め，技能を確実なものにするようにしている。

- 問題解決能力（実践力）

　農業は，播種の深さ，鍬で掘る時の溝の深さ，収穫適期の見極めなど，どの作業も常に自分で判断しながらの活動が主である。失敗しても常に確認しながら活動していくなかで，学年が上がるにつれて自信をもった活動が増えていくようにしている。

1　学校の概要

　本校は，知的障害者を対象とした職業学科を置く高等部単独の定員制の特別

支援学校である。「人づくり・ものづくり」を大切にし，働く意欲と自信を身に付け，「社会自立・職業自立」に必要な「人間力」を高め，卒業後職業に就いて社会人となることをめざしている。

これまで本校は3学科（園芸技術科・工業技術科・生活技術科）7コースで編成されていたが，平成22年度より1学年が50名から120名に定員増となり，福祉・流通サービス学科が新設され，4学科9コース（農業・園芸・木工・窯業・成型・縫製・手芸・福祉サービス・流通サービス）となった。

2 生徒の特性

入学選考を経て希望した学科・コースに所属していることから，前向きに取り組む生徒が多い。しかし，入学までの生活経験の不足から自信がなく，勤労観の基礎が育っていない生徒が増えてきている。また，軽度の障害の生徒が多いが，確実にできるようになるまで課題の繰り返しが必要であり，先を見通した活動は苦手である。

基本的には，とても素直な生徒たちである。必要に応じた適切な支援のなかで，人のために役に立つ喜びを味わいながら，自信をつけ勤労意欲を育てている。

3 地域の特色

本校は，千葉県北西部に位置する流山市にある。流山市は水と緑の豊かな自然が息づく，東京近郊の住宅都市である。開校当初より，地域との交流があり，農業の野菜や園芸の花を訪問販売で地域の方々に買っていただいている。またKOYO祭（11月に行われる販売会を中心とした文化祭）では毎年多くの地域住民が訪れ，製品の購入やグラウンドゴルフで交流を行うなど地域の方々にあたたかく支えられている学校である。

4 指導の基本的な考え方

本校の教育課程は，教科別の指導・領域別の指導・総合的な学習の時間の3

つによって構成されている。教科別の指導は、専門教科・普通教科に分けて、午前中は、主に専門教科として各コースの指導を行っている。

専門教科の授業は週15時間、3年間で1300時間に達する。本校の職業教育の特色は、学科・コースに分かれて行われる「もの作り」にある。その活動のなかで「働く力」の基礎・基本の定着を図っている。特に、働くことの意義や大切さの理解を促し、「勤労意欲」や「態度」などの職業観を伸長させる「心の教育」に力を注いでいる。

5 指導法の工夫

生徒の「社会自立・職業自立」に向けての課題から、どのような支援が今その生徒に必要か、専門教科担当者と担任とが常に情報交換しながら取り組んでいる。併せて、個の課題を解決するためには、農業コースの集団としての成長も必要であると考え、集団の成長と個の成長につながりをもたせて、指導・支援に当たっている。その具体例を紹介する。

(1) 農業コース 「三つのおきて」の意識化

仕事をする時の心構えとして、「仕事の正確さ」「仕事のはやさ」「仕事の継続」を「三つのおきて」として、始めの会でみんなで唱和するようにした。どの作業もグループ長を中心に作業前に「三つのおきて」を具体化したグループごとの目標を考え、作業の前に確認し、各自が意識しながら取り組むようにした。授業後、日誌を用いて「三つのおきて」について振り返るようにした。この支援を通して、生徒たちはそれぞれの作業で注意すべきことを事前に確認できるので、毎回、目標をしっかりもって作業に臨めるようになった。

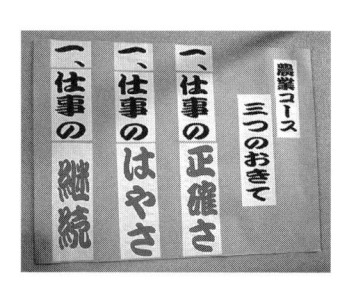

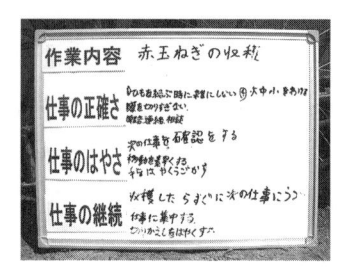

(2) 係活動（一人一役）

　農作業以外の運営にかかわる仕事を，係活動としている。係ごとに係長を決め，仕事を分担して各自の仕事が明確になっている。実習室出入り口に設けられたボードで，仕事の完了を報告するようにした。一人一役のため責任感が芽生え，それぞれの仕事に積極的に取り組むようになった。

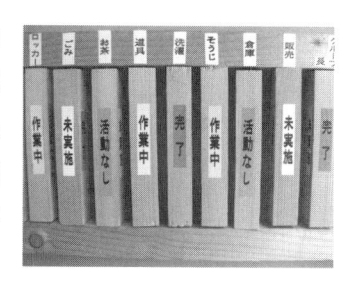

(3) 仕事量の視覚化

　農業の仕事はグループで進めることが多く，個人の作業量がわかりづらい。そこで，作業内容に応じて，作業量とミスを目に見えるようにした。その結果をもとに，反省のなかで次の課題をわかりやすく説明できようにした。個人の作業量がわかると意欲が増し，より正確に速く作業に取り組めるようになった。

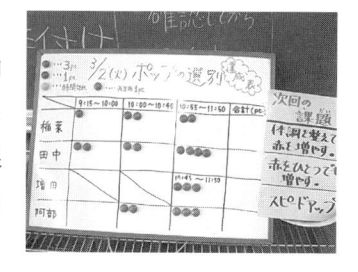

(4) 時計の活用

　遠隔地の畑には時計がなく，時間を意識しないとめりはりのない作業になってしまうので，時計台を作り，ホワイトボードに作業時間のめやすを書くようにした。時間的な節目があることで，作業を能率よく行うようになった。

　また，除草などで，ペースが遅くなってしまう生徒には，畑に小さな時計を置き，作業量と時間をよりわかりやすくするようにした。

(5) **目標の掲示**

　生徒個々の目標を前期・後期で設定している。その個々の目標を常に意識できるように，長靴置き場に目標を掲示した。実習前に長靴を履き替える時に自分の目標を確認したり，実習を振り返る時の話題としても使っており，その際，目標が形式的にならないようにした。

(6) **学年を超えたグループ編成**

　本年度から校舎が二つに分かれて学年別になり，同じ実習室ですべての学年の生徒が授業を受けることができなくなった。しかし，農業コースでは，畑で三学年が合流して学年を超えたグループ編成を行っている。1年生は先輩の働く姿を見て，自分たちのあるべき姿を学び，2・3年生は後輩が入学してくることで手本になろうとする意識が生まれ，グループの作業が円滑に進むようになっている。2・3年生は学年を超えたグループ作業のなかで自信が生まれてきている。さらに，3年生はグループ長会議を行い，グループの課題や作業内容の確認などを話し合い，よりよいグループになるように積極的に取り組んでいる。

6　最後に

　農業コースで大切にしていることは，おいしい野菜を作ることである。それは，食べていただいた方からよい評価を得ることが，生徒たちの働く喜びになり，それが生徒たちの次の働く意欲になるからである。

　日々の実習で痛切に感じることは，農業実習は働く力を養うのに適した取り組みであるということである。雨ニモマケズ風ニモマケズ，夏の暑さにも冬の寒さにも負けない畑での作業は，生徒たちに粘り強く働く力をつけるチャンスが豊富にある。いろいろな指導・支援の方法を工夫しながら，生徒たちの成長を願って実践を続けていきたい。

　　　　　　　　　　　　　　　　　　　　　　　　　　　（海老原玲子）

事例 6-3	工 業 ～手作業にこだわった「ものづくり」の実践～
	茨城県立水戸高等養護学校

【指導のポイント】
- 企業等で使用している大型工作機械等を導入した実際的な職業体験学習。
- 知識・技能のみならず働く意欲・態度を重視した教育の実施。
- 年間を通して各コースに市民講師を招き，より専門的な指導を実施。
- 事業所等でのインターンシップの積極的な実施。

1 学校の概要

　本校は，平成11年に開校した県内唯一の高等養護学校である。産業科の単独設置校で，募集定員は1学年48名。1年生は集団生活への適応能力や基礎的生活習慣獲得のため，全員寄宿舎生活を送る。

　職業教育として専門教科に8つのコースを設置。家政系（縫製コース，クリーニングコース，食品加工コース），農業系（農園芸コース），工業系（木材工芸コース，電子コース，金属コース），流通・サービス系（ビルメンテナンスコース）である。1学年ですべてのコースを体験したうえで，本人・保護者が選択し，2学年から2年間継続して学習を行う。また，生徒一人一人の能力や可能性を最大限伸ばし，社会生活，職業生活，家庭生活に必要とされる基礎的・基本的な知識・技能・態度を養うとともに，豊かな心，自ら学ぶ心，たくましい心など，将来の社会・職業自立に向けて，「生きる力」の育成を図ることを学校教育目標に掲げ，生徒全員が企業等への就労をめざしている。

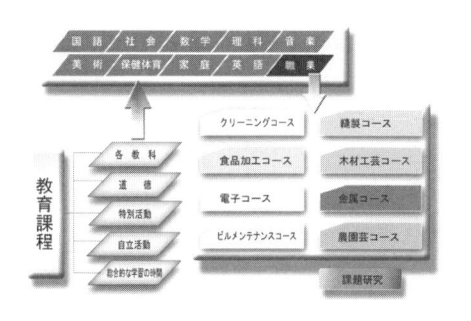

2 生徒の特性

　知的障害が比較的軽度な生徒が過半数を占めている。近年においては自閉症や発達障害を併せ有する生徒の割合も増えてきており，多様な支援が求められている。生徒は，卒業後は就労したいという目標をもって入学してくるため，学習態度は意欲的であるが，他者とのコミュニケーションに課題のある生徒も少なくない。毎年，約80％の生徒が一般企業に就職している。

3 地域の特色

　水戸市東方の校外に位置するのどかな水田地帯にあり，ローカル線の最寄り駅から歩いて約10分。近隣の住民や隣接の専門学校との交流も盛んに行われている。高等養護学校が県内に1校しかないため，通学区域が全県下に渡っており，通学時間が片道2時間を超える生徒もいる。

　就労促進と職場定着のため「就労支援ネットワーク」を組織し，県内13ヶ所のハローワークごとに設置された支部活動を主体に，労働・福祉等の関係機関と連携しながら，就労状況の把握及び安定した職業・社会生活のための就労支援を行っている。

4 指導の基本的な考え方

　専門教科では，職場を想定して展開し，職業生活に必要な事柄を体験的に学習できるように授業を進めている。

　生徒の個性の伸長を図るため，職業教育を主とした学習を通して，社会生活や職業生活に必要な知識・技能・態度を身に付けることを中心に，企業等への就労をめざすために工夫した教育課程を編成し，指導の中核をなす本校独自の基礎的指導内容表に基づいて指導にあたっている。

5 専門教科のねらい及び基礎的指導内容

〈専門教科共通のねらい〉
○職業についての興味・関心を高め，働く意欲・態度を養う。
○職業生活に必要な知識・技能・態度を身に付け実践的に働ける能力を養う。

○各種の器具や実習で扱う機械の操作に必要な知識・技能の習得を図り,安全に実習できる能力を養う。
○体験的な学習を通して,自己の課題を見つけるとともに,課題解決力,自己修正力(判断力)を養う。
〈専門教科の基礎的指導内容(各コース共通)〉
○身だしなみチェック(清潔さ・安全性等)
○あいさつ・返事(TPOに応じた適切で好感がもてる挨拶や返事)
○報告・連絡・相談(正確に伝わるように相手にはっきりと話す)
○質問(分からないときは勝手に判断せず質問する)
○準備・片付け,整理整頓等(自主性,協調性,安全性)
○職場でのマナー・人間関係に関する指導(相手に応じた会話,感情のコントロール等)
○時間や決まりを守る(始業時間・休憩時の過ごし方)
○労働習慣(勤務時間を意識し,常に同じように働く)
○意義・意欲(働く意義がわかり,仕事に対して前向きな姿勢で取り組む)
○8時間働ける体力・集中力・健康の自己管理
○工程の理解・作業能率(他の従業員や教師の6〜8割程度の能率)
○安全に対する配慮(道具や機器の扱い方がわかり安全に扱う)

6　工業系コースの年間指導目標と学習内容

【木材工芸コース】
(1)　特　色
　昨年のアビリンピック大会木工の部で金メダリストを輩出。細部までこだわった仕上げが高評価を得た。道具や材料を大切にし,使ってくれる人に喜んでもらえる製品作りを通して,働くために必要な知識や技能を学ぶ。
(2)　年間目標
　1年:木材工芸に関する基礎的な技術と知識を身に付け,職業自立・社会自立の基礎を作る。

2年：木材工芸に関する基礎的な技術と知識を
　　　高め，実践的な態度を培う。
  3年：木材工芸に関する基礎的な技術と知識を
　　　習得し，社会人としての資質の向上を図る。
(3)　学習内容（一部）
　　①機械類の安全な使い方
　　②道具の使い方
　　③基本作業「鉢カバー製作」
　　④三段ラック，オリジナルラック等の製作
　　⑤製図基礎

【電子コース】
(1)　特　色
　特別支援学校のなかでは珍しい電子コース。ハンダごてを使った作業を主としているが，電子回路の設計を含め幅広く電気知識の学習を行っている。最近はLEDを使った小物作りやステンドグラスの加工製品が主力となっている。
(2)　年間目標
  1年：勤労への意欲や作業態度を養い，電子・電気分野の基礎を理解する。
  2年：工程や活動を正しく理解し，効率的に作業をする態度・技能を養う。
  3年：電子に関する専門的知識・技能を習得し，状況を判断し適切に実践する。
(3)　学習内容（一部）
　　①工具の使い方
　　②ハンダづけの基本
　　③電気コードの製作
　　④無電源ラジオの製作
　　⑤発光ダイオード（LED）を使用した電子回路製品の製作
　　⑥ステンドグラスを使用したインテリアランプ等の製作
　　⑦電気製品の修理

【金属コース】
(1) 特　色

「文鎮と一緒に心も磨く」。文鎮をひたすら磨きながら忍耐力を養う。大型機械の操作だけでなく，手作業にも力を入れた製品作りをめざしている。またガス溶接技能講習を同市内の工業高校において一緒に受講している。

(2) 年間目標

　1年：金属加工に関する基礎的な知識と技術を高めるとともに，実践的な態度を育てる。

　2年：金属加工に関する基礎的な知識と技術を高めるとともに，職業自立・社会自立の基盤をつくる。

　3年：金属加工に関する知識と技術を習得し，職業人・社会人としての資質の向上を図る。

(3) 学習内容（一部）

　①NC旋盤の基本操作

　②ミーリングセンタの基本操作

　③ガス・アーク溶接の基本操作

　④ペーパーウェイトの製作

　⑤塗装作業

7 ものづくりからの転換（まとめに代えて）

　開校当初の求人状況は，製造業が上位を占めていたため，専門教科のコースは「ものづくり」を中心とした職種をモデルに設置された。しかし，近年の産業構造や社会情勢の変化により，製造業の雇用が減少傾向にある。

　本校の職業教育にも新たな職域につながる新しいコースの設定や，従来のコースにおいても製造中心の作業から，流通・販売等のマーケット戦略まで含めた内容を取り扱っていく必要に迫られている。また，一人でも多くの生徒の働く意欲を就労に結びつけていくために，キャリア教育の視点を取り入れた新たな基礎的指導内容の作成も課題となっている。

（武井和志）

事例 6-4　流通・サービスの実践　～帳票の取扱い～

大阪府立たまがわ高等支援学校

【指導のポイント】
- 技術を単独に取り出して「訓練」するのではなく、生徒たちが「仕事の場面」として想像できる設定のなかで、テーマにかかわりのある様々な作業に、一連の流れのなかで取り組めるようにする。
- 二人で分担して一つの作業を完成させたり、競い合ったり、一人でじっくり最後までやり遂げたり、仲間の目の前で取り組んだり、と多様な取り組みの様式を取り入れる。
- 他の単元への広がりやつながりを意識できるようにする。

1　学校の概要

本校は、知的障害のある生徒が、社会で働く力を身につけることを目的に設立された、職業科を有する高等部だけの特別支援学校である。働く知識と技術をはぐくみ、社会人としての生活習慣や働く意欲を培うことを、教育方針として掲げており、3つの専門学科のなかに6つの分野を設けている（ものづくり科：産業基礎分野・食品生産分野／福祉・園芸科：福祉分野・園芸分野／流通サービス科：バックヤードサービス分野・オフィスサービス分野）。

2　生徒の特性

創立当初から「就労をめざす支援学校」としての明確な位置づけがあり、入学時から生徒・保護者ともに進路への関心が強い。1年次から職場見学や職場実習に取り組み、卒業までの3年間で9週間以上の実習を経験する。「働けるようになりたい」という意識を共有していることが、本校の生徒の大きな特色である。

3 地域の特色

　学校のある東大阪市は，技術力の高い中小企業が多数立地するものづくりの街として全国に知られる。生徒たちは広く府下32市町（平成22年度）から通学しており，各地の教育・行政はじめ様々な組織との連携が重要になっている。

4 指導の基本的な考え方と教育課程への位置づけ

　本校の教育課程（30単位時間／週）は，1～3学年とも共通で，職業に関する専門教科の授業が13時間と約半分を占める。共通の専門教科として週に1度，2時間連続で「清掃」・「販売」が隔週で行われ，残る11時間はそれぞれが所属する専門学科の授業である。いずれも，働くうえで必要な基本的な力を身に付けることを共通の目標に掲げて，学習に取り組んでいる。

　「流通・サービス」は，流通やサービスに関する基礎的・基本的な知識と技術の習得を図り，これらの職業に必要な能力と実践的な態度を育てることをめざす専門教科である。内容は「商品管理」・「販売」・「清掃」・「事務」と多岐にわたるが，今回ここでは「事務」に関する内容を受け持つ，流通サービス科・オフィスサービス分野の実践を取り上げる。

5 指導上の工夫

　理解しやすく達成感のともなう手作業を，積極的に取り入れる工夫を行っている。「これならできる」と思える作業にどんどん取り組むことが生徒たちは好きであるし，それを評価されることは自信となり，意欲の源となる。取り組みの形も様々に用意して，個々のもっている多様な力を引き出せるようにしている。

　「仕事」を意識するには，緊張感をもって現場に接する経験が重要であると考え，バックヤードサービス分野では，洗車実習で周辺の企業と商用車を定期的に洗わせてもらう約束をしたり，ホテルで本物の食器類を使って直接スタッフに指導してもらうバンケット実習の機会を設けるなど，校外での実習を積極

的に取り入れている。また，いずれの分野でも各実習の最後には「実習日誌」を書いて，作業を振り返ることを習慣づけている。

6 流通サービス科における全体的な指導の流れ（年間指導計画）

バックヤードサービス分野では，一連の厨房にかかわる実習（清潔・衛生実習，機器の使用，清掃，調理基礎）やバンケット作業，ベッドメイキングなどのハウスキーピング，洗車，縫製，またオフィスサービス分野では，文具の取り扱い，PC を用いた事務処理，帳票を扱う仕事，倉庫作業，包装，印刷，応接など，様々な知識や技術の習得を通じて，仕事に対する責任感を培い，働くことへの意欲と態度を養うことをめざしている。

1 年生の前期では，「職業に関する教科」の具体的なイメージをもたせるために，単元を網羅する形で「初期体験学習」を行い，作業に取り組む際の基本的な方法や姿勢を育てる。その後，各単元において目標とする総合的な技術について，まず要素別に「段階的技術習得学習」を行って基礎的な力を育てる。続いて，仕事を想定した一連の作業からなる「実践総合練習」を行い，要素技術を手順に従って発揮・活用する力を育てる。各々の単元で，これらを発展的に繰り返し行いながら，取り組みを進めている。

（例：オフィスサービス分野の主な学習項目）

1年：文具取扱基礎・台車取扱基礎・イラストレータ体験・電話発注基礎・衣料バックヤード基礎・イラストレータ描画基礎・日誌の書き方・貨幣計数・店舗の開設と運営・キーボード操作・コミュニケーションワーク・文具作業基礎1(各種文具)・オフィスサービス定期検定・年度末反省

2年：ビジネス文書記入・ビジネス文書作成1・文具作業基礎2（紙折り）・生活自立ワーク1・ビジネス文書作成演習・ビジネス基本語1・店舗の開設と運営・倉庫作業基礎1・データ入力基礎1・包装技術1（キャラメル包み）・オフィスマナー1（お茶を出す）・オフィスサービス定期検定・年度末反省

3年：帳票作成実習・データ入力基礎2・ビジネス基本語2・文書デザイン・包装技術2（ポリラッパー）・ビジネス文書作成演習2・店舗の開設と運営・倉庫作業基礎2・印刷基礎・帳票の取り扱い・包装技術3（斜め包み）・オフィスマナー2・オフィスサービス定期検定・年度末反省

7　単元・題材全体の指導計画

　3年次における「帳票の取り扱い」は,
- 第一次：帳票をさばく技術の練習（カード・トレーニング）（2時間）
- 第二次：基本的な会計の処理と計算（2時間）
- 第三次：帳票整理実習（4時間…うち前半の2時間が今回の実践）
- 第四次：電話発注の実習（2時間）

となっている。生徒たちは既に1・2年次で，支店からの物品購入依頼を一覧表にまとめて発注依頼票を作り，それをもとに電話で仮想の業者に発注するという取り組みを行っている。

　オフィスサービス分野では，仕事を想定した実習を行う際に，校名を冠したスポーツクラブ運営会社の組織を一貫して用いている。生徒たちは，スポーツクラブの本社にある物品管理係の社員として働いている設定である。今回の仕事は，①各支店から消耗品について寄せられる依頼票を整理して，スポーツクラブ全体で必要な物品別一覧のリストを作り，物品卸業者に注文をすること，②各支店別にその経費を集計して請求すること，である。

　2人で1ブロック（6支店）を担当して，①支店から上がってくる「発注依頼票」から「発注品目集計用紙」をまとめ，これをさらに転記して「発注一覧表」を完成させる作業，②「発注品目集計用紙」から「請求原票」へ6つの支店別に転記し，電卓で金額を計算してこれを完成させる作業，の2つについて，各1校時を使って取り組んだ。

　具体的には，①の実習は「発注依頼票を支店ごとに分ける作業」・「読み上げる係と記入する係で協力して発注品目集計表を作る作業」・「読み上げ係と電卓係で協力して数量を品目別に集計する作業」・「同様に協力して発注品目集計用紙に転記する作業」・「各作業行程で係を交替してチェックする作業」で形成されており，第一次の「カード・トレーニング」で練習した「書類さばきの技術」，第二次の「会計の処理と計算」で取り組んだ「電卓を使って表の項目ごとに集計する技術」が，それぞれ役立てられるようになっている。

8 個別の指導計画

オフィスサービス分野・高等部3年　個別の指導計画（生徒Aの例）

教科の年間指導目標	生徒Aの実態
・ビジネスや流通の現場で必要となる基礎的な知識や技術の習得をめざす。 ・学習や実習の過程で仕事に対する責任感を培い，働くことへの意欲と態度を養う。	授業への意欲は高い。三次元的な認知が弱く，手指も不器用であるため，作業は苦手であるが，一生懸命に取り組むことができる。周囲のいろいろなことに注意が散って，自分の作業に集中できないことがある。早とちりや，自己流の解釈をしてしまうことが多く，注意をうまく聞き入れられないことがある。

Aの年間指導目標

・ビジネスや流通の現場で必要となる基礎的な知識や技術の習得をめざして様々な作業に取り組む。
・作業を通じて手指の巧緻性を高める。
・周囲の状況に気を取られずに一つの作業に集中して取り組む力を身に付ける。
・緊張をコントロールする力を身に付ける。

	学習内容とねらい	個別の目標	指導の手立て
1	帳票（見積書）作成実習 ・見積書の各構成要素を表計算ソフト上で作成する方法を身に付ける。	・作成指示書にそってエクセル上に指定された書式の見積書を作成することができる。	・文字の説明が十分に読めなくても，作業による画面の変化が図を追うだけでわかるようになっているプリントを用意したうえで，1ステップごとに説明－作業を積み重ねて手順を習得できるようにする。
2	顧客情報入力・修正実習 ・データベースへの情報の入力や入力されたデータを帳票と照合・修正する方法を身に付ける。	・データベース上に，正確に顧客情報を入力することができる。	・入力方法についての復習を行ったうえで，情報の書かれたカードを置く位置やめくり方を具体的に練習する。必ず入力結果をチェックする時間を取り，間違いを見つけられたらOKとすることで，ていねいにチェックする意識づけを行う。
3	印刷・製本基礎実習 ・印刷機や製本機を用いて冊子状の書類を作成するうえで必要な技術を身に付ける。	・指示された機械の操作手順通りに確実に操作できる。 ・表紙の合わせ位置の印を，正確につけられる。	・操作の全ステップについて写真と図で示したプリントを用意して，説明を行う。 ・定規に目印をつけることで，用紙の端に定規をぴったり合わせることだけに集中して作業に取り組めるようにする。
4	物流作業実習 ・ピッキング・包装・梱包等倉庫内の作業に必要な技術を身に付ける。	・指示にしたがって荷物を集め安全に運ぶことができる。 ・梱包機を安全に扱うことができる。	・準備運動・荷物の持ち方の復習を行う。 ・機械音に驚いて緊張してしまうことが考えられるので，実演を通じて，軍手をしていれば安全なことを説明し，順番を後方にして落ち着いて取り組めるようにする。
5	ビジネス文書作成実習 ・作表をともなうビジネス文書の入力・作成技術を身に付ける。	・文書の様式にしたがって，各種の書式設定と罫線機能を用いて文書を作成することができる。	・文書に出てくる漢字について授業の初めに確認する。作業による画面の変化が図を追うだけでわかるようになっているプリントを用意して説明－作業を積み重ね，手順を習得できるようにする。
6	帳票の取り扱い実習 ・書類の分類や整理，集計や転記の作業に必要な技術を身に付ける。	・各作業の指示を最後まで聞いて，手順通りに作業を行うことができる。 ・仕事を分担して協力的に作業をすることができる。	・作業ごとにその手順を全体で確認してから取り組む。随時個別にサポートできるようにTTの体制を作る。 ・役割を交替してチェックする仕組みや，修正して間違いを除けばOKであることを説明し，相手のミスを責めるのではなく，二人でミスをなくしていく大切さを伝える。
7	オフィスマナー実習 ・基本的な応接技術（コーヒーを淹れる・出す）を身に付ける。	・手順にそってコーヒーを淹れることができる。	・緊張が原因でわからなくなってしまうことが考えられるので，休憩時間なども活用して一人でゆっくり練習できる機会を設ける。

（冨本佳照）

事例 6-5　専門教科（福祉）

秋田県立稲川養護学校

【指導のポイント】
- 高等部の教育課程に「福祉」を取り入れ，訪問介護員養成研修講座2級課程を実施。
- 訪問介護員養成研修講座2級課程を実施する近隣の高等学校の協力を得て，合同授業を実施。

1　学校の概要

　本校は，秋田県南部の湯沢市にある，主に知的障害に対応する特別支援学校である。昭和52年に県立秋田養護学校の分校として，隣接する児童施設の一部を借用し開校した。その後，昭和56年には独自の校舎が完成し，昭和62年に稲川養護学校として独立開校，平成13年には高等部が設置され，現在に至っている。

2　児童生徒の実態

　本校には，平成22年5月現在，小学部19名，中学部15名，高等部30名，合わせて64名の児童生徒が在籍している。知的障害の児童生徒に加えて，肢体不自由や視覚障害などを併せ有する児童生徒が増加している。さらに，高等部には中学校から進学する生徒も多く，発達障害等の生徒も増えるなど，多様化の傾向にある。

　高等部卒業後の進路状況も，一般就労が約2割，福祉就労が約7割，その他が約1割と，児童生徒の多様化傾向を反映した状況となっている。

　訪問介護員養成研修講座の受講者は，平成21年度，22年度ともに，高等部3年生の生徒2名である。

3 指導の基本的な考え方と教育課程への位置づけ

本校では、毎年、近隣の福祉施設や事業所等で現場実習を行っていたが、平成20年、そのなかで数名の生徒から、「卒業したら介護の仕事に就きたい」という希望があった。その思いを何とかしてかなえてあげたいという気持ちが、訪問介護員養成研修講座を実施するきっかけとなった。

この研修講座を実施するためには、訪問介護員養成研修事業所の指定を受けることが必要で、県の健康福祉部や社会福祉協議会、病院、福祉施設、近隣の高等学校等の理解と協力を得て、平成21年3月に指定を受けることができた。

これまでも、県内の特別支援学校では、3級の資格を取得する研修講座を実施している特別支援学校があったが、社会福祉協議会から、「3級は入門的な資格のため、現場では介護補助の仕事が中心となり短時間雇用が多いのに対し、2級は専門的な資格として、介護施設への就職により有利となる」というアドバイスを受け、2級資格を取得できる研修講座を実施することとした。

研修講座を実施するにあたっては、対象となる生徒の教育課程に、「福祉」を学校設定教科として設定し、年間143時間の研修を「授業」という形で実施することとした。学習指導要領が改訂されたことで、平成22年度からは、「福祉」を学校設定教科としてではなく、教科として設定して実施している。

4 指導の実際

(1) 訪問介護員養成研修講座の内容

本校の訪問介護員養成研修講座の内容は、一般的な研修講座の内容を踏まえて、次のように構成している（詳細は 「6 年間指導計画」を参照）。

(講義)・社会福祉の基本的な理念及び福祉サービスを提供する際の基本的な考え方
・老人保健福祉及び障害者（児）福祉に係る制度及びサービス並びに社会保障制度
・訪問介護

・老人及び障害者の疾病，障害等

　　　・介護技術

　　　・家事援助の方法

　　　・相談援助

　　　・医学等に関する領域の基本的な知識

（演習）・福祉サービスを提供する際の基本的な態度

　　　・介護技術

　　　・訪問介護計画の作成等

　　　・レクリェーション

（実習）・介護実習

　　　　・老人デイサービスセンター等のサービス提供現場の見学

　これらの内容を，講義58時間，演習43時間，実習42時間の計143時間の授業として実施している。

(2) **指導者**

　担当する指導者については，福祉に関することについては，高等学校「福祉」の教員免許状を有する教員と，介護福祉士と看護師の資格を有する非常勤の職員が担当し，医療面等の講義は，看護師，理学療法士，ケアマネージャー等を外部講師として依頼し，授業に組み込んでいる。

　専門的な語句や内容を理解することが難しい生徒に，どのようにして理解を促すかが課題となったが，テキストの内容をわかりやすい身近な語句に置き換えたり，視覚的な支援やロールプレイングの手法を取り入れてイメージをもたせたりと，生徒の実態を考慮し，工夫して指導にあたっている。

(3) **高等学校との合同授業**

　2級資格を所得できる訪問介護員養成研修講座を実施するにあたっては，医師の講義が11時間必要となるが，単独で医師を講師として依頼することは難しい面が多く，計画を立案するにあたって悩んでいた。

そこで，同じ２級研修講座を開設している県立湯沢北高等学校に相談したところ，本校生徒の受講を快諾していただき，医師の講義を合同で受講することになった。平成21年度は，湯沢北高等学校普通科「福祉」選択の２年生とともに年間６回（11時間）の医師の講義を受講した。

　医師の講義には，生徒たちだけでなく，本校の教員と非常勤職員も参加し，受講後に帰校してから難しかったところや大切なところを改めて生徒と一緒に確認している。

(4) 事業所の協力

　実習は，近隣の社会福祉法人「いなかわ福祉会」の協力を得て，実施している。１日に６時間ずつ７日間に分けて実習を行っているが，その内容は，施設介護実習が３日間，訪問介護サービス同行訪問が２日間，老人ディサービスセンター等の現場見学が２日間である。

　介護の現場を体験することで，介護の仕事に対するより具体的なイメージをもつことができたようである。

5 夢の実現に向けて

　生徒の夢を実現させてあげたいという思いから始めた研修講座であるが，関係機関等の支援と協力のおかげで，初年度を無事に終えることができ，受講した２名の生徒も修了証を手にすることができた。

　訪問介護員の資格を取得することを目的とした本養成研修であるが，実習や演習を行うことで，特別支援学校の児童生徒の課題の一つでもある「対人関係のスキル」を向上させることにもつながったのではないかと感じている。

　２名の生徒は，高等部卒業後，老人福祉施設に就職することができ，毎日張り切って働いている。夢の実現はゴールではなく，新しい生活のスタートでもある。この先も，困難を乗り越え活躍してくれることを願っている。

6 年間指導計画

平成22年度　訪問介護員養成研修講座　2級課程カリキュラム

秋田県立稲川養護学校

区分	内容		時間数	
講義 58時間	1	社会福祉の基本的な理念及び福祉サービスを提供する際の基本的な考え方	小計	6
		(1) 福祉理念とケアサービスの意義		3
		(2) サービス提供の基本視点		3
	2	老人保健福祉及び障害者（児）福祉に係る制度及びサービス並びに社会保障制度	小計	6
		(1) 高齢者保健福祉の制度とサービス		3
		(2) 障害者（児）福祉の制度とサービス		3
	3	訪問介護	小計	5
		(1) 訪問介護サービス		3
		(2) 訪問介護員の職業倫理		2
	4	老人及び障害者の疾病、障害等	小計	14
		(1) 障害・疾病の理解		8
		(2) 高齢者，障害者（児）の心理		3
		(3) 高齢者，障害者（児）等の家族の理解		3
	5	介護技術	小計	11
		(1) 介護概論		3
		(2) 介護事例検討		2
				2
		(3) 住宅・福祉用具に関する講義		4
	6	家事援助の方法	小計	4
	7	相談援助	小計	4
	8	医学等に関する領域の基本的な知識	小計	8
		(1) 医学の基礎知識Ⅰ		3
		(2) 在宅看護の基礎知識Ⅰ		3
		(3) リハビリテーション医療の基礎知識		2
演習 43時間	1	福祉サービスを提供する際の基本的な態度	小計	5
	2	介護技術	小計	30
				28
				2
	3	訪問介護計画の作成等	小計	5
				2
				3
	4	レクリエーション	小計	3
実習 42時間	1	介護実習	小計	30
		(1) 施設介護実習		18
		(2) 訪問介護サービス同行訪問		12
	2	老人デイサービスセンター等のサービス提供現場の見学	小計	12
		合　計		143

（渋谷巳紀夫）

7 交流及び共同学習

　交流及び共同学習について，特別支援学校学習指導要領解説総則等編（幼稚部・小学部・中学部）では，次のように解説している。

> 　交流及び共同学習は，児童生徒が他の学校の児童生徒と理解し合うための絶好の機会であり，同じ社会に生きる人間として，互いを正しく理解し，共に助け合い，支え合って生きていくことの大切さを学ぶ場でもあると考えられる。交流及び共同学習の内容としては，例えば，小・中学校等と学校行事やクラブ活動，部活動，自然体験活動，ボランティア活動などを合同で行ったり，文通や作品の交換，コンピュータや情報通信ネットワークなどを活用してコミュニケーションを深めたりすることなどが考えられる。これらの活動を通じ，学校全体が活性化するとともに，児童生徒が幅広い体験を得，視野を広げることにより，豊かな人間形成を図っていくことが期待される。
> 　なお，交流及び共同学習の実施に当たっては，双方の学校同士が十分に連絡を取り合い，指導計画に基づく内容や方法を事前に検討し，各学校や障害のある児童生徒一人一人の実態に応じた様々な配慮を行うなどして，計画的，組織的に継続した活動を実施することが大切である。

　交流及び共同学習は，特別支援学校学習指導要領はもちろん，小学校，中学校，高等学校の学習指導要領に規定が設けられ，障害のある児童生徒と障害のない児童生徒が，共に学び，共に活動する機会を積極的に設定することの必要性をそれぞれの学習指導要領解説総則編等で述べている。

　なお，幼稚園教育要領，幼稚部教育要領には，交流及び共同学習という用語は使われていないが，障害のある幼児と障害のない幼児とが活動を共にする機会を積極的に設ける旨の規定が設けられている。

(3) 幼児の社会性や豊かな人間性をはぐくむため，地域や幼稚園の実態等により，特別支援学校などの障害のある幼児との活動を共にする機会を積極的に設けるよう配慮すること。

（幼稚園教育要領　第3章第3節第1の2）

事例7－1　「おらが村の養護学校」として，村民が日常的に学校を訪れ，児童生徒と触れ合い，生活ぶりを見守っている。村の広報紙に年間何度も養護学校の記事が掲載され，学校の活動の様子が紹介されている。

　本事例は，小学部の児童と喬木第一小学校，喬木第二小学校の児童との交流及び共同学習を取り上げ，多様な人間関係を経験する場としての交流及び共同学習，複数年にわたる継続的・計画的な交流及び共同学習を紹介している。小学部の児童と小学生とのペアの組み方に工夫をこらしている。

事例7－2　本校は，開校当初から近隣の小・中学校との交流を継続して行い，成果を上げている（心身障害児理解推進校の相手校の実践例）。

　本事例は，小学部・中学部・高等部の交流及び共同学習の概要を紹介し，小学校，中学校，高等学校との交流及び共同学習，地域の人々との交流について述べている。

　中学校との交流及び共同学習の実践例を取り上げ，計画，実践，評価改善についてまとめ，成果の一端を述べている。

（大南英明）

| 事例 7-1 | 交流及び共同学習 |

長野県立飯田養護学校小学部

【指導のポイント】
- 障害のある児童とない児童双方の教育的ニーズに対応した交流及び共同学習。
- 多様な人間関係（同年齢小集団，異年齢縦割小集団）の経験の場としての交流及び共同学習。
- 複数年にわたり継続的・計画的に行う交流及び共同学習。

1 学校の概要

　本校は，長野県南部にある喬木村(たかぎ)に位置し，小学部57名，中学部36名，高等部82名，（訪問7名），合計175名の児童生徒の学びの場となっている。学級は学年別に編制されている。昭和60年4月に開校して以来，飯田下伊那地域の特別支援教育の中心的な役割を担ってきている。

2 児童の特性

　本校には，飯田下伊那地域全域及び上伊那地域から児童生徒が通学している。大阪府より若干小さい程度の面積のなかで唯一の知的障害特別支援学校ということから，知的障害のある児童生徒，肢体不自由のある児童生徒，重度重複障害のある児童生徒など，多様な子どもたちが学んでいる。

3 地域の特色

　本校の立地する喬木村は，地域の中心都市である飯田市に隣接する人口6,694人（平成21年）の農村である。村内には，喬木第一小学校（以下，第一小）と喬木第二小学校（以下，第二小）があり，小学部では，第一小と同年齢小集団で，第二小と異年齢縦割小集団で交流及び共同学習を行っている。

4 指導の基本的な考え方

　本校では，児童生徒一人一人の教育的ニーズや保護者の希望等を考え合わせ，いくつかの交流及び共同学習の機会を設定している。居住地校交流，提携校交流（喬木村立小・中学校など），その他の学校や施設との交流である。

　交流及び共同学習を行うにあたって，小学部では以下の3点を，実施上の基本的な考えとして進めてきた。

① 学校生活を補ったり拡げたりする交流及び共同学習にする。
② 本校の児童の教育的ニーズ（社会性・人間関係・多様な経験）に応える交流及び共同学習にする。
③ 障害のある児童に対する相手校の児童・地域社会の人々の正しい理解や認識につながる交流及び共同学習にする。

5 提携校交流の概要

(1) 年間計画へ位置づけ，継続的・計画的に実施

　小学部が提携校と行っている交流及び共同学習は，行事イベント交流である。年間計画には，第一小・第二小ともにそれぞれ年2回の実施を位置づけている。それ以外にも，お互いの学校行事（運動会・音楽会・学校祭・学芸会など）における交流及び共同学習や，そのための招待状の受け渡し時の交流なども行っている。また，保護者レベルでも，提携校のPTA役員が年1回，本校を訪問参観して理解を深めていただく機会を設定している。

　なお，その他の提携校交流も年1回，位置づけている。

(2) 交流及び共同学習の実際

① 喬木第一小学校との交流及び共同学習

　喬木第一小学校は，全校児童数360名（学年2学級）の小学校である。

　本校との交流日は年2回ある。第1回交流日は1組の児童と，第2回交流日は2組の児童と交流及び共同学習を行っている。

年度初めの前の打ち合わせを，例年5月に行っている。小学校のすべての学級担任が来校し，本校での子どもたちの学習の様子を参観し，情報交換を行っている。一人一人の児童の，学習の姿，教育的ニーズ，交流日当日の可能な活動などについて検討し，共通理解を図る場としている。また，連絡ノートを用いて，交流当日の活動計画を立案している。

　交流日当日は，本校の児童1名に対し4～6名の児童がグループとなり，第一小の児童が自分たちでアイディアを出し，計画した活動を行うようにしている。実際に活動する時間は60分程度であるが，交流及び共同学習を始めたばかりの低学年の学級では，教師のサポートを受けながら，また，積み重ねてきた高学年の学級では，これまでに数年間交流してきた子どもたち自身が中心となって行っている。お互い終始笑顔を浮かべながら一緒に活動を楽しんでいる。

　事後においては，連絡ノートを用いて児童の姿や言葉を伝え合い，今後の指導の方向を見出している。

【交流当日のA学級の活動】

友だちの名前	時刻 お迎え 9:50	10:05 ～ 10:15	10:25	10:35	10:45 お見送り 10:55
A男	はじめの会 場所:しょうこう口	学校めぐり／うさぎ小屋	トランポリン 体育館	風船あそび しょうこう口	おわりの会 場所:しょうこう口
A男	はじめの会 場所:しょうこう口	学校めぐり／うさぎ小屋	トランポリン(体育館)か お絵かき(教室)		おわりの会 場所:教室
B男	はじめの会 場所:しょうこう口	学校めぐり／うさぎ小屋	歌あそび 教室	風船あそび しょうこう口	おわりの会 場所:体育館

② 喬木第二小学校との交流及び共同学習

　喬木第二小学校は，全校児童数62名（学年1学級）の小学校である。

　本校との交流日は年2回ある。第1回は本校を第二小児童が訪れ，校内の様々な施設（教室，特別教室，体育館，プール等）を利用して活動が行われ，第2回は第二小を本校児童が訪問し，いくつもの遊びコーナーが設置された体育館で一緒に活動を行っている。どちらも50分程度の時間である。

第二小との交流の特徴は，本校の児童にとって異年齢の相手と交流することができる点にある。具体的には，第二小全校児童を8つ（本校小学部の学級数）の縦割りグループに分け，それぞれのグループと本校の学級が基本単位となって活動内容や場所を決定する。実際には本校児童1名に対して第二小児童1～3名の割合のペアを作って活動が行われる。本校の児童は，ペアになった相手が年上であったり，年下であったりして，学年別学級編制では経験できない人間関係を経験することになる。

　交流日当日の活動内容は，まさに多様性に富んでいる。本校で交流が行われる際は，基本的に本校の児童の得意な活動や好きな事柄を考慮して活動が計画される。本年度の活動内容は以下の通りである。

【22年度　第1回喬木第二小との交流活動一覧表】

学年	本校児童数	第二小児童数	活動内容	活動場所
1	7	8	中庭遊び・水遊び・シャボン玉遊び	中庭
2	6	8	七夕かざりづくり・ゼリーづくり	教室
2	7	11	水遊び	プール
3	5	5	新聞紙で遊ぼう	教室
4	10	11	ボウリング・絵本読み・風船バレー・鬼ごっこ	体育館
5	6	6	水遊び	プール
6	9	9	水遊び	プール
6	7	7	制作活動	教室

6　交流及び共同学習による子どもの姿の変化

　小学部では，教育的ニーズに対応した交流及び共同学習の成立には，子どもが，「自分から，自分で，めいっぱい活動することにより活動に満足し，次回の交流及び共同学習の機会を楽しみにするようになる」ことが必要と考えている。そのために第一・第二小交流会の事前に，本校の児童の「楽しめそうな活動」「取り組めそうな活動」「興味・関心をもっている活動」をもとにした検討を複数回行っている。このことは，活動開始時の本校児童の「緊張していた」「集団に上手くかかわることができない」などの姿が時間の経過とともに減り，活動を終える頃には，日常見られる表情や態度などが見られるようになることにつながっている。第一・第二小児童にとっても障害のある友だちのことを理

解し思いやるよい機会となっている。

　本校の児童のなかには，大きな集団が苦手な児童もいる。そのような児童には，ペアとなる集団を小さくしたり，例年，活動をともにしている児童のグループに新たな児童を加えた集団を作ったりするなどしている。これらは，集団作りに余裕があり，継続的・計画的に交流を行えることで可能となるものであるが，そのことにより，入学当初の交流会で一人遊び中心だった児童が，6年生時の交流会で自分から友だちと手をつなごうとしたり，友だちの姿が見えなくなるまでお別れの時に手を振り続けたりする姿につながっている。

　第一小・第二小交流を重ねるなかで，課題も存在する。交流で得られた人間関係の質と量の増加を今後の社会性やより好ましい人間関係の形成に結びつけていくこと，障害のない子へのさらなる働きかけはどうあるべきか，などである。このような課題はあるが，提携校の協力を得て重ねる交流により，児童一人一人が確実に成長してきていることを，担任も保護者も実感している。

7 提携校交流年間指導計画（平成22年度）

	4	5	6	7	8	9	10	11	12	1	2	3
本校の主な行事	入学式	運動会			夏休み		学校祭			浪合小交流	学芸会	卒業式
第一小学校		第一回打合会 情報交換 養護学校参観	PTA役員参観 第一回交流		第二回打合会		第二回交流				学芸会招待	
			連絡ノート ➡		連絡ノート ➡					次年度交流計画 ➡		
第二小学校		第一回打合会 情報交換 養護学校参観	PTA役員参観	第一回交流		第二回打合会	第二回交流				学芸会招待	
										次年度交流計画 ➡		

（市瀬一宏）

事例 7-2	交流及び共同学習の計画的・継続的な実践
	愛知県立安城養護学校

【指導のポイント】
- 各部の実態に応じた,段階的で発展的な交流及び共同学習を展開する。
- 組織的に計画的で継続的な実践を行う。
- 個別の指導計画を作成し,適切な目標設定と実践,評価をする。

1 学校の概要

本校は,昭和53年4月に開校した知的障害の児童生徒を対象とした特別支援学校である。小学部・中学部・高等部が設置され,児童生徒数380名ほどの大規模校である。

「健康な体」「明るい心」「最後までがんばる気力」のある人間を育てることを教育目標とし,自立や社会参加の基本となる「生きる力」を培うよう教育活動を展開している。

2 地域の特色

本校は,かつて農業の先進的な取り組みが行われたことから「日本のデンマーク」と呼ばれていた安城市の南西に位置している。落ち着いた環境のなかで,子どもたちは,明るくのびのびと学校生活を過ごしている。

学区は碧南・刈谷・安城・西尾・知立・高浜の各市,一色・吉良・幡豆の各町の6市3町にまたがっている。各地域と連携し,小・中学校等に対する支援を行う地域の特別支援教育のセンターとしての役割を果たすために活動をしている。保護者の家庭養育や教育関係者の指導を支援する教育相談活動「あゆみ相談」や,小・中学校等への巡回訪問,障害のある子どもへの支援を充実するための研修会の開催などを積極的に行っている。

3 交流及び共同学習の概要

　本校では，交流及び共同学習推進委員会のもと，各部の交流活動計画を作成し，積極的に交流教育を実践している。交流教育の目標は，好ましい人間関係の育成と，交流校や地域において，障害に対する正しい認識と理解を深めることである。各部の児童生徒の実態に合わせ，段階的な交流活動を展開している。

表1　本校の交流及び共同学習一覧

部	交流の形態		対象学年等	交流相手等	回数
小学部	学校間交流		全学年	安城市立桜林小学校と該当学年が交流会を実施	各学年ごとに年2回
	居住地交流	学区交流	希望者	居住地の小学校で交流及び共同学習を実施	学期に1回
		合同交流	希望者	居住学区の特別支援学級が集まる合同行事に参加	年1～2回
中学部	学校間交流		1年	碧南市立中央中学校と交流会を実施	年2回
			2年	安城市立桜井中学校と交流会を実施	年2回
			重複障害学級	碧南市立南中学校と交流会を実施	年2回
	居住地交流	合同交流	希望者	居住学区の特別支援学級が集まる合同行事に参加	年1～2回
	地域交流		3年	地域清掃活動	学期に1回
高等部	学校間交流		1年	安城農林高等学校と交流会を実施	年2回
			愛ぴっく陸上大会出場者	安城南高等学校陸上部との陸上競技交流	年1回
	地域交流		2年	西町老人クラブ桜西会とのサークル交流	年1回
			1年	アイシンAWの新人研修との授業交流	年1回
			2・3年	JAまつりでのバザー交流	年1回

4 教育課程への位置づけと指導法の工夫

(1) 小学部の取り組み

　小学部の学校間交流は，「生活単元学習」のなかで行っている。各学年が該当学年と交流会を行っているが，低学年は笑顔で活動に取り組むように「にこにこ交流」，中学年は仲良く一緒に活動できるように「なかよし交流」，高学年は意欲的，主体的に活動に取り組むように「わくわく交流」と名付け，学年の発達段階に合わせて，交流活動が発展・深化するように計画している。また，自己紹介カード，お礼の手紙，年賀状などを交換する間接的な交流も各学年に応じて行っている。交流会が充実するように，職員間の打合わせや反省会をそれぞれの学校に出向いて入念に行い，組織的・計画的な実践を心がけている。

　また，居住地交流の学区交流では，児童の生活経験を広め，地域で生きる基

盤づくりを推進することを目的とし，希望する児童が居住する学区の学校と交流及び共同学習を実施している。事前に相手校の担当者に児童の好きなこと，嫌いなことなどを伝え，参加しやすい内容を工夫して取り組んでいる。

さらに，居住地交流の合同交流として，居住学区の特別支援学級が集まる合同行事にも参加している。

(2) 中学部の取り組み

中学部の学校間交流は，「総合的な学習の時間」のなかで行っている。交流会の準備やお礼の手紙，本校行事への招待状の作成，ビデオレター作りなど，各教科・領域の学習を総合し，主体的・意欲的に取り組む態度を育てることができるように計画している。交流会の内容には，「生活単元学習」のなかで取り組んだゲームや，「音楽」「保健体育」などで学習したことの発表などを取り入れ，生徒が自信をもって交流会に参加できるようにしている。また，長年の交流の実績から，相手校とは連絡を取り合いながら連携した計画作りを心がけている。

第1回の交流会の前には，相手校の「総合的な学習の時間」のゲストティーチャーとして本校の教員が出向き，学校の概要や授業内容，生徒の特性などについて話し，障害児に対する理解を深める機会としている。また，交流会の後に相手校の生徒に感想を聞いたり，質問などに答えたりする機会を設け，正しい理解と次への意欲につながるようにしている。

また，地域交流として，学校周辺の清掃活動を行い，地域の方々と自然に触れ合ったり，活動の様子を見てもらったりすることで理解を深める機会としている。

(3) 高等部の取り組み

高等部の交流及び共同学習は，「総合的な学習の時間」の中で行っいている。愛知県立安城農林高等学校交流では，相手校で寄植え作りを一緒に体験したり本校で作業学習を一緒に行ったりして，お互いの学習していることを生かした

交流及び共同学習学習ができるように内容を設定している。

　また，地域交流として，地元の老人会「桜西会」とサークル交流を行っている。書道や茶道，グラウンドゴルフといった内容で，老人会の方が得意としていることを教えていただくことにより，交流が深まっている。

　JAあいち中央主催の秋の収穫祭「JAまつり」へ参加するバザー交流では，作業学習の製品の展示・販売などを行っている。後片付けでの清掃活動にも積極的に参加するようにし，運営にも携わることによって，責任を持って社会で働くことを体験すると同時に，主催者の方々が本校生徒への理解を深める機会となることを期待している。

5　中学部の実践例

(1)　年間計画

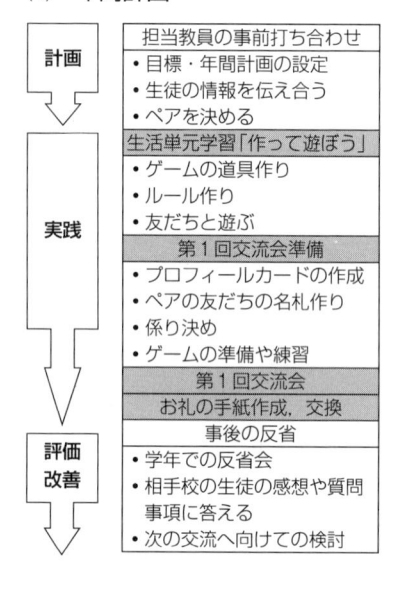

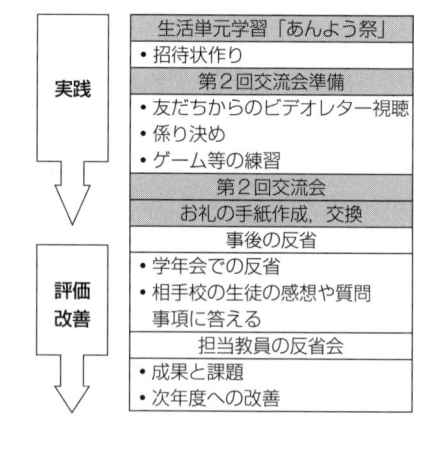

計画
担当教員の事前打ち合わせ
・目標・年間計画の設定
・生徒の情報を伝え合う
・ペアを決める

実践
生活単元学習「作って遊ぼう」
・ゲームの道具作り
・ルール作り
・友だちと遊ぶ
第1回交流会準備
・プロフィールカードの作成
・ペアの友だちの名札作り
・係り決め
・ゲームの準備や練習
第1回交流会
お礼の手紙作成，交換
事後の反省

評価改善
・学年での反省会
・相手校の生徒の感想や質問事項に答える
・次の交流へ向けての検討

実践
生活単元学習「あんよう祭」
・招待状作り
第2回交流会準備
・友だちからのビデオレター視聴
・係り決め
・ゲーム等の練習
第2回交流会
お礼の手紙作成，交換
事後の反省

評価改善
・学年会での反省
・相手校の生徒の感想や質問事項に答える
担当教員の反省会
・成果と課題
・次年度への改善

※ □　は，教師の活動
　 ■　は，生徒の活動

(2) A中学校との交流及び共同学習の実践例（第2回交流会）
① はじめの会
- あいさつ（本校生徒代表，A中学校生徒代表）
② ゲーム大会
- ゲームコーナーの説明（A中学校）
- ペアごとにゲームコーナーを回り，得点表に記入
- ゲーム内容（空き缶積み，フリースロー，紙飛行機飛ばし，的当て，ペットボトルボウリング，射的）
- 最高得点のペアの表彰
③ 歌とダンスの交流
- 合唱（A中学校）
- ダンス（本校）
④ おわりの会
- あいさつ（本校生徒代表，A中学校生徒代表）

(3) 交流会を終えて
　第1回目の交流会の後にA中学校生徒と本校教員が話し合う場を設定した。本校生徒の行動の意味や対応の仕方について話し合うことができたのは有意義であった。A中学校は，総合的な学習の時間で「福祉」をテーマにいろいろな学習を深め，第2回の交流会に向けて準備を進めてきた。ゲーム内容など本校の生徒のことをよく考えて作られており，ディスプレイも工夫されていた。また，本校生徒も事前にゲームを体験しておいたことで，当日はお互いに楽しく取り組むことができ，満足感の得られる交流会となった。

〈参考文献〉
- 文部科学省（2009）「特別支援学校学習指導要領解説総則等編」教育出版
- 特別支援教育の実践研究会編（2009）「特別支援教育『新学習指導要領』改訂のポイント」明治図書
- 全国特別支援教育推進連盟編（2007）「よりよい理解のために　交流及び共同学習事例集」ジアース教育新社
- 大南英明編著（2009）「特別支援学校　新学習指導要領の展開」明治図書

（百合草みどり）

8 自立活動

　特別支援学校学習指導要領では，自立活動の目標及び内容が改められ，内容として，「人間関係の形成」が新たに加えられた。

　自立活動の指導にあたっては，次の事項に留意するとともに，幼児児童生徒の障害の状態に応じた指導内容の選定，指導方法等に工夫する必要がある。

　特別支援学校学習指導要領解説 自立活動編（幼稚部・小学部・中学部・高等部）より，抜粋すると次のようである。

① 個別の指導計画を作成する（解説 p.7）。

　　自立活動の指導にあたっては，個々の幼児児童生徒の実態を的確に把握し，個別に指導の目標や具体的な指導内容を定めた個別の指導計画が作成されている。

② 自立活動の内容を選定する（解説 p.8）。

　　学習指導要領等に示されている自立活動の「内容」は，各教科等のようにそのすべてを取り扱うものではなく，一人一人の幼児児童生徒の実態に応じて必要な項目を選定して取り扱うものである。

③ 具体的な指導内容を工夫する（解説 p.8～9）。

　　自立活動の内容は大綱的に示してあることから，項目に示されている文言だけでは，具体的な指導内容がイメージしにくい場合がある。

　　そこで，自立活動の指導を担当する教師には，学習指導要領等に示された内容を参考として，個々の幼児児童生徒の実態を踏まえ，具体的な指導内容を工夫することが求められるのである。

事例8－1　自立活動部を設け，指導の充実に取り組んでいる。本事例は，広汎性発達障害の男子児童について，「人間関係の形成」の内容を中心に指導を展開している。「教

員とのかかわりを心地よく感じる機会を増やすとともに，人とかかわる際の基本的ルールを知る」ことを目標として，毎日，午前と午後に各20分の指導時間を設けている。指導内容の一つに「健康観察」を保健室に届ける係活動を取り入れている。

事例8－2　自立活動部を設け，4名の専任の教員を配置している。自立活動室において，「相手に慣れ，相手の顔を見て話したり，楽しい時には笑って伝えたりすることができる」ことなどを目標として，スケジュールを具体的に提示し，学習が終わったら，自転車に乗れることを繰り返して指導を進めている。また，コミュニケーション能力の向上を工夫したりしている。

事例8－3　自立活動の時間における指導を個別指導と小集団指導の組み合わせにより行っている。

　特に，小集団指導による「なかよしタイム」の実践例を具体的に紹介してある。自閉症の児童生徒に対し，「人間関係の形成」，「コミュニケーション」を中心に指導を進めている。

（大南英明）

事例 8−1　知的障害の児童生徒への自立活動の充実のために

埼玉県立大宮北特別支援学校

【指導・取り組みのポイント】
- 自立活動へのニーズの高まり（指導の難しい児童生徒へのアプローチとしての自立活動）。
- 担任と自立活動部（担任外専任）との共同授業。
- 一人一人の障害特性をとらえた指導＝自立活動の指導。
- 校内委員会と協力した校内支援会議の活用。

1　学校の概要と自立活動部

　本校は、さいたま市の西部を学区域とし、小学部から高等部まで174名が通学している。教員数は89名で、昭和62年に開校し、24年目を迎えている知的障害特別支援学校である。本校の特色の一つに、小・中・高の各学部に加えて設けられている自立活動部の存在がある。自立活動部（開校当初は養護・訓練部）は、開校当初から身体面・言語面での個別抽出の指導を行ってきており、保護者や担任からも信頼される存在であった。また、ここ数年の特別支援教育への大きな変革のなかで、名称を支援教育部に変更し、コーディネーターを兼務するセンター的機能を担う部となっていた。しかし、センター的機能は全校で担うべきという発想から、平成20年度より業務の見直しを始め、この機能を分掌組織に移した。そして、平成22年度からは名称を自立活動部とし、1名の自立活動専任と2名のコーディネーター兼任の3名で、自立活動の指導の充実を部のミッションとして活動している。

2　本校における自立活動の指導への意識の高まり

　本校では伝統的な自立活動部の存在があり、「自立活動の指導は自立活動部

が行う」という感覚があったようである。このため，自立活動部（支援教育部）は，指導形態を個別抽出から担任との共同授業を中心としたものにシフトしながら，担任による自立活動の指導の充実をめざしてきている。

　平成20年度の学部(支援教育部)研修報告会では，学習指導要領の改訂(案)の公表を受け，障害の多様化に対応する教育課程の再編及び特別支援学校としての専門性の向上に向けて，自立活動について全校的に研究・検討していくことの必要性を全校に提案した。

　翌年，中学部はこの提案を受けるように研修テーマを自立活動とし，平成22年度には全校研修テーマが自立活動に統一されるに至っている。こうした経緯のなか，自立活動の時間における指導が教育課程に位置づけられ，自立活動の必要性を実感しながらの全校的な意識が高まっている。

3 自立活動の指導の充実に向けた取り組み

　校内外の自立活動に対する意識の高まりを受け，平成22年度の自立活動部は次のような具体的方策を掲げて取り組んでいる。
○全学級に担当を配置，自立活動についての教育支援プランを担任と共同作成する。
○自立活動についての評価を担任とともに行い，目標や手立てを修正しながら授業改善を行う。
○自立活動に関する全校職員に向けた研修会を年7回，自立活動部独自に実施する。
○自立活動班（教科・領域ごとの校内組織の一つ）と連携し，教材教具の充実・活用を図る。
○言語聴覚士，臨床心理士等の特別非常勤講師による相談支援の効果的実施・活用の工夫。
○学校だよりやホームページ，地域に向けた公開講座・連絡会で，本校の自立活動の指導内容を紹介するなど，自立活動にかかわる具体的な情報を発信する。

○相談支援部（センター的機能を担当する分掌組織）と連携し，教育相談の一環として，地域の特別なニーズのある小中学生に自立活動の視点による指導を行う。
○校内及び外部機関と連携した支援会議を行う場合，自立活動に関する資料等の準備を行う。
○小・中・高各学部とかかわる立場を活用し，授業・相談のなかで，系統的・継続的な指導に向けての情報提供を行う。
○進路先からの情報を取り入れ，卒業後の生活を見すえた課題の設定を行うとともに，肯定的な自己理解につながるような指導を大切にし、キャリア教育・進路指導の視点を取り入れた自立活動の授業を行っていく。
○自立活動班と連携して，自立活動の視点を生かした，児童生徒にとってわかりやすく安心・安全につながるような校内環境の整備や支援方法を検討・実施し，相談支援部と連携しながら地域に情報発信する。
○進路指導部・高等部と連携し，生徒が進路先で自己の力を可能な限り発揮できるような実用的な支援方法を検討・実施していく。

4 担任と自立活動部担当の共同による指導の実際

事例　小学部1年　男子　広汎性発達障害　療育手帳A

《入学後の様子》
　入学前の情報もあり，安全に配慮した学級編成でスタートしたが，周囲の安全確保のために，担任1名が常に側にいる状態であった。自立活動部の学級担当と担任とで5月より相談を開始する。
○友だちへの攻撃
　・泣いている特定の友だちの髪の毛をわしづかみにしたり，踏みつけるように蹴ったりする。「特定の友だち」は時間が経つと移り変わる。
　・特定の友だちについては，泣いていない状態でもねらって攻撃するようになる。
○床や壁面，ガラス等に自分の頭や足を激しく打ちつけて泣き叫ぶ
　・落ち着いている状態でも，日常的に床や壁・目の前にある教員の背中等を強く蹴る。
　・一度興奮すると，自分の気持ちや身体の動きをコントロールできず，衝動的に周囲の人に手足が出る。止めようとするとさらに激しく興奮し，ガラスを割ることもある。
　・強く抱きしめて5〜10分抑制すると落ち着く。
　・蒸し暑い日や給食の前に多発していた。

- ○エンドレスに続く校内にある全非常口表示巡り，または次々に興味が移る激しい動き
  - 全校，学年やクラスの活動で教員がついていても途中でその場にいられなくなる。

《観察から見立てた行動の意味》

　自立活動部の学級担当が，登校後の日常生活の指導と午後の遊びの指導の場面を中心に行動の観察を行い，本児の行動のもつ意味を見立てた。一見，非情で悪意があるかのように見える行動は，本児の障害特性に起因しているものだと考えられた。

- 特定の音声（子どもの泣き声など）に対する聴覚的過敏。
- 皮膚あるいは皮下等の感覚の特異性と違和感。感覚刺激の行動。
- 様々な感覚的弱さ（情報の入力・処理の混乱）をもちながら，不快感の適切な解決方法が未習得。
- 抑えられない衝動性の強さ。
- 記憶の仕方の独自性（視覚的な記憶）。
- 対人相互性の障害による，他者と折り合いをつける生活経験の乏しさ。

《指導に際しての基本的な考え方・配慮事項》

　1学年全教員と自立活動部教員とで，校内支援会議を実施し，VTRを見ながら行動の意味についての見立てを確認し，本児の障害特性を踏まえた，指導に際しての基本的な考えを担任，学年の教員と共通理解する。

- 衝動性を特性としてとらえ，衝動性に由来する負の行動を起こさせない環境設定を心がける。（現在発生している行動に対しては，しないことを続けることで，消滅させていく）
- 活動の始まりと終わりをはっきりと意識できるようにする。
- 本人の行動を追っていては，禁止・抑制のかかわりになるので，「できた！」という肯定的な評価で(ほめられて)終われるような意図的な課題及び環境の設定を行う。
- 音声での指示は最小限とし，わかりにくい指示や説明は視覚的な方法を加える。
- 感覚の過敏性・特異性（聴覚，皮膚，皮下感覚）について配慮し，緩和をめざす。
- 大人（学校では教員）と折り合いをつけながら，生活していくことに慣れることができるようにする。

《自立活動の指導》

　本児の状態は，障害による学習上・生活上の著しい困難さの表れであり，これを積極的に改善することを最優先にする必要があると考えられた。担任との相談のなかで，常に担任が1名，側にいなければならない状態にあるため，個別抽出を中心とした自立活動の指導を組み立てることにした。日々のかかわりのなかで，担任が一番気になっていることは，本人の行動を常に禁止・抑制しなければならないことで，人間関係の形成がますます困難になることであった。そこで当面の自立活動の指導を次のように設定した。

　　◎目　標　　・教員とのかかわり（やり取り）を心地よく感じる機会を増やすとともに，人とかかわる際の基本的ルールを知る。〔人間関係の形成〕
　　◎指導時間　　9:20〜9:50，13:30〜13:50　（可能な日は毎日行う）
　　◎指導内容　　簡単な教材やおもちゃを介した机上でのやり取り課題（午前，午後）
　　　　　　　　健康観察を保健室に届ける係活動（午前）

教材を介したやり取り課題は，肯定的な評価で終われる状況が最も設定しやすいが，本児はこれまで未経験なので，可能かどうか自立活動部の担当が試行してみた。他の刺激の少ない教室で着席した状態であれば，一定の時間やり取りが可能であることがわかったので，実施にあたり次のことを確認し，指導を開始した。

- 学習の始めと終わりを明確にするとともに，この時間に行う課題を視覚的に明示して伝え，終わりになるまで他の行動に移らないように軽く抑制すること。
- 教員の意図がわかるように課題を提示し，方法及び結果が本児流にならないようにすること。
- できたときには，本児にはっきりわかるように賞賛すること。
- 保健室までの往復は，教員とペースを合わせて歩かせるようにすること。
- 係活動中は途中で好きなことをせず，教室まで戻って終わりにする。

　実際に指導を行った担任は，やり取りが成立することに手応えを感じ，本児も「おべんきょう（ある？）」と確認するとともに，やりたい気持ちを伝えるようになった。また，日課の変更や暑さなどで，不快感が高まっている時でも，学習を行うことで心理的に安定することも実感できた。健康観察届けについては非常口巡りの代替活動として導入した。クリアケースに入れて持っていき，中身だけ提出して空のクリアケースを教室の所定の場所に戻すことで，活動の終わりまで意識を持続できるようにした。係の仕事ということでキャリア教育の視点も意識し，「みんなのためにありがとう」という気持ちを伝えながら行った。

　人間関係の形成に関する１学期の指導の成果を受け，２学期からは１学期の目標に①直接的行為（自傷，他傷，叫び声など）にいたる前に，気持ちを担任に伝えられるようになる〔心理的な安定・コミュニケーション〕　②身体感覚（ボディイメージ）への意識が高まるとともに，感覚の過敏性が緩和される〔環境の把握〕の２点を加え，言葉のやり取りと手や足への身体的接触を意識的に行う指導内容を盛り込んだ。

《指導の成果と課題》
　この時間での学習において，人とかかわる際の基本的ルールを学ぶことで学校生活における混乱が減るとともに，肯定的評価を受けることで本児の安心感が高まったと考えられる。担任にスキンシップを求めながら甘える様子や登下校時の喜々とした表情から読み取れるように，学校が安心して活動・生活できる場になってきたのである。その結果，他の学習場面での活動・参加を向上させ，落ち着いて過ごす時間が長くなった。担任がこの指導（時間における指導）を通して本児への肯定的理解を深めたことが他の指導場面（領域・教科を合わせた指導）でも生かされ，相乗的に作用しているといえる。
　学校生活の入り口でこの取り組みが始まったことの意義は大きいが，年齢が上がっても本児の特性は基本的に変わらない。障害の重い児童生徒に対しても卒業後の生活を見すえながら，中学部・高等部段階では自己理解を進め，よりよく生きるために自分自身を支援していく力につなげる指導の展開を全校で共通理解し，学校として取り組んでいくことが今後の課題である。

（横田一美）

事例 8-2　自立活動部の取り組み

北九州市立八幡特別支援学校

【指導のポイント】
- 個別のニーズを設定するために，自立活動の評価を客観的に行う。
- 個別の教育支援計画を立て，実行は，かかわる人で相談して支援する。

1　学校の概要

本校は，昭和36年4月に北九州市（旧八幡市）最初の知的障害養護学校として開校された学校である。

現在小学部54名，中学部30名，高等部61名が在籍し，小・中学校からも多数入学してきており，在籍者数は年々増加の傾向にある。小学部では，一人一人の障害の程度や特性を的確に把握し，児童の発達や能力に応じた知識・技能を身に付け，身辺自立の確立及び集団生活に参加できる能力・態度を育成することを目標としている。中学部では，小学部教育の発展として指導を行い，社会自立をめざした指導として週2日作業学習を行っている。高等部では，卒業後の進路を見すえての指導を中心に行い，年に2回各2週間ずつ，産業現場等における実習に取り組んでいる。その他，自立活動部の職員も含め，全職員が力を合わせて，児童・生徒の支援にあたっている。

2　児童生徒の特性

本校は，知的障害のある児童生徒のための学校である。近年では自閉症及び自閉的傾向のある児童生徒も多くなって障害が多様化している。一人での排せつや衣服の着脱ができない児童生徒もいるため，きめ細かな日常生活の指導が欠かせない。一方で，高等部を卒業後，一般の企業に就職する生徒もおり，在籍している児童生徒の実態は様々である。

3 地域の特性

本市には，特別支援学校が9校あり，本校は北九州市西部地区の児童生徒が大半を占める学校である。就学相談を経て小・中学校の特別支援学級から中途編入してくる場合もある。平成16年から地域のセンター校としての指定を受け，周辺の特別支援学級併設の小・中学校との連携ネットワークを作りながら，特別支援教育コーディネーターを中心に支援するシステムを構築している。ネットワークは平成17年におおむね形作られ，現在近隣の特別支援学校と連携を組み，「園・学校への支援」「教育相談」など7つの事業を行っている。

4 指導の基本的な考え方

自立活動部は，本年度，教師4名の構成で各学部と協力して児童生徒の自立活動の推進にあたっている。自立活動部の教師は，主に次のような取り組みを行っている。

一つは，「抽出自立活動」の時間の指導であり，児童生徒の実態に応じ年間を通して，時間を設定して指導を行っている。形態は，個別・グループなど実態によって変えている。また，「教科，領域のなかでの指導」（学部への授業への入り込みの指導）として，支援の必要な児童生徒に対して担任と協力して支援にあたっている。その他，日常生活の指導・給食指導，学校行事への支援なども行っている。

年度初めには，担任とともにすべての児童生徒の実態把握を行い，その結果を自立評価表にまとめている。これらの情報をもとに担任は，指導の大きな指標となる個別の支援計画（個別の指導計画）を作成している。例えば，小学部では「チャレンジ」という時間を利用して「国語・算数・自立活動」の内容を指導するように計画されており，各教科でも実態を評価表にまとめるとともに，自立活動評価表でつまずいている点や伸びそうな点を指導計画に盛り込む形で，支援にあたっている。

また，実態把握の結果を有効に活用するため，ケース会議で情報提供を行っ

たり，それぞれの状況や発達段階に応じて適用する検査を行ったりしている。特別支援コーディネーターとの連携で地域支援（幼児も含む）も行っている。

5 指導時間の工夫

　本校は，時間割の工夫として，小学部の低学年は2校時を帯状に，高学年は3校時を帯状に，チャレンジ（国・算・自立活動）として設定。中学部は，小学部と重ならないように4校時にステップ（国・数・自立活動）として設定している。高等部も，中学部と重ならない曜日の午前中に進路学習を設定した。このことで，自立活動部や特別支援コーディネーターが，学部ごとに支援することができている。

　小学部を担当する自立活動部担当の一週間は次のようになっている。

	月	火	水	木	金
登校	バスの迎え	(小1)			→
1校時	日生指導 (小1A児)				→
2校時	抽出自立活動 (小1B児)	抽出自立活動 (小1B児)	抽出自立活動 (小1A児)	グループ指導 (小1)	抽出自立活動 (小1A児)
3校時	自立活動指導 (小6CDE児)	高等部進路学習	自立活動指導 (小6FG児)	自立活動指導 (小6HI児)	自立活動指導 (小5J児)
4校時	抽出自立活動 (中3　K)	(高2　LM)	抽出自立活動 (小3N児)	抽出自立活動 (中3　K)	日生指導 (小1A児)
給食指導	小学部1年				→
5校時	下校指導 (小1)	抽出自立活動 (小3N児)	日生指導 (小1A児)	地域支援 ↓	下校指導 (小1)
6校時	小1との打合せ	↓			

　他の小学部を担当する自立活動部担当も同様に，小学部の児童を数名，中学部を1名，高等部を1名担当し，同中学部担当は，1日の大半を中学部の生徒とともに過ごし（朝の迎えから帰りまでをいろいろな学級に所属し支援する），担当は，中学部の生徒が中心となる。いずれも主として担当学部の児童生徒を対象とするが，他学部の児童生徒に対しても自立活動の指導等を行っている。

6 年間指導計画

例として，小学部1年A児の年間指導計画を提示する。

(1) 長期目標
- 相手に慣れ，相手の顔を見て話したり，楽しい時には笑って伝えたりすることができる。
- 手指の操作性を高め，箸の使い方に慣れる。
- 服の表裏や前後を正確に見分けて，着脱することができる。

(2) 指導計画

指導内容	4	5	6	7	9	10	11	12	1	2	3
・本読みや三輪車こぎを中心にいろいろな遊びを体験し，好きな活動を選んでする。	→→→→→→→→→→→										
・トングやばねつきの箸で，柔らかい玉をつまんだり，皿から移したりする。					→→→→→→→						
・大きめの服を使い，脱ぎ方，着方の練習をする。	→→→→→→→→→→→										
・シャツをズボンのなかに入れるなど身だしなみに気をつけるように声かけし，徐々に支援を減らすなどして慣れるようにする。	→→→→→→→→→→→										

指導計画は，年度当初に学級担任と相談して立て，年度途中には，ケース会議や細かな情報交換のなかで修正している。また，保護者向けの授業参観や懇談会も設定し，毎回の指導内容は，連絡ノート（自立活動指導記録）を通じて連絡し，連携を深めている。

7　授業と教材

　それでは，ここでA君の「抽出自立活動」の学習の流れを例に紹介する。

　自立活動担当は，校内に自立活動室を一つ受けもち，その教室のなかを学習に適した配置にしておく。衝立などを利用して構造化し，学習の流れを写真などで本児が理解しやすいようにして（例：写真の利用）提示し，学習に臨むようにする。

（写真1）

　本児は，本年度入学したばかりなので，机上学習やワークシステムを定着させることを第一の目標としている。写真1のようなスケジュールの提示（例：学習を頑張ったら，ご褒美の自転車に乗れる）により，スムーズな学習が行えている。

　また，コミュニケーション能力の向上をめざし，本児から要求ができるように工夫した教材を利用したり（写真2：例「赤の三角をください」と要求），数と具体物の一致を促すための自作教材を工夫したりしている（写真3：色のシールのところに同じ色をはさむ）。

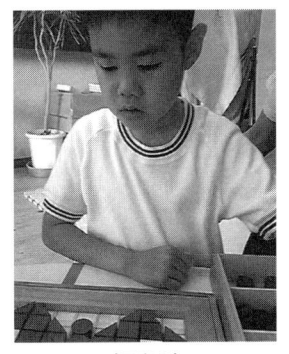

（写真2）

　現在は，数や文字に興味を示し始めている段階である。母親との懇談や担任との話し合いを参考にし，今後の方向性を考えているところである。

　いずれにしても一人一人の児童生徒のニーズに合った教材を工夫して準備・作成し，少しでも目標の達成に近づくよう努力している日々である。

（坂本利恵美）

（写真3）

事例 8-3　自閉症児の在籍数の多い知的障害教育校における自立活動の取り組み

徳島県立国府支援学校

【指導のポイント】
- 個別指導と小集団指導を組み合わせた「自立活動の時間における指導」(「課題学習」と「なかよしタイム」)。
- 「自立活動の時間における指導」(定着)と「自立活動の指導」(般化)を明確化した個別の指導計画。

1　学校の概要

　本校は、知的障害特別支援学校であり、児童生徒数263名(小学部56、中学部75、高等部132)が在籍している。自閉症のある児童生徒の在籍率が高く(特に小・中学部で約70%)、自閉症教育に対する保護者の関心や意識も高い。そのため、自閉症の特性に対応すべく平成12年度から専門家のコンサルテーションを受けながら、「構造化」のアイデアや応用行動分析学に基づいた指導を導入したことで、児童生徒が安定して学習に取り組むことができている。

　また、平成14年度から「個別の指導計画作成支援ツール」を開発し、「教材」や「個別の指導目標」を貴重な教育財産として蓄積してきた。蓄積された2000以上のデータベースを検索することにより、教材に関するヒントや類似ケースの個別の指導計画の雛形が即座に得られ、それを自分が担当している児童生徒の実態に応じた教材や指導計画に生かすことができる。これは教師のための支援ツールでもある。

2　自立活動の取り組みにおける課題

　本校では、「暮らす(生活面)」「学ぶ・働く(学習面)」「楽しむ(社会性)」の3つの領域について個別の指導計画を作成するなかで、一人一人に応じた教

育内容を創造し実践してきた結果，必然的に自立活動の内容を多く指導してきた。しかし，個別指導の形態に偏り，般化を視野に入れた集団指導が計画的・系統的に教育課程に組み込まれていなかった。さらに，「自立活動の時間における指導」と各教科等のなかで行う「自立活動の指導」との関連が不明確であった。これまで明確にしてこなかった「自立活動」の位置づけを，学習指導要領改訂を機に見直すことの必要に迫られ，現在その作業の途にある。

3 自立活動の指導の取り組みと教育課程

ここでは，平成23年度に新学習指導要領の完全実施を目前に控えている小学部の取り組みについて紹介する。

(1) 自閉症と知的障害の明確な違いがある自立活動の指導内容

平成21年度末に，小学部全児童59名(41名：自閉症)の個別の指導計画の後期短期目標に関して，指導内容が自立活動の6区分26項目のどれに該当するかを調査した。その結果，図1に示したように，自閉症を併せ有する児童と知的障害のみの児童に対する内容に明確な差異を示した。「人間関係の形成」と「コミュニケーション」の一人あたりの取り上げた件数において，自閉症児が知的障害児の約3倍となっている。「身体の動き」は両者ともに比較的多く取り上げられているが，「身体の動き」も含めその他の区分においても両者に差はない。一方，指導項目においては，「コミュニケーション」における「言語の受容と表出に関すること」が極端に多く，「人間関係の形成」においては「他者とのかかわりの基礎に関すること」が多く占めている。ともに

自立活動の区分	障害種	自立活動の区分指導件数		自立活動の項目指導件数				
		全件数	件数/人	1	2	3	4	5
1. 健康の保持	自閉症	2	0.1	1	0	0	1	
	知的障害のみ	1	0.1	1	0	0	0	
2. 心理的な安定	自閉症	27	0.7	8	9	10		
	知的障害のみ	10	0.6	1	7	2		
3. 人間関係の形成	自閉症	68	1.7	27	10	19	12	
	知的障害のみ	9	0.6	0	2	5	2	
4. 環境の把握	自閉症	25	0.6	0	9	0	0	16
	知的障害のみ	15	0.8	2	4	1	3	5
5. 身体の動き	自閉症	52	1.3	0	0	19	0	33
	知的障害のみ	26	1.4	1	0	13	1	11
6. コミュニケーション	自閉症	97	2.4	18	52	17	3	7
	知的障害のみ	17	0.9	3	4	0	3	7
全体計	自閉症	271	6.6	小学部59名(自閉症41名，知的障害18名) 584目標				
	知的障害のみ	78	4.3	2010.3 「個別の指導目標調査シート」による調査実施				

図1 自閉症と知的障害の自立活動の内容の違い

自閉症の特性に深くかかわる内容である。「身体の動き」に関しては，「作業に必要な動作と円滑な遂行に関すること」が多く，障害種に左右されることなく将来の社会参加に向けての基礎的能力に関連していることがうかがえる。

(2) 個別指導と小集団指導を組み合わせた「自立活動の時間における指導」

これまでは，本校独自のやり方で国語，算数，自立活動を児童の個別の課題に対応してユニットとして指導する「課題学習」を位置づけて，指導時間も個別に，かつ自由に設定してきた。これは前述した3領域における長期目標達成に向けて非常に有効な学習形態であったが，ともすれば個別指導に重点が置かれ，集団における指導が不足し，社会性の育成，特に集団への参加等を指導目標とすべき自閉症のある児童生徒への対応に課題があった。そのため，小集団指導で生き生きとした体験ができるゲームを中心とした「なかよしタイム」を新たに設定した。この時間に小集団での体験を通じて，特に「人間関係の形成」や「コミュニケーション」を中心として，その定着を図ることとした。

(3) 自立活動に焦点をあてて「般化」を意識した教育課程の編成

自立活動の時間における指導の「課題学習」や「なかよしタイム」において「定着」を図ったことが，集団活動をベースとして生活につながる内容を指導する各教科等を合わせた指導（日常生活の指導や生活単元学習など）で，「般化」を図ることに重きをおいた。教科別・領域別指導においては，教科等の内容を指導するために，定着を図ったことを学習場面で般化できる

図2 自立活動の指導の概念図

校時	月	火	水	木	金
1	日常生活の指導					
2	特別活動（朝会）	朝の運動			生活単元学習
3		なかよしタイム			
	課題学習				
4	音楽	体育	体育	課題学習
	日常生活の指導（給食等）				
5	課題学習／日常生活の指導	生活単元学習	課題学習	課題学習／日常生活の指導	生活単元学習
6		日常生活の指導	日常生活の指導		日常生活の指導

図3 高学年（平成23年度）の時間割表

よう配慮した。図2に自立活動の指導の概念図を示した。図3は平成23年度実施予定の高学年の時間割表である。

4 小集団指導による「なかよしタイム」の実践例

「なかよしタイム」は，平成22年度からモデル学級において新たに取り入れた小集団で行う自立活動の時間における指導であるが，各学年とも1単位時間を割り当てた。高学年の学級（6名，うち4名自閉症）での実践例を紹介する。

(1) 「なかよしタイム」の年間指導計画

特に「人間関係の形成」と「コミュニケーション」に力点が置かれ，小集団のなかで友だちとの適切なかかわりをもたないと獲得することができない内容で，指導項目を相互に関連をもたせ，ゲームを通して楽しみながら目標を達成できるよう工夫している。

長期目標	月	4月	5月	6月	7月	9月	10月	11月	12月	1月	2月	3月
他者を意識しながら協調的な集団遊びや活動に参加することができる。		・約束を守ろう。 ・渡すときのやりとりを学ぼう。	・時間を守ろう。 ・報告をしよう。	・応援をしよう。 ○風船運びゲーム ○ブロック積みゲーム	○おねがいゲームⅠ	○じゃんけん列車ゲーム	○宝さがしゲーム		○おねがいゲームⅡ	・インタビューをしよう ・フルーツバスケット		

図4　高学年「なかよしタイム」の年間指導計画

(2) 「なかよしタイム」の実践事例：「おねがいゲーム」

この「おねがいゲーム」は，目隠しをした児童が言葉による指示を出す児童に適切な指示をお願いし，その指示によって，途中の障害物を回避して目的の品物をゲットするゲームである。本活動の目標は，相手にお願いすること，指示に従った行動をとること，友だちを安全に障害物を回避する適切な指示を出すこと，応援したり静かに見守ったりすることなどで，「他者とのかかわり」「行動の調整」「場に応じたコミュニケーション」などの項目を取り上げている（図5参照）。前年度までは個別指導が多かったため友だちとのかかわりが少なかった児童が，困っている児童を励ましたり，成功した時に友だちと一緒に喜び合う姿を見せるようになってきた。この「なかよしタイム」で定着を図り，特に各教科等を合わせた指導である生活単元学習等で般化を図るよう個別の指

導計画を作成している。エピソード評価として，恥ずかしくてみんなの前に出ていけない友だちの手を引いて，前に出るよう誘ったり，テレビゲームをしている時，友だちを誘って二人用に設定してもう一つのコントローラーを渡して二人でゲームを楽しんだりする場面があった。このように他者とのかかわりが目に見えて出始めている。

5 自立活動の「個別の指導計画」

　自立活動の「個別の指導計画」(図5)は，総合的な実態把握から自立活動の内容に関する実態に限定して表記し，そこから指導目標を設定する。指導内容，教師の指導方法と評価については，自立活動の時間における指導と自立活動の指導とに分けて記載する。このことによって，自立活動の時間における指導で定着を図ったことが，各教科等を合わせた指導などで生活に生かされているかの般化を検証し，指導の改善をしやすくしている。具体的な指導内容については，図5の指導計画からもわかるように，複数の区分と項目を組み合わせ相互に関連性をもたせながら内容を設定している。

（阿部正三）

小学部　児童名（　　　　）　作成日（H22.○.○.）

児童の実態

自立活動の内容	実態
1 健康の保持	果物アレルギーがある。
2 心理的な安定	訂正にイライラがでる。
3 人間関係の形成	声かけだけでは意図を汲み取るのが困難。
4 環境の把握	簡単なことは文字で，複雑なことは絵や写真で。
5 身体の動き	
6 コミュニケーション	単語を使った言葉による表出が主。書き言葉の表出か。

実態に関する収集した情報を自立活動の区分に即して整理する。

⇨

重点課題 具体的指導目標

長期目標 短期目標	関連項目
（長期目標） 他者を意識しながら協調的な集団選びや活動に参加できる。	 (1) (2)
（短期目標） 友だちを助けたり，誘ったりしながらゲームに参加できる。	(1) (2) (3)
	(2) (5)
	(2) (3) (5)

⇨

指導内容		教師の指導方法		評価	
時間における指導（定着）	自立活動の指導（般化）	時間における指導（定着）	自立活動の指導（般化）	時間における指導（定着）	自立活動の指導（般化）
指導場面 A：５区分26項目 B：時間 C：指導の形態 D：時間割の表記 ○学級の友だちと行う４種類のゲームに以下のルールを守って参加することができる。 （おねがいゲームⅠ） • チャレンジ日記で手指や約束を確認する。 • 安全のため教室にロープを張っておく。 A：２(1)(2)　３(1)(2)(4)　５(5) B：12:50～13:05 C：自立活動 D：なかよしタイム （風船はこび） （ブロック積み） （じゃんけん列車）	A：５区分26項目 B：時間 C：指導の形態 D：時間割の表記 ○友だちが安全に目的地へたどりつけるように，手を引いて案内する。 A：2(1)(2)　3(2)(3)(4)　5(5) B：火５・６校時　金５・６校時 C：生活単元学習 D：生活単元学習	（おねがいゲーム） 【環境設定】 • 開始前に黒板にルールや約束を示し確認する。 • 必要に応じて，約束カートを利用する。 〔教師のかかわり方〕 • モデングをする。 • チャレンジ日記で確認する。 • 事前に「ゆっくり」という声かけをする。 • チャレンジ日記によるフィードバック。 【達成基準】 • 友だちにお願いすることと友だちの指示だけで目的の品物をつかむことができたら達成とする。 【中止基準】 ＊必要時のみ	【環境設定】 • 定着場面とよく似た環境を設定する。 〔教師のかかわり方〕 • 必要な場合は「ゆっくり」という声かけをする。 • うまくできたときは即時的に賞賛する。 【達成基準】 • 設定された場面で友だちにどうすればよいかお願いすることと指示されたことに従うことができれば達成とする。 【中止基準】	（おねがいゲームⅠ） 【児童の評価】 • 友だちにおねがいをしてから，指示をもらってロープをつたいゆっくりと歩き，目的の品物をゲットすることができた。 【教師の支援の評価】 • 児童にわかりやすいフィードバックの方法を工夫しなければならない。	【児童の評価】 • おねがいしたら友だちが喜んで教えてくれることがわかり，積極的に声を掛け合うことができるようになった。 • TV ゲームをしているとき，友だちが近くで順番を待っているのに気づき，二人用の設定にしてもう一つのコントローラーを渡すことができた。 【教師の支援の評価】 • 相手を気持ちを考える課題の設定を授業の中にもちこむことが少なかった。

いくつかの指導目標のなかから，優先するものを長期目標及び短期目標を選ぶ。

それが自立活動の内容の６区分26項目のいずれかに関連しているか明示する。

「指導内容」「教師の支援方法」「評価」について，自立活動の時間における指導で定着を図った内容と各教科等で般化を図った内容について詳細に記述する。

図５　個別の指導計画（自立活動）の書式

一人一人の教育的ニーズに応じた特色ある実践
――知的障害――

2011年6月8日　初版第1刷発行

編　者　大　南　英　明
　　　　石　塚　謙　二

発行者　小　林　一　光

発行所　教育出版株式会社
　　　　〒101-0051　東京都千代田区神田神保町2-10
　　　　電話 03-3238-6965　振替 00190-1-107340

©H. Ominami／K. Ishizuka　2011　　　組版　ピーアンドエー
Printed in Japan　　　　　　　　　　　印刷　神谷印刷
落丁・乱丁はお取替いたします。　　　製本　上島製本

ISBN978-4-316-80324-1　C3037